中国政法大学
优秀博士学位论文丛书

吴尚聪 / 著

犯罪记录的制度逻辑：
双元结构与利益衡量

INSTITUTIONAL LOGIC OF CRIMINAL RECORDS:
DUAL STRUCTURE AND INTEREST MEASUREMENT

中国政法大学出版社

2024·北京

声　　明	1. 版权所有，侵权必究。
	2. 如有缺页、倒装问题，由出版社负责退换。

图书在版编目（ＣＩＰ）数据

犯罪记录的制度逻辑：双元结构与利益衡量/吴尚聪著.—北京：中国政法大学出版社，2024.9
ISBN 978-7-5764-0561-3

Ⅰ.①犯… Ⅱ.①吴… Ⅲ.①犯罪－记录－制度－研究 Ⅳ.①D914.4

中国版本图书馆 CIP 数据核字(2022)第 119624 号

出 版 者	中国政法大学出版社
地　　址	北京市海淀区西土城路 25 号
邮寄地址	北京 100088 信箱 8034 分箱　邮编 100088
网　　址	http://www.cuplpress.com (网络实名：中国政法大学出版社)
电　　话	010-58908586(编辑部) 58908334(邮购部)
编辑邮箱	zhengfadch@126.com
承　　印	固安华明印业有限公司
开　　本	880mm×1230mm　1/32
印　　张	9
字　　数	260 千字
版　　次	2024 年 9 月第 1 版
印　　次	2024 年 9 月第 1 次印刷
定　　价	59.00 元

总 序

博士研究生教育是我国国民教育的顶端，肩负着培养高层次人才的重要使命，在国民教育体系中具有非常重要的地位。相应地，博士学位是我国学位制度中的最高学位。根据《中华人民共和国学位条例》，在我国，要获得博士学位需要完成相应学科博士研究生教育阶段的各项学习任务和培养环节，特别是要完成一篇高水平的博士学位论文并通过博士学位论文答辩。

博士学位论文是高层次人才培养质量的集中体现。要写出好的博士论文，需要作者定位高端，富有思想；需要作者畅游书海，博览群书；需要作者术业专攻，精深阅读；需要作者缜密思考，敏于创新。一位优秀的博士研究生应该在具备宽广的学术视野和扎实的本学科知识的基础上，聚焦选题，开阔眼界，深耕细作，孜孜以求，提出自己独到、深刻、新颖、系统的见解。

为提高中国政法大学博士学位论文的整体质量，鼓励广大博士研究生锐意创新，多出成果，中国政法大学研究生院设立校级优秀博士学位论文奖，每年通过严格的审评程序，从当年授予的200多篇博士学位论文中择优评选出10篇博士学位论文作为学校优秀博士学位论文，并对论文作者和其指导教师予以表彰。

犯罪记录的制度逻辑：双元结构与利益衡量

　　优秀博士学位论文凝聚着作者多年研究思考的智慧和指导教师的思想，是学校博士研究生教育质量的主要载体，是衡量一所大学学术研究和创新能力的重要指标。一篇好的哲学社会科学博士学位论文，在选题上要聚焦国内外学术前沿问题，聚焦国家经济社会发展基础命题和重大问题，在形式上要符合学术规范，在内容上要富有创新，敢于提出新的思想观点，言而有物，论而有据，文字流畅。中国政法大学评出的优秀博士学位论文都具备这些特点。将中国政法大学优秀博士学位论文结集，冠名"中国政法大学优秀博士学位论文丛书"连续出版，是展示中国政法大学博士学术风采，累积法学原创成果，促进我国法学学术交流和繁荣法学研究的重要举措。

　　青年学子最具创造热情和学术活力。从中国政法大学优秀博士学位论文丛书上可以看到中国政法大学博士研究生的理性睿智，沉着坚定，矢志精进的理想追求；可以看到中国政法大学博士研究生的关注前沿，锐意进取，不断创新的学术勇气；可以看到中国政法大学博士研究生的心系家国，热血担当，拼搏奋进的壮志豪情。

　　愿中国政法大学优秀博士学位论文丛书成为法学英才脱颖而出的培育平台，成为繁荣法学学术的厚重沃土，成为全面推进依法治国的一块思想园地。

李曙光
中国政法大学研究生院院长、教授、博士生导师

目 录

总　序 / 001

导　言 / 001

第一章　犯罪记录的双重维度及其内在冲突：国家工具 VS 个人信息 / 009

第一节　国家建构：作为犯罪预防的"国家工具" / 009

一、当代社会面临的刑罚危机与预防课题 / 010

二、作为再犯罪预防体系一环的犯罪记录制度：我国再犯罪预防体系 / 016

三、犯罪记录的犯罪预防机制 / 023

四、犯罪预防功能的延伸：作为社会综合治理的基础信息 / 025

第二节　自发生成：作为犯罪人权利保护的"个人信息" / 031

一、犯罪记录的另一维度：个人信息 / 032

二、从"个人信息"到"犯罪记录" / 051

第三节　冲突的表现及其根源 / 054

一、冲突的表现：两种理念的相互制约导致权力与权利之间利益失衡 / 055

二、问题的根源：理性推动的现代性过程中的社会控制之必然结果 / 062

第二章 现代性、社会控制与犯罪记录制度：犯罪记录的制度变迁史 / 067

第一节 针对肉体的低效惩罚：中国古代犯罪记录制度的历史考察 / 069

一、中国古代三种"类犯罪记录制度" / 070

二、黥刑制度的历史考察 / 073

三、"三位一体"的黥刑制度：肉刑、耻辱刑与犯罪记录 / 078

第二节 非制度化的社会歧视：《刑法》"前科报告制度"及其异化 / 081

一、《刑法》第100条规定的"前科报告制度" / 083

二、前科报告制度的悖论与异化 / 086

第三节 基于信息的制度化控制：2012年《犯罪记录制度意见》/ 091

一、从"前科"到"犯罪记录"：范式转换与规范的"犯罪记录"概念的出现 / 093

二、从"犯罪记录"到"犯罪记录制度"：犯罪记录的制度化构建与多元价值追求 / 098

三、当犯罪记录遭遇算法：作为"信息"的犯罪记录与算法歧视的正当化 / 105

第三章 现代社会的理性化征服及其悖论：当代中国犯罪记录制度分析 / 112

第一节 传统的犯罪标签理论：再犯罪形成的社会互动过程 / 113

一、犯罪"标签"与再犯罪形成 / 114

二、理论基础：符号互动论与自我图像理论 / 117

三、理论延伸："自我预言的实现" / 119

第二节 作为一个社会学问题的犯罪记录：从犯罪学"犯罪的产生"到社会学"人的存在" / 123

一、断裂与枷锁：重塑社会关系的纽带 / 124

二、"全景敞视监狱"：自我规训的工具 / 127

第三节 当代中国犯罪记录制度分析：变异的制度与控制的文化 / 131

一、目的的置换：从"预防"步入"控制" / 133

二、客体的更替：从"肉体"转向"信息" / 138

三、手段的进阶：从"示众"走向"隐蔽" / 140

第四章 对我国犯罪记录制度的反思与批判：以制度比较为切入 / 145

第一节 制度比较：犯罪记录制度 VS 失信被执行人制度 / 146

一、比较的基础：负面标签评价机制 / 147

二、制度目的：预防未然之罪 VS 履行已然之债 / 148

三、采取手段：权利剥夺 VS 信用惩戒 / 150

第二节 制度特性：当前我国犯罪记录制度的独有特性 / 154

一、永久性：内容上的权利剥夺 / 155

二、连带性：范围上的株连效应 / 158

三、社会评价的道德伦理性：犯罪人难以真正回归社会 / 162

四、非关联性：目的与手段之间的关联性缺失 / 167

第三节 制度功能的质疑：犯罪记录制度应当发挥何种功能 / 170

一、对当前模式暨异化的惩罚模式之批判 / 171

二、对设计初衷暨一元的预防模式之反思 / 174

　　三、对预防犯罪与权利保护二元论之提倡 / 176

第四节　制度构造的迷思：犯罪记录的制度设计应当如何取舍 / 178

　　一、大量前科规范的创设是否合法？有无必要？是否均衡？/ 179

　　二、犯罪记录的使用边界如何划定？/ 190

　　三、犯罪记录，封存还是消灭？/ 192

第五章　以权利制衡权力：权利保护理念的注入与个人信息权理论的引入 / 198

第一节　宏观层面：制度功能上注入权利保护理念 / 199

　　一、权利保护理念对犯罪预防理念的制约 / 200

　　二、权利保护理念与犯罪预防理念的协调平衡 / 202

第二节　中观层面：制度构造上引入个人信息权理论 / 204

　　一、正本清源：犯罪记录的个人信息本性 / 206

　　二、权利让渡：信息时代个人信息的双重属性 / 209

　　三、比例原则：划定国家对犯罪记录的使用边界 / 212

　　四、"犯罪记录的个人性回归"：重拾犯罪记录中被遗忘的个人性 / 217

第三节　微观层面：基于利益衡量的一体化制度设计 / 220

　　一、对规范性评价的源头治理：确立前科规范创设的基本原则 / 221

　　二、对规范性评价的过程控制：限缩国家对犯罪记录的滥用 / 229

目　录

三、对非规范性评价的正向引导：减轻社会基于犯罪记录的歧视 / 234

四、对非规范性评价的进一步遏制：被遗忘权的引入 / 239

五、构建违反犯罪记录制度的制裁规则体系 / 243

参考文献 / 250

附　录 / 257

导 言

本书是一部关于犯罪记录制度研究的著作,包含着对犯罪记录制度内在结构的阐释、对犯罪记录制度变迁的历史梳理、对当代犯罪记录制度的社会分析,并以现代性为视角,从中揭示出犯罪记录制度所蕴含的双重逻辑,即犯罪预防与权利保护之间的二律背反——看似并行的二者存在着内在张力以及不可避免的矛盾冲突。就此问题得出的一个暂时性回答,是需要以权利制衡权力,以犯罪人对于自身犯罪记录这一个人信息的控制权,平衡国家基于管理与预防犯罪的需要而对犯罪记录这一重要资源的过度使用,在宏观的制度理念层面、中观的制度构造层面与微观的具体制度层面,实现两种利益的协调平衡,促成犯罪记录制度双重功能的真正实现。一言以蔽之,具有双元结构的犯罪记录制度需要实现两种利益间的平衡。

犯罪记录制度是现代国家社会治理的一项基础性制度。它将犯罪人的犯罪信息整合为统一的国家犯罪记录数据库,不仅为国家的犯罪预防、社会治理提供了基础性数据,并且还为一系列刑事司法制度提供了配套性数据支撑。同时,统一的国家犯罪记录数据库可以防止犯罪人的犯罪记录信息被随意泄漏与不当使用,从而避免犯罪人因受到国家和社会施加的不利评价而难以顺利回归社会。2012年5月10日,最高人民法院、最高人民检察院、公安部等联合颁布了《关于建立犯罪人员犯罪记录制度的意见》(以下简称《犯罪记录制度意见》),标志着我国犯罪记录制度的建设正式开始。该文件明确提出,建立犯罪人员犯罪记录制度,对犯罪人员信息进行合理登记和有效管理,"既有助于国家有关部门充分掌握与运用犯罪人员信息,适时制定和调整刑事政策及其他公共政策,改进和完善相关法律法规,有效防控犯罪,维护社会秩序,也有助于保障有犯罪记录的人的合法权利,帮助其顺利回归社会"。

犯罪记录制度所欲实现的上述功能,源于犯罪记录在性质上所具有的双重属性,即在国家层面,犯罪记录是"国家进行社会治理的工具",旨在强化犯罪预防;而在个体层面,犯罪记录则是犯罪人个人信息的一部分,需要对犯罪人的应有权利进行保障。犯罪记录的这两个维度及其逻辑决定了犯罪记录制度的基本结构,也隐含了两种利益的必然冲突。不局限于刑法,而是以一个更大的社会治理的视野进行观察,在犯罪记录所蕴含的"国家工具"与"个人信息"的双重维度冲突之背后,实际上是"社会治理"与"个体权利"两种理念的权衡。"国家工具"的一面要求犯罪记录服务于犯罪预防的国家需要,"个人信息"的一面,则要求本质上属于个人信息的犯罪记录应尽可能少地避免被国家与社会干预与使用,以此来保护个体权利。

然而,进一步思考便会发现,权力与权利之间的利益失衡只是问题的表象。这种冲突的背后是时代的无可避免性。这样一种无可避免性并非像小说《1984》所设想的那样存在一个阴谋国家妄图监控、掌控整个社会。尽管这种观点有着修辞和警醒的作用,但这种阴谋论只会将问题简单化。在笔者看来,无论是寄希望于数字乌托邦,还是呼唤一个数字利维坦,现代信息社会均具有一种不可抗拒的逻辑,那就是"权利增进"与"控制加深"呈现出一种紧密的共生关系:权利的不断增进掩盖

导　言

了控制的逐步加深这一事实；控制的逐步加深反过来又为权利的不断增进提供了更多的正当性依据，并最终形成一种"以'权利'为名的制度化控制"。而这一切，都是理性推动下的现代性过程中社会控制之必然结果。于是，犯罪记录制度的发展不过是一场以"权利增进"为名、实则是实现更加精细的社会控制的过程。

```
                        国家工具——犯罪预防——社会治理
犯罪记录的双重维度〈                                  〉利益失衡
                        个人信息——权利保护——个体权利
                                                      ↓
           以"权利"为名的制度化控制 ←——— 社会控制的必然结果
```

面对这一宿命，仍然需要努力抗争。既然无论如何赋予、增进个体相应权利，都无法改变社会控制的不断加深这一事实。那么反向思考便会发现，既然社会控制的加深无可避免，那么唯一能做的就是通过不断地赋予、扩张个体的权利来尽可能地抵消这一压力，即便后者本身仍会重新产生新的控制技术。因此，尽管笔者认为通过赋予犯罪记录者以个人信息权，以权利制衡权力，实现相互之间的利益平衡并非问题的关键，也不能完全解决社会控制加深这一事实，但这是我们目前唯一能做的。

接下来，本书通过"国家工具 VS 个体权利"和"理性—现代性—社会控制—犯罪记录"一表一里两条线索为思考路径，追溯犯罪记录的制度变迁，从历史的维度展现犯罪记录蕴含的国家工具与个体权利之间的冲突，以及隐藏在这种冲突背后的现代性与社会控制问题。

据此，本书将犯罪记录制度的发展划分为三个阶段，分别代表了三种不同的犯罪记录发展形态：第一种是在中国古代作

犯罪记录的制度逻辑：双元结构与利益衡量

为刑罚之一的黥刑制度，这是一种针对肉体的低效惩罚；第二种是体现了现代权力规训技术的《刑法》[1]第 100 条"前科报告制度"，它在实践中演变为了一种非制度化的社会歧视；第三种是正在构建的承载"犯罪预防""权利保护"和"社会治理"三重功能的国家犯罪记录制度，这是一种基于信息的制度化控制。进入现代社会，得益于信息技术的突飞猛进，信息化管理成为可能，犯罪记录的形式也从直接作用于肉体的"刺字""涂墨"与"烙印"，变成了"犯罪记录信息"。犯罪记录不再像古代那样残酷而充满血腥，没有身体上的痛苦，也没有挥之不去的烙印，取而代之的是犯罪信息、指纹、DNA 资料数据库，以及与犯罪人人身密切相关的各类信息。虽然看似去除了残酷性，充满了人道主义精神，但对犯罪人的预防、驱逐与控制却并未有丝毫减损。这一过程虽是以人道为名，但却充满着理性的逻辑。在现代社会，借助信息技术、大数据和算法等手段，"通过信息的控制"变得更加彻底、隐蔽与有效。

黥刑制度：针对肉体的低效惩罚
↓
前科制度：非制度化的社会歧视
↓
犯罪记录制度：基于信息的制度化控制

基于肉体的社会控制低效与落后。残酷而野蛮的做法不仅不能实现有效控制，反而会因过于残酷而遭到抵制

缺乏与信息技术融合；没有正式提出对于犯罪人权利的保护。无法实现高效、稳固的社会控制模式

→ 权利增进与控制加深的共生关系

因此，这三种模式的更替与演进并非源于所谓的从野蛮走向文明、从非理性转向理性的启蒙思想所宣扬的单线历史进化论，而是历史的断裂，后一阶段是对前一阶段的理性化改进，

---

[1]《中华人民共和国刑法》，简称《刑法》，为行文方便，本书中涉及的我国法律名称统一省略"中华人民共和国"字样，下不赘述。

其中穿插着表面上的权利保护与暗藏着的社会控制两条主线。到头来，这一切不过是社会对人的控制技术与策略的调整。

在考察了我国犯罪记录制度的变迁史后，本书将目光拉回现实，对目前的犯罪记录制度展开分析。

自启蒙运动主张人类理性的解放以来，理性取得了对于一切价值的支配地位，成为界定人之为人的唯一尺度，成为创造人类一切先进文明的绝对推动力。然而，20世纪以来，对理性进行"价值重估"，对理性本身进行反思与批判的呼声愈演愈烈。以理性为主导的现代社会，其基点就存在着问题，使得后续的发展矛盾重重。现代社会理性化过程中的最大悖论就是对理性的不假思索将会引领人类走向非理性。

我们对建立一个理想中的秩序化社会的过度追求，对以科学主义的态度、像工程师一般来"规划""设计""计划""管理"整个社会的历史倾向，对通过技术来达成社会控制的乐观自信，对表现为"工具理性"的理性主义的不加节制，对犯罪记录作为"国家工具"属性的格外强调，使得整个社会结构在不断理性化的过程中也慢慢被理性吞噬。在社会秩序和国家的整体利益面前，一切都是"工具"，都可以被牺牲，都可以被替代，人不再是"目的"本身，而是成了可以被牺牲，用以换取更大价值的"手段"与"筹码"。

现代社会的理性化以及在此过程中所展现的理性自身的悖论都集中体现在了当代中国犯罪记录制度当中。通过跳出单纯的刑法和犯罪学的局限而引入社会学视角，将犯罪记录从一个犯罪学的"犯罪的产生"之问题上升为社会学"人的存在"这一更加宏大的命题，可以发现，我国当代犯罪记录制度被控制的文化所笼罩，犯罪记录制度呈现出变异的面貌，这集中表现在制度"目的""手段"与"客体"三方面：制度目的表现为以对犯罪人的控制为目的导向；制度手段表现为以隐性的、制度化与非制度化相结合的方式进行控制；制度客体则表现为将犯罪人的犯罪记录信息而非犯罪人本人作为控制对象。一言以蔽之，这是以犯罪人的犯罪记录信息作为控制对象，通过被冠以隐蔽、中性、公共安全之名的控制手段，最终实现对犯罪人的控制目的。

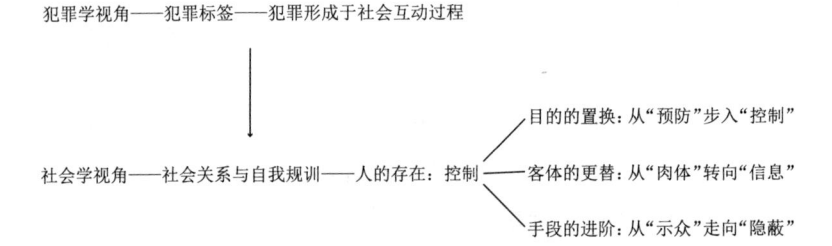

犯罪学视角——犯罪标签——犯罪形成于社会互动过程

社会学视角——社会关系与自我规训——人的存在：控制——
- 目的的置换：从"预防"步入"控制"
- 客体的更替：从"肉体"转向"信息"
- 手段的进阶：从"示众"走向"隐蔽"

  通过横向的历史维度之展开，与纵向的社会维度之分析后，本书认为，犯罪记录所具有的双重属性之冲突在当代中国正逐步深化。对此，需要对我国当前的犯罪记录制度进行反思，并予以必要的批判。通过与同为社会治理体系中的重要一环、同属负面标签评价机制的失信被执行人制度进行比较，挖掘出犯罪记录制度的独有特性，即内容上的永久性、范围上的连带性、社会评价上的道德伦理性，以及目的与手段之间的非关联性。据此，对犯罪记录制度的功能设计和具体的制度构造进行反思、展开批判。这种批判需要在两个维度展开：在制度功能上，需要追问犯罪记录制度应当发挥何种功能；在制度构造上，需要思考犯罪记录的制度设计应当如何取舍。

导　言

```
                                      永久性：内容上的权利剥夺           制度功能
                                                                     的质疑：
                            连带性：范围上的株连效应                    犯罪记录
失信被执行人制度VS犯罪记录制度                                         制度应当
                            社会评价的道德伦理性：                     发挥何种
                            从针对"犯罪行为的法律评价"                    功能
                            到针对"犯罪人的道德伦理评价"
社会治理；负面标签评价机制                                            制度构造
                            非关联性：                               的迷思：
                            目的与手段之间的关联性缺失                 犯罪记录
                                                                   的制度设
                                                                   计应当如
                                                                     何取舍
```

最后，本书认为，我国应当从"犯罪预防""权利保护"和"社会治理"三重目的出发，统合现有分散的各个犯罪记录数据库，构建完善的国家犯罪记录制度。具体可分为三个层面：在宏观的制度功能层面，只有以预防犯罪与权利保护二元论为基础的制度功能构建才能够平衡国家与犯罪人、预防犯罪与权利保护之间的紧张关系，协调好犯罪记录制度中双元结构的利益平衡；在中观的制度构造层面，引入个人信息权理论，以权利制衡权力，以犯罪人对于自身犯罪记录的个人信息权，来平衡国家基于管理与预防犯罪的需要对犯罪记录这一重要资源的过度使用，实现对犯罪人伤害的最小化与犯罪预防效果的最大化，促成权利保护与犯罪预防的利益平衡；在微观的制度设计层面，需要在犯罪记录的产生、利用、传播、保障、制裁这五个阶段进行基于利益衡量的、一体化的制度设计。对于针对犯罪记录的规范性评价，需要确立前科规范创设的基本原则，以此进行源头治理，并限缩国家对犯罪记录的滥用，实施过程控制。对于针对犯罪记录的非规范性评价，需要采取正向引导，减轻社会基于犯罪记录的歧视；引入被遗忘权，进一步遏制非规范性评价的泛滥。与此同时，还需要构建违反犯罪记录制度的制裁规则体系，为犯罪记录制度提供刑事层面的法律保障。

犯罪记录的制度逻辑：双元结构与利益衡量

宏观层面：制度功能上 注入权利保护理念

中观层面：制度构造上 引入个人信息权理论

微观层面：基于利益衡量的一体化制度设计

- 对规范性评价的源头治理：确立前科规范创设的基本原则
- 对规范性评价的过程控制：限缩国家对于犯罪记录的滥用
- 对非规范性评价的正向引导：减轻社会基于犯罪记录的歧视
- 对非规范性评价的进一步遏制：被遗忘权的引入
- 构建违反犯罪记录制度的制裁规则体系

　　本书打破了传统犯罪记录制度研究中一元论的国家立场，试图论证犯罪记录首先应当是个人信息的一种特殊类型，本质上应当属于犯罪人个人信息的一部分。只是基于国家现代化管理的需要将其部分让渡给了国家，国家对其的使用应存有边界。提出犯罪记录制度的功能应当被设定为预防犯罪与权利保护的二元论。并进一步提出要"以权利制衡权力"，在犯罪记录制度的功能当中注入权利保护理念，在犯罪记录的具体研究当中引入个人信息权理论。以权利制衡权力，以犯罪人对于自身犯罪记录的个人信息权，来平衡国家基于管理与预防犯罪的需要对犯罪记录这一重要资源的过度使用，实现对犯罪人伤害的最小化与犯罪预防效果的最大化，促成权利保护与犯罪预防的利益平衡。本书的意图有二：直接的想法是批判犯罪记录制度的种种异象，分析当前的犯罪记录制度到底起着怎样的作用，并反思未来的犯罪记录制度又该承载何种功能，从而推动犯罪记录制度的理论革新，构建基于预防犯罪和权利保护利益平衡的犯罪记录制度。间接的想法则是尝试以个人信息中的一项具体而又敏感的信息——犯罪记录——为切入点，一方面借助个人信息与个人信息权理论改造与革新传统的制度设计，另一方面是从一个中观的制度视角深化对个人信息理论的研究，以具体的对犯罪记录这个"点"的研究反哺对整体的个人信息这个"面"的研究。

第一章
犯罪记录的双重维度及其内在冲突：国家工具 VS 个人信息

犯罪记录制度是现代国家社会治理的一项基础性制度。它将犯罪人的犯罪信息整合为统一的国家犯罪记录数据库，不仅为国家的犯罪预防、社会治理提供基础性数据依据，并为一系列刑事司法制度提供配套性数据支撑。同时，统一的国家犯罪记录数据库可以防止犯罪人的犯罪记录信息被随意泄漏与不当使用，从而避免犯罪人因受到国家和社会施加的不利性评价而难以顺利回归社会。犯罪记录制度所欲实现的上述功能源于犯罪记录在性质上所具有的双重属性：一方面，其表现为国家为预防再犯罪而创设的一项特定工具，承载着再犯罪预防的功能；另一方面，其又内化于犯罪人自身的个人信息之中，属于个人信息的一部分，这便要求国家和社会尊重并保护犯罪人的个人权利。然而，正是犯罪记录所具有的这种双重维度使其内部存在着巨大的张力，并形成了两方对立的内在冲突：作为"国家工具"，要求犯罪记录服务于犯罪预防的国家需要；作为"个人信息"，则要求本质上属于个人信息的犯罪记录应当受到严格限制，以此来保护犯罪人正当权利。

第一节 国家建构：作为犯罪预防的"国家工具"

犯罪记录在其产生之初，是作为犯罪预防的工具而存在的。国家基于预防犯罪这一特定公共政策的考量，提取原本属于个人信息的特定犯罪信息并赋予其新的意涵与社会效果，从而"建构"出目前的犯罪记录，并最终在其基础之上形成了整个犯罪记录制度。因此，犯罪记录的产生始终离不开国家，正是国家基于社会管理的需要而对犯罪人的相关信息进行登记、管理与统计，才有了所谓的犯罪记录这一集合性信息。在这个意义上，犯罪记录是由国家"建构"出来的。现实中，2012年最高人民法院、最高人民检察院、公安部、国家安全部、司法部联合颁布了《犯罪记录制度意见》，标志着我国犯罪记录制度正式建立。该文件规定，犯罪人信息登记机关需要录入的信息，包括犯罪人的基本信息、所犯罪行、判处刑罚、公诉机关和检察机关的名称、判决书编号等。这些信息构成了目前我国犯罪记录制度当中每位犯罪人的犯罪记录。之所以需要在既有的刑罚制度之外另行创设犯罪记录制度，乃是由于当代社会面临着严峻的刑罚危机。犯罪预防作为一项课题，需要被从犯罪论与刑罚论两个层面进行双重思考与重新审视。

一、当代社会面临的刑罚危机与预防课题

基于人类对自然力的进一步挖掘与驱使及工业的大规模铺设与推动，加之以互联网、信息化、人工智能为代表的新技术层出不穷且不断融入人们的日常生活，资源、信息、技术与风险相互交织，使得当代社会呈现出风险倍增、难以预测、疲于应对的焦虑状态。恐怖主义自21世纪之初在世界范围内迅速蔓延，尽管实际上主要是通过"恐吓"而非"破坏"的"非对称性"手段引起"慌乱"——而非"战争",[1]但也导致公众对

---

[1] 参见［以色列］尤瓦尔·赫拉利：《今日简史：人类命运大议题》，林俊宏译，中信出版社2018年版，第149~153页。

第一章 犯罪记录的双重维度及其内在冲突：国家工具 VS 个人信息

自身所处环境的忧虑。这种忧虑借助媒体被不断放大，使得对于安全稳定的需求被相当程度地拉高。[1]在这两种新兴的风险中，第一种属于"社会发展本身所内生的新型风险"，对此本不应过度强调，而是应当通过社会的进一步发展内部消化。但这也并不意味着放任不管，而是需要包括法律在内的公共政策在这一过程中有所作为。第二种属于伴随着现代战争对抗形式而变异的"非对称性对抗"。其声势似乎很大，但更多的是间接性的针对普通公民危机感的增加与安全感的消减的心理战，是一种"挑衅"，实际造成的损害则有限。[2]即便如此，也并不能因此抹杀"恐怖主义行为本身属于任何国家绝不被容许的风险"这一事实。而且，由于现代政权的合法性正是源自保证公共领域不受到政治暴力的威胁，[3]因此恐怖主义的不断"挑衅"不仅弱化了现代国家极力塑造的积极形象，也触动了公众敏感而又脆弱的神经，打破了国家与公众之间的"契约"与"承诺"，严重冲击了政权的合法性基础。尤其是当恐怖主义问题牵涉种族、政治与外交问题时，会使得这一问题变得更加复杂与敏感。

---

[1] 参见［德］乌尔里希·齐白：《全球风险社会与信息社会中的刑法：二十一世纪刑法模式的转换》，周遵友等译，中国法制出版社2012年版，第198页。

[2] 自2001年"9·11"事件以来，每年丧命于恐怖分子之手的平均人数：欧盟约为50人，美国约为10人，中国约为7人，而全球约为2.5万人（主要集中在伊拉克、阿富汗、巴基斯坦、尼日利亚和叙利亚）。See Gary LaFree, "Using Opensource Data to Counter Common Myths About Terrorism", Brian Forst, Jack Greene and Jim Lynch (eds.), *Criminologists on Terrorism and Homeland Security*, Cambridge University Press, 2011, pp. 411~412. 相比之下，每年丧命于车祸的平均人数，欧洲约为8万人，美国约为4万人，中国约为27万人，全球约为125万人。See Deaths on the Roads, "Based on the WHO Global Status Report on Road Safety 2015", *World Health Organization*, accessed 26 January 2016.

[3] 参见［英］霍布斯：《利维坦》，黎思复、黎廷弼译，商务印书馆2017年版，第130页。

因此，各个国家均对其采取了极为严厉的打击措施。[1]

以上述新兴的内生风险与外来风险为表征的当代社会越发强调对安全的重视，以及随之而来的对预防的需要。"我们不仅面临着前当代社会建构形式法治国、制约绝对主义的国家权力、确立国民个体自由保障机制的古典主义刑法的任务，而且面临着当代社会建设福利国家、对社会产出和补偿进行公平分配的现代性要求，更由于全球风险社会、信息社会新型安全威胁的出现而承受着建设安全国家、保障集体安全的后现代压力。"[2]

正是在这样的背景下，近几年，我国立法出现了所谓的刑法的预防性转向的趋势，[3]学界也出现了"预防刑法"的主张，[4]致力于推动"刑法教义学内部的知识转型"，以回应由后工业时代来临引发的社会结构性变迁。[5]然而，在我国，相较于目前更侧重犯罪论体系的刑法预防性转型已经逐步展开，

---

[1] 一个有意思的对比是，现代国家对于性侵害的消极应对态度与对于恐怖主义的过度反应打击："今天，政府处理家庭暴力和性侵害的力度之所以不及处理恐怖主义那般大，就是因为即使有'#MeToo'等运动，强暴案件也不会削弱政府的合法性。例如，在法国，每年通报在案的强暴案件超过1万起，未通报的案件数可能有数万起。然而，就历史而言，国家并不是建立在消除性侵害的承诺上的，因此对法国来说，强奸和家暴并不构成太大的威胁。恐怖主义袭击则与此相反，虽然它发生的频率低得多，但是会被视为对法国的致命威胁，原因就在于在过去几个世纪，西方现代国家的合法性都建立在明确保证境内不会容忍出现政治暴力的基础上。"[以色列]尤瓦尔·赫拉利：《今日简史：人类命题大议题》，林俊宏译，中信出版社2018年版，第154页。

[2] 梁根林：《刑法修正：维度、策略、评价与反思》，载《法学研究》2017年第1期，第52页。

[3] 参见劳东燕：《风险社会与功能主义的刑法立法观》，载《法学评论》2017年第6期，第12~27页。

[4] 参见何荣功：《预防刑法的扩张及其限度》，载《法学研究》2017年第4期，第138~154页。

[5] 参见劳东燕：《转型中的刑法教义学》，载《法商研究》2017年第6期，第16页。

第一章 犯罪记录的双重维度及其内在冲突：国家工具 VS 个人信息

刑罚论层面的预防性转型始终被有意无意地忽视，预防只是"刑罚正义的一个附加目的"，没能在整个刑罚目的中占据应有地位，也没有能够实际贯彻这一目的的制度载体。[1]而传统的事后救济式的刑罚惩罚模式已经难以应对层出不穷的风险，难以承受由风险造成的巨量损害，难以遏制再犯罪问题的日益恶化，难以满足公众对安全的强烈期待。因此，对于再犯罪预防，当下我国刑罚制度面临着新旧两个问题：旧有的针对传统犯罪刑罚预防有效性的问题被不断放大，新兴的针对高风险犯罪惩罚有余而预防不足的困境逐渐凸显。

（一）传统犯罪：刑罚预防有效性受到质疑

传统犯罪中的再犯罪预防问题始终是一个无解的难题。刑法学者曾寄希望于通过赋予刑罚诸如威慑功能（消极的一般预防）、强化法秩序的认同与遵守功能（积极的一般预防）、针对犯罪人个人的预防（特殊预防）的方式来论证刑罚的正当性以及刑罚所能达到的效果。但无论赋予其多么美好的愿景，都只是一种理论假设。究其根本，在于对特定犯罪人判处的刑罚应该到何种程度才算合适、判处的刑罚能否实际起到预防犯罪的效果，并不是一个可以被精确评估的问题。换言之，量刑更多的是一种"格式化的裁剪"[2]与"理论化的裁量"。有学者认为："一个不可否认的事实是，刑法典上对于所有犯罪的法定刑设置，在刑罚的量上是国家立法机关根据司法统计、经验积累、域外借鉴等综合因素而事先预测并加以规定的一个大致幅度，是一个预期可能产生预防效果的理论化产物。这就意味着，刑

---

[1] 目前，我国的刑罚制度更强调惩罚，而非预防；建立在该刑罚模式基础上的累犯制度，同样侧重惩罚，而非预防。见下文分析。

[2] 参见苏力：《送法下乡——中国基层司法制度研究》（修订版），北京大学出版社2011年版，第169~171页。

罚理论上对于刑罚所谓的精确计算与科学配比，以及只存在于书本中的'罚当其罪'和'药到病除'，在现实中往往并不存在。否则也难以解释为何会有大量再犯与累犯现象的存在。"立法者其实早有预见，正因如此，对于现实中大量存在的再次犯罪现象，法律设置了诸如累犯、再犯、前科等制度进行应对，其他二元化立法国家还采取了针对预防的保安处分制度来解决这一问题。然而，即便如此，再犯罪率仍然居高不下。国内外有大量研究表明，性犯罪人的再犯罪率明显偏高，单纯的监狱关押无济于事。[1]这些都表明再犯罪预防问题远远没有得到解决，这一问题在全球风险社会与信息社会来临的时代，无疑被进一步放大了。

（二）高风险犯罪：当前建立在事后惩罚基础上的刑罚模式缺乏有效的预防措施

《刑法修正案（八）》通过新设和修改，增加了大量的抽象危险犯，如增设了只要实施特定行为就具有抽象危险即构成犯罪的第133条之一危险驾驶罪，修改了第338条污染环境罪的构成要件，使得原本需要造成重大环境污染事故的结果犯成了实施特定行为严重污染环境的危险犯。[2]《刑法修正案（九）》针对恐怖主义和网络犯罪借由预备行为实行化的立法技术，并以第120条之二的准备实施恐怖活动罪和第287条之一的非法利用信息网络罪为制度载体，实现了对法益的提前保护；通过帮助行为正犯化的立法技术，并以第120条之一的帮助恐怖活动罪和第287条之二的帮助信息网络犯罪活动罪为制度载体，扩

---

[1] 参见田刚：《性犯罪人再次犯罪预防机制——基于性犯罪记录本土化建构的思考》，载《政法论坛》2017年第3期，第58、63页。

[2] 参见黄太云：《〈刑法修正案（八）〉解读（二）》，载《人民检察》2011年第7期，第62页。

第一章　犯罪记录的双重维度及其内在冲突：国家工具 VS 个人信息

大了对法益的保护范围，从而更有效地预防犯罪、保护法益。自 1997 年《刑法》颁布以来，刑事立法通过加重个罪的刑罚处罚、刑罚适用上的从严处罚、诉讼程序上的从严处罚这三方面来提升刑罚的严厉程度。[1]

然而，这些努力或者只停留在扩大犯罪圈的定罪层面，并未实际影响到刑罚适用；或者只是在现有制度框架下一味加重刑罚，始终没能摆脱惩罚模式的局限，没有跳出既有的建立在事后惩罚思维基础上的刑罚模式。即便通过加重刑罚对犯罪人施以更为严厉的处罚，但其意义更多的是针对初次犯罪而言，并未顾及再犯罪问题。对于传统犯罪而言，基于对比例原则与利益衡量的考量，采取事后惩罚的做法可以理解，并且事实上确实能够起到一定的预防作用。但对于当代社会的新发展、新威胁以及与之相伴的高风险犯罪而言，由于其会造成难以承受的巨大危害，使其容不得丝毫闪失，国家必须采取更为提前的预防性措施及更为有效和彻底的预防性手段。

尽管现有的刑罚模式也具有一定程度的预防效果，但其本质是借助刑罚对犯罪人进行或者消极威吓或者积极守法的"动机型预防"，意在消除犯罪人再次犯罪的动机。然而，这种刑罚施加的刺激并不必然产生守法意愿，其预防效果在很大程度上取决于犯罪人本人是否接受刑罚"规训"，这就使得本应被严肃对待的犯罪预防问题呈现出难以预知的不确定状态。尤其是对于当下以恐怖主义为代表的高风险犯罪而言，这种预防效果取决于犯罪人自身是否接受的做法意义有限。例如，对于恐怖主义和极端主义犯罪分子而言，世俗的刑罚本身难以吓阻基于宗教信仰而实施恐怖袭击的犯罪人；宗教信仰的支持使得其即便

---

〔1〕 参见劳东燕：《风险社会与功能主义的刑法立法观》，载《法学评论》2017 年第 6 期，第 15 页。

被判处徒刑监禁在狱中也很难改过自新。刑满释放以后,犯罪人很可能会重新犯罪,并凭借被抓捕过的经验发展出更强的反侦查能力以及更强的报复心理。现有的建立在事后惩罚基础上的刑罚模式难以有效应对这些问题。

(三) 当代社会犯罪预防的新课题:刑罚的预防性转向

根据上文的分析我们可以发现,我国传统刑罚制裁模式在运行机制上具有两个特征:"理论化裁量"与"动机型预防"。由于是基于理论化的裁量,我国传统刑罚制裁模式仅仅满足于教条式的机械应用,公式化地对刑罚幅度进行增减升降,而实际上对每个具体的犯罪人到底应当处以多少刑罚、判处的刑罚是否确实起到了惩罚尤其是预防犯罪的效果却并不知晓。由于这种预防实际上是借助刑罚的惩罚而对犯罪人进行或者消极威吓或者积极守法的"动机型预防",旨在通过消除犯罪人再次犯罪的动机而达到预防犯罪的目的,因此对犯罪人施加的动机刺激能否产生效果,并不单纯取决于刑罚的规定及其严厉程度,反而更多地决定于犯罪人本人是否接受刑罚的消极"规训"或积极"感化"。这使得犯罪预防的效果始终处于不确定状态。因此,由"理论化裁量"与"动机型预防"构建起来的事后惩罚模式,在强调社会安定与预防犯罪的当代社会越发显得捉襟见肘。基于此,对传统刑罚进行革新,完善再犯罪预防机制,推动刑罚实现预防性转型,势在必行。

二、作为再犯罪预防体系一环的犯罪记录制度:我国再犯罪预防体系

我国为应对再犯罪问题,形成了"惩罚—刑罚—累犯、安置教育与犯罪记录"的"单向一元三核"模式:在宏观的理念层面,以单向的惩罚思维为主导;在中观的模式选择层面,以

第一章　犯罪记录的双重维度及其内在冲突：国家工具 VS 个人信息

单一的刑罚模式为归依；在微观的制度架构层面，以《刑法》的累犯制度、《反恐怖主义法》的安置教育制度，以及犯罪记录制度为抓手。

（一）单向：以单向的惩罚思维为主导

由于在刑事制裁层面采取了一元的刑罚单轨制模式，没有设置保安监禁制度，因此我国不得不将惩罚与预防——尤其是针对具体犯罪人的特殊预防——两种理念全部注入刑罚之中，作为刑罚的制度目的。然而，虽然我国主流的刑法理论对刑罚目的一直秉持着二元论的观点，也有学者坚持一元预防论的主张，[1]但这种预防的机制是借助刑罚的惩罚而对犯罪人进行或者消极威吓或者积极守法的犯意消除，实质是一种"动机型预防"，旨在通过消除犯罪人再次犯罪的动机而实现预防犯罪的目的。预防在此仅仅是作为惩罚的一个附随效果与附加目的。这一倾向在再犯罪预防问题方面也是如此。无论是刑罚，还是建立在刑罚基础上的累犯制度，实际上都是通过具体的刑罚执行惩罚犯罪人，并未根据犯罪人的具体情形采取有针对性的特殊预防措施，也不考虑刑罚执行完毕后犯罪人的社会危害性。尽管《反恐怖主义法》规定了类似保安处分的安置教育制度，但由于其适用范围偏窄，且独立于刑事法体系之外，自身定位仍不明确，目前并未对我国现有刑事法体系产生太大影响。

因此，无论是惩罚与预防二元论，抑或是彻底的预防一元论，在缺乏具体、实际的预防性制度载体，在仅仅满足于刑罚执行而不考虑执行完毕后的犯罪人状况的当下，通过惩罚实现犯罪预防仅仅只是一种口号而已。尤其是考虑到在这仅存的预防目的当中，更多地也是通过适用刑罚的一般预防，缺乏针对

---

[1] 参见张明楷：《刑法学》（第5版），法律出版社2016年版，第510页。

具体犯罪人的特殊预防。

(二) 一元：以一元的刑罚模式为归依

由于在立法上没有规定保安处分制度，而是采用了刑罚单轨制模式，这就使得我国为应对日益恶化的犯罪形势只能选择加重刑罚处罚这一路径。自1997年《刑法》颁布以来，为缓解不断加剧的安全形势，尤其是基于惩治法定犯罪、恐怖主义犯罪和网络犯罪等新兴的严重危害社会安定的犯罪类型的目的，刑事立法不断回应社会的结构性变迁，通过抽象危险犯、预备行为实行化、帮助行为正犯化等立法技术设置了诸多有针对性的罪名。[1]与此同时，刑罚层面也并未止步。然而，由于受制于路径依赖，国家只能通过加重个罪的刑罚处罚、刑罚适用上的从严处罚、诉讼程序上的从严处罚等方式在现有单一刑罚模式上做文章，提升刑罚的严厉程度，[2]以惩罚代替预防，以普遍的、单一的、格式化的刑罚制裁来应对形形色色的具体犯罪人，始终没有摆脱事后惩罚思维的桎梏，[3]不考虑实际的预防效果，没能完全突破既有单轨制的刑事制裁模式的局限，"几乎"没有基于预防犯罪角度的制度创新——之所以说"几乎"，是因为在《刑法修正案（八）》和《刑法修正案（九）》当中，我国还是规定了禁止令和从业禁止这两个旨在进行犯罪特殊预防的制度。然而，一方面，我国在立法层面并未规定

---

[1] 参见何荣功：《预防刑法的扩张及其限度》，载《法学研究》2017年第4期，第141~142页。

[2] 参见劳东燕：《风险社会与功能主义的刑法立法观》，载《法学评论》2017年第6期，第15页。

[3] 参见李尧：《提高法定刑确保惩治污染环境犯罪力度》，载《检察日报》2014年2月19日；姜涛：《我国金融刑法中的重刑化立法政策之隐忧》，载《中国刑事法杂志》2010年第6期，第33~44页；姜涛：《治理腐败犯罪：增加风险重于提高刑度》，载《检察日报》2013年5月8日；何荣功：《我国"重刑治毒"刑事政策之法社会学思考》，载《法商研究》2015年第5期，第83~91页。

第一章 犯罪记录的双重维度及其内在冲突:国家工具 VS 个人信息

保安处分制度,这使得其法律性质仍然存有争议;另一方面,禁止令仅适用于被判处管制和被采取缓刑这两类犯罪行为往往并不严重的情形,[1] 从业禁止又只针对利用或违背职业义务的犯罪,这使得这两类预防性制度的适用范围偏窄,且预防强度不足,因此难以扭转我国被惩罚思维主导的刑罚制裁模式。

(三)三核:以"累犯+安置教育制度+犯罪记录制度"的三核模式为抓手

在制度架构层面,为应对再犯罪问题,尤其是当代社会中高风险犯罪的再犯罪问题,立基于《刑法》《反恐怖主义法》和《犯罪记录制度意见》三种法律类型提供的制度供给,我国确立了"累犯+安置教育+犯罪记录制度"的三核模式。

1. 刑法之内:《刑法》第 65 条、第 66 条规定的累犯制度

作为"刑罚的具体运用"项下的一个制度是我国累犯制度的法律定位。这一定位不仅决定了其制度架构,也暗含了其难以抗拒的局限与宿命。累犯制度建立在既有的刑罚模式基础之上,是对刑罚适用的延伸与拓展,其适用条件与法律效果都紧紧围绕着"刑罚"展开:该制度针对被判处刑罚的特定类型的再次犯罪人,其效果是在原判处刑罚基础上从重处罚。我国的累犯制度经过《刑法修正案(八)》的重大修改后,目前形成了一般累犯和特殊累犯双重模式:一般累犯针对所有类型的犯罪,要求前后两罪都被判处徒刑以上刑罚,且前后间隔应在 5 年以内;特别累犯仅适用于危害国家安全犯罪、恐怖活动犯罪、黑社会性质组织犯罪这三种类型的犯罪,不再有刑罚和时间上的要求,只要是在刑罚执行完毕或者赦免以后,在任何时间再

---

[1] 参见李怀胜:《禁止令的法律性质及其改革方向》,载《中国刑事法杂志》2011 年第 11 期,第 9 页。

犯上述任一类犯罪均构成累犯。〔1〕关于累犯制度的正当性论证（有学者称之为制度根据），存在报应主义与功利主义两种解说方式。报应主义强调累犯制度的惩罚功能，累犯从重处罚是为了惩罚再次犯罪的犯罪人是刑罚的正义性使然，"因为有累犯而累犯从严"；功利主义强调累犯制度的预防功能，其将累犯制度作为预防再次犯罪的工具，依据是"为了没有累犯而累犯从严"。〔2〕

2. 刑法之外：《反恐怖主义法》第30条规定的安置教育制度

为了应对屡禁不止、难以消除的恐怖主义犯罪，我国《反恐怖主义法》第30条设立了同样带有预防监禁性质的"安置教育制度"。〔3〕对于恐怖活动犯罪而言，犯罪人被定罪量刑并服刑完毕后，经评估有再犯恐怖活动、极端主义犯罪风险的，依法应当对其进行"安置教育"。

安置教育制度的适用对象是"恐怖活动罪犯和极端主义罪犯"且"被判处徒刑以上刑罚"者。只有在满足了犯罪和刑罚

---

〔1〕 累犯制度的其他相关规定，包括过失犯罪和不满18周岁的人犯罪的除外。

〔2〕 参见苏彩霞：《累犯制度设立根据之探究》，载《中国法学》2002年第5期，第173~174页。

〔3〕 《反恐怖主义法》第30条规定："对恐怖活动罪犯和极端主义罪犯被判处徒刑以上刑罚的，监狱、看守所应当在刑满释放前根据其犯罪性质、情节和社会危害程度，服刑期间的表现，释放后对所居住社区的影响等进行社会危险性评估。进行社会危险性评估，应当听取有关基层组织和原办案机关的意见。经评估具有社会危险性的，监狱、看守所应当向罪犯服刑地的中级人民法院提出安置教育建议，并将建议书副本抄送同级人民检察院。罪犯服刑地的中级人民法院对于确有社会危险性的，应当在罪犯刑满释放前作出责令其在刑满释放后接受安置教育的决定。决定书副本应当抄送同级人民检察院。被决定安置教育的人员对决定不服的，可以向上一级人民法院申请复议。安置教育由省级人民政府组织实施。安置教育机构应当每年对安置教育人员进行评估，对于确有悔改表现，不致再危害社会的，应当及时提出解除安置教育的意见，报决定安置教育的中级人民法院作出决定。被安置教育人员有权申请解除安置教育。人民检察院对安置教育的决定和执行实行监督。"

第一章 犯罪记录的双重维度及其内在冲突：国家工具 VS 个人信息

要件后才可以适用该制度。其他人员，包括前述两类行为的"违法人员"，因两类犯罪"未被处以徒刑及以上"的犯罪分子，以及"企图实施"但尚未实施前述两类犯罪的犯罪分子，都不得适用该制度。这一方面凸显出了我国打击恐怖活动犯罪、极端主义犯罪的意志与决心；另一方面也表明我国对安置教育制度的适用慎之又慎，避免由其隔离性和不定期性带来的危害。

安置教育制度的适用条件是刑罚执行完毕后犯罪人仍然具有强烈的社会危险性。对此，需要进行以预防目的为主导的"社会危险性"评估，即判断高风险再犯恐怖主义犯罪的可能。评估具有"社会危险性"的标准包括犯罪性质、情节、社会危害性、服刑期间表现，以及释放后可能对居住区人员的影响。

安置教育制度的目的在于教育与预防。我国设立了专门的安置教育机构对被安置人进行一系列旨在降低被监禁人人身危险性的措施（而非单纯的监禁与隔离）是基于对社会秩序的维护。此外，我国安置教育制度规定了逐年评估机制与申请复议权。对于被安置教育的恐怖主义、极端主义者，每年都要进行危险性评估，认为罪犯不再具有社会危险性的，由中级人民法院裁定解除安置教育。同时，被安置教育人员在安置教育过程中有权申请解除安置教育。

3. 刑法之后：《犯罪记录制度意见》确立的犯罪记录制度

2012年最高人民法院、最高人民检察院、公安部等联合颁布了《犯罪记录制度意见》，标志着我国犯罪记录制度建设正式开始。该意见明确提出，建立犯罪人员犯罪记录制度，对犯罪人员信息进行合理登记和有效管理，不仅能够起到预防犯罪、指导刑事政策制定的作用，同时也有助于维护犯罪人应有权利，以便其顺利回归社会。尽管我国犯罪记录制度的设计初衷，一方面是满足犯罪预防的需要，另一方面是保障犯罪人的合法权利,但从措辞中我们可以看出国家对犯罪记录制度的定位,即首先是将其作为犯罪预防的工具。

此外,《犯罪记录制度意见》还初步规定了犯罪记录制度的主要内容:

第一,建立犯罪人员信息库。《犯罪记录制度意见》规定,目前先由公安机关、国家安全机关、人民检察院、司法行政机关分别建立犯罪记录的信息数据库,并在条件成熟后对这些分散的数据库进行整合,形成统一的国家犯罪记录信息数据库。

第二,建立犯罪人员信息通报机制。《犯罪记录制度意见》规定,在不同阶段,掌控犯罪人员信息的机关都应及时将所掌握的犯罪人员信息告知犯罪人员信息登记机关。

第三,规范犯罪人员信息查询机制。《犯罪记录制度意见》规定,对犯罪记录信息可以基于特定理由而向公安机关、国家安全机关、检察院和司法行政机关提出申请查询,但查询时应当注重保护犯罪人员的权利,严格遵照相关法律的规定进行。

第四,建立未成年犯罪人犯罪记录封存制度。《犯罪记录制度意见》明确规定,对于未成年犯罪人,应当尽可能对其采取保护措施。有必要建立专门针对未成年犯罪人的犯罪记录封存制度,对于犯罪时未满18周岁,且被判处5年以下有期徒刑的未成年犯罪人,应当对其犯罪记录予以封存。一旦封存,除非是基于司法机关办案需要或是国家规定的查询事由,否则一律不得查询。

第五,明确违反规定处理犯罪人员信息的责任。《犯罪记录制度意见》还规定,负责提供犯罪人员犯罪信息的机关,提供虚假信息、伪造信息,以及违规泄漏犯罪信息、违规使用犯罪信息,情节严重或者造成严重后果的,应当追究相关人员责任。

第一章 犯罪记录的双重维度及其内在冲突：国家工具 VS 个人信息

三、犯罪记录的犯罪预防机制

犯罪记录制度通过对犯罪人犯罪信息的客观记载，一方面辅助刑事层面相关制度之落实；另一方面通过对所有犯罪人的犯罪信息进行登记、管理与统计，为未来的刑事政策制定提供数据支撑与实践依据，实现有效的犯罪预防。

（一）负面标签评价机制

犯罪记录制度属于因前行为的瑕疵（犯罪）被贴上"标签"，导致负面评价产生后移，进而波及法定的规范性评价结束以后，使得正常的权利受到限制。换言之，这一制度属于"负面标签评价机制"，即犯罪人由于先前的行为而被贴上"负面标签"，进而使得后续的活动受到限制。犯罪记录的存在，使得刑罚已经执行完毕理应正常回归社会的犯罪人由于背负着犯罪标签而被认为人身危险性高，有可能再次实施犯罪，甚至被视为潜在的犯罪人而被社会继续驱逐与排斥，[1]进而使得其应有的权利受到限制，回归社会的愿望难以实现。

（二）制度目的：预防未然之罪

犯罪记录制度的设立，旨在预防未然犯罪。犯罪记录制度的建立，除了基于现代化国家对社会管理创新的现实需求外，在法律层面源于刑法目的中的预防理论。德国学者在回顾过去几十年刑法的变化之时，认为现代刑法更加突出"风险取向与安全追求"，刑罚体系的目的从过往的教育、矫正、社会化，逐渐转向了预防、威慑与剥夺犯罪能力。[2]预防过去在古典刑法中充其量只

---

[1] See Michael Pinard,"Reflections and Perspectiveson Reentry and Collateral Consequences", *Journal of Criminal Law and Criminology*, Vol. 100, 2010, pp. 1213~1216.

[2] 参见［德］汉斯·约格·阿尔布莱希特：《安全、犯罪预防与刑法》，赵书鸿译，载《人民检察》2014年第16期，第30页。

犯罪记录的制度逻辑：双元结构与利益衡量

作为刑罚正义的一个附加目的，如今成为支配性的刑罚典范。

这一变化乃是因为传统的报应理论难以适应现代日趋复杂多变、强调秩序安全的社会现实。犯罪行为造成的危害常常是极为严重的，无论如何惩罚也都难以对其造成的损害加以弥补。而报应理论并不能阻止犯罪的发生，更不能有效解决由犯罪带来的问题，单纯的惩罚与报复仅仅会在社会层面给人以深刻印象，满足复仇的欲望与快感，[1]但却脱离了刑法本应承载的任务，即辅助性地保护法益。[2]现代社会的利益连带性、现代经济的高度复杂性使得犯罪的危害被不断放大；而现代社会的政治基础在很大程度上又许诺给公民安定的社会秩序。因此，传统保守、静态、消极的报应理论已经无法满足社会的期待。此时，旨在防患于未然、预防犯罪行为发生、避免造成难以弥补的危害的预防理论应运而生。

预防理论建立在理性人和自由意志的假设基础上，其认为人能够趋利避害，人们遵从法律乃是因为违背法律所付出的"成本"远大于从中获得的利益。而这一"成本"，也即所遭受的惩罚，不仅包括来自国家的、直接的、规范性的评价，还包括一系列来自社会的、间接的、非规范性的评价，如羞辱、社会驱逐、就业歧视。[3]就犯罪记录制度而言：一方面，犯罪记

---

[1] 根据苏力教授在《复仇与法律——以〈赵氏孤儿〉为例》一文对复仇所做的功能分析，刑法是人类生物性报复本能的产物。"这种本能是如此坚毅和刚强，它经历了数千年甚至更漫长的历史，经历了各种文化的包装、参与或挤压，至今仍顽强存在。不论人们的理智文化如何试图压制、塑造，它仍然会时不时冲破文明的'超我'，展露其原生的、拒绝文化规训的一面……它以复仇、报应、校正正义、平等、正义、公道等大词一次次重审和主张着自己。"

[2] 参见［德］克劳斯·罗克辛:《德国刑法学总论》（第1卷），王世洲译，法律出版社2005年版，第38页。

[3] See Dan Markel, "The Justice of Amnesty? Towards a Theory of Retributivism in Recovering States", *University of Toronto Law Journal*, Vol. 49, 1999, p. 389.

录引起的非规范性评价可以使对犯罪人的规训与威慑得以延续，施加刑罚之外的限制，从而进一步补强刑罚的预防效果；另一方面，通过记录、使用甚至一定程度地公开犯罪记录，使被打上犯罪标签的人再次实施犯罪的机会减少，因为其过去的犯罪经历将会使得人们对其更加警惕，这在一些特殊类型的犯罪（如性犯罪领域[1]）将会收获更好的预防效果。美国的司法实践也印证了犯罪记录制度的基础乃是刑罚的预防主义。美国广泛允许公民自由获取和随意传播犯罪记录信息，这种做法源于这样一种理念，即"报应和威慑是适用刑法的基本原理"。[2]

（三）采取手段：权利剥夺

在采取手段层面，犯罪记录制度可以归纳为权利的剥夺与资格的丧失。通过对我国目前的犯罪记录制度进行梳理我们可以发现，犯罪记录可谓无孔不入，存在于犯罪人回归社会之后的方方面面。

四、犯罪预防功能的延伸：作为社会综合治理的基础信息

在信息高速产生、流通，信息的价值被多元化和深度挖掘的信息时代，犯罪记录制度的功能也不再局限于传统的犯罪预防，而是逐渐扩张其功能适用领域，被用于更加广泛的社会管理之中，在整个社会的治理领域发挥着越发重要的作用。我国

---

[1] 20世纪90年代中期，美国议会通过了《梅根法案》，要求性犯罪者必须向警局或是其他政府管理部门注册登记，并通过公开性犯罪人姓名、张贴其照片在所在社区，以提醒社区公众提高警惕，采取自我防护，以此预防犯罪。参见田刚：《性犯罪人再次犯罪预防机制——基于性犯罪记录本土化建构的思考》，载《政法论坛》2017年第3期，第62页。

[2] [美]詹姆斯·B. 雅科布斯、埃琳娜·拉劳瑞：《犯罪记录是公共事务吗——美国和西班牙的比较法研究》，王栋译，载《河南警察学院学报》2018年第5期，第24页。

目前正在大力推动全社会的信用体系建设,其中对诸多可能关乎信息主体的征信评级的"信用信息"分门别类地进行评价。

犯罪记录信息作为一项重要的信用相关信息,表征了信息主体对于规范的遵从意愿,这就意味着犯罪记录信息能够在未来的社会信用体系建设之中发挥积极作用。中共中央在2015年颁布的《关于全面深化公安改革若干重大问题的框架意见》中指出:"加快建立以公民身份号码为基础的公民统一社会信用代码制度,推动建立违法犯罪记录与信用、相关职业准入等挂钩制度。"[1]这一系列举措都表明,在传统的国家犯罪预防工具这一定位之外,犯罪记录制度又延伸出了社会综合治理的基础性信息这一新的定位,以此来服务于当前越发强调信息化管理与综合治理的信息社会。

(一)我国的社会信用体系建设

社会信用体系建设是我国社会主义市场经济进一步深化发展的关键一环,也是提高国家治理体系和治理能力现代化的重要一步。当前,我国正在积极推动涵盖个人和企业的社会信用体系制度的建立,而社会信用体系制度是以信用信息的"收集""分析""保存""使用"和"惩戒"为核心的,国家和社会通过对信用信息进行分类、评级,评定信息主体的信用级别,并依据该评定结果对信用主体实施一系列影响其权利义务的措施。其中最重要的措施是对失信者采取失信惩戒,以此迫使失信人主动履行应承担的法律义务。

综观我国社会信用体系建设的发展历程,期间经历了四个阶段:

第一,自发探索阶段。20世纪90年代初期,民间信用融资担保机构的出现标志着信用作为一种重要的社会资源开始被认识到。随着我国正式转向市场经济,伴随着市场经济的发展出

---

[1] 黄庆畅、张洋:《〈关于全面深化公安改革若干重大问题的框架意见〉及相关改革方案将印发实施》,载《人民日报》2015年2月16日。

第一章 犯罪记录的双重维度及其内在冲突：国家工具 VS 个人信息

现了专门从事企业发债和融资担保等业务的信用融资担保机构。企业可以自身的特定资产、经营状况以及逐渐重要的信用资质为担保，向银行或信用融资担保机构融资。时至20世纪90年代末，随着市场经济的不断深化与普遍化，企业开始大量涌现，随之而来的是信用融资担保机构也开始大规模出现。这一时期，信用（尤其是企业信用）的价值越发凸显。

第二，制度初创阶段。21世纪初期，由政府主导的信用信息披露制度开始建立，北京、上海、广东等地先后开展社会信用体系建设试点工作。

第三，政策推动阶段。2014年，国务院发布《社会信用体系建设规划纲要（2014—2020年）》；2016年，中共中央全面深化改革领导小组审议通过《关于加强政务诚信建设的指导意见》《关于加强个人诚信体系建设的指导意见》《关于全面加强电子商务领域诚信建设的指导意见》；各级政府和各行业先后推出了针对信用建设的一系列规划纲要，为我国社会信用体系建设争取到了强有力的政策环境。

第四，制度建立阶段。从2016年开始，我国加速推动社会信用体系的建设工作。征信制度的大规模普及、黑名单制度的普遍推广、失信被执行人联合惩戒机制的实施等一系列举动都标志着我国社会信用体系建设进入了一个快速发展阶段。[1]

尽管全国性的社会信用体系制度尚未建立，但从2009年最高人民法院建立全国法院被执行人信息查询平台，到2013年最高人民法院正式公布《关于公布失信被执行人名单信息的若干规定》（以下简称《失信被执行人规定》），我国已建立起了全国性的失信被执行人制度。失信被执行人制度首先源于失信被

---

[1] 参见吴维海：《社会信用体系建设的理论、政策、问题与对策》，载《全球化》2018年第6期，第59页。

执行人名单制度,最初的设想是通过公开失信被执行人的信息,期待其能够为了名誉或商誉而履行相应义务。但由于这种公开并不能给被执行人带来实质性影响,因此后续又逐渐发展出了附随其上的失信被执行人信用惩戒机制,以实质性的资格限制与惩罚形成强有力的监督、警示与惩戒机制。因此,我国当前的失信被执行人制度实际上是由失信被执行人名单公开制度和失信被执行人信用惩戒机制两部分构成,二者相互配合,共同推动失信被执行人制度的有效实施。[1]

目前,我国的失信惩戒包括六种类型:其一,计入失信记录;其二,警告督促,以口头说教的方式进行提醒与督促,并不产生实质性的法律义务;[2]其三,重点监督,对于已被口头警告督促的失信人,采取更为严厉的、个人化的监督措施,尽管仍不施加特定的法律义务,但一旦再出现失信行为便会被严惩;[3]其四,声誉惩罚,以公开的形式公布失信人的失信行为,撤销特定荣誉、通报批评,从而给失信人的声誉造成消极影响;[4]

---

〔1〕 参见肖建国、黄忠顺:《失信被执行人信用惩戒机制的构建》,载《新华月报》2016年第23期,第77~78页。

〔2〕 例如,《江苏省自然人失信惩戒办法(试行)》(已失效)第14条规定:"对自然人的一般失信行为,有关部门或者机构应当督促其停止失信行为并进行整改,也可以采取信用提醒和诚信约谈等方式予以惩戒。"

〔3〕 例如,《重庆市用人单位劳动保障违法行为失信惩戒办法》第7条第1项规定的惩戒是"作为劳动监察日常重点监管对象,增加检查频次,再次发生劳动保障违法行为的从重处罚"。

〔4〕 例如,《重庆市用人单位劳动保障违法行为失信惩戒办法》第7条第5项规定的惩戒是"撤销已获得的相关荣誉称号";《江苏省自然人失信惩戒办法(试行)》(已失效)第20条第2项规定,针对较重失信行为,可以"进行限定范围的公示或者书面告知",第23条第2、3项规定,针对严重失信行为,可以"向社会公开失信信息"和"撤销相关荣誉称号"。例如,国务院《关于建立完善守信联合激励和失信联合惩戒制度加快推进社会诚信建设的指导意见》第3条第12项规定:"……支持行业协会商会按照行业标准、行规、行约等,视情节轻重对失信会员实行警告、行业内通报批评、公开谴责、不予接纳、劝退等惩戒措施。"

第一章 犯罪记录的双重维度及其内在冲突：国家工具 VS 个人信息

其五，资格限制，在招投标和贷款置业等领域对失信被执行人施加不同程度的法律限制，使其无法进入特定领域、从事特定职业、获得特定资格与荣誉，如不得担任企业法定代表人和高级管理人员等；[1]其六，一定程度的自由限制，失信惩戒施加的自由限制并不同于刑罚上狭义的对自由的剥夺，而是对失信人非人身性自由的限制，如限制高消费、禁止乘坐飞机、限制贷款、不得入住五星级酒店等。[2]

(二) 犯罪记录制度在社会信用体系建设中发挥的作用

从严格意义上讲，犯罪记录信息也是重要的信用相关信息，因为其涉及犯罪人（即信息主体）对于规范的遵从意愿。犯罪人以其自身的犯罪行为表明了其对于刑法规范的不遵从以及对于他人和公共利益的蔑视，这就间接表明其具有潜在的不遵守规范的倾向，而这又会进一步——至少是对国家和社会上的一般主体而言——使其呈现出更高的潜在"失信"风险。尤其是特定领域的犯罪记录信息（如财产犯罪和金融诈骗犯罪），更是直接与其个人信用相挂钩，因而对于信用评价具有重要的参考价值。

---

[1] 例如，国务院《关于建立完善守信联合激励和失信联合惩戒制度加快推进社会诚信建设的指导意见》第3条第10项、第11项对严重失信主体，从严审核行政许可审批项目，从严控制生产许可证发放，限制新增项目审批、核准，限制股票发行上市融资或发行债券，限制在全国股份转让系统挂牌、融资，限制发起设立或参股金融机构以及小额贷款公司、融资担保公司、创业投资公司、互联网融资平台等机构，限制从事互联网信息服务等。严格限制申请财政性资金项目，限制参与有关公共资源交易活动，限制参与基础设施和公用事业特许经营。对严重失信企业及其法定代表人、主要负责人和对失信行为负有直接责任的注册执业人员等实施市场和行业禁入措施；取消参加评先评优资格；引导商业银行、证券期货经营机构、保险公司等金融机构按照风险定价原则，对严重失信主体提高贷款利率和财产保险费率，或者限制向其提供贷款、保荐、承销、保险等服务。

[2] 参见沈岿：《社会信用体系建设的法治之道》，载《中国法学》2019年第5期，第36页。

目前，我国政府已经明确要将犯罪记录作为未来中国信用制度的征信信息来源，纳入国家社会信用体系建设。中共中央在2015年颁布的《关于全面深化公安改革若干重大问题的框架意见》中指出："加快建立以公民身份号码为基础的公民统一社会信用代码制度，推动建立违法犯罪记录与信用、相关职业准入等挂钩制度。"[1]《征信管理条例（征求意见稿）》第21条也规定："征信机构不得披露、使用自不良信用行为或事件终止之日起已超过5年的个人不良信用记录，以及自刑罚执行完毕之日起超过7年的个人犯罪记录。"该条实际赋予了征信机构使用自刑罚执行完毕之日起7年以内的个人犯罪记录，用以评价犯罪记录者个人的信用状况的权利。此外，目前已经投入使用的全国行贿犯罪档案查询系统已经在企业信用评价中发挥重要作用，[2]而部分地方政府实际上也开始推动地方犯罪记录同信用评价结合。[3]

因此，在未来我国的社会信用体系建设过程中，犯罪记录信息理应成为重要参考指标，而犯罪记录制度也能够在犯罪预防之外，发挥社会综合治理基础性信息的作用。不过，不同于犯罪记录制度的犯罪预防，由于征信的本质是个人权益事务，因此，将犯罪记录用于征信评价应当经过有犯罪记录者授权同意。而《征信管理条例（征求意见稿）》第16条亦规定，除了已经依法公开的信息外，征信机构收集、保存、加工个人信息应当直接取得信息主体的同意。因此，基于征信目的的犯罪记

---

[1] 黄庆畅、张洋：《〈关于全面深化公安改革若干重大问题的框架意见〉及相关改革方案将印发实施》，载《人民日报》2015年2月16日。

[2] 参见聂昌国、王滨：《行贿犯罪记录对企业信用的实际影响》，载《人民检察》2015年第1期，第67~68页。

[3] 参见林清容：《我市率先规范犯罪记录制度》，载《深圳特区报》2014年3月14日。

第一章 犯罪记录的双重维度及其内在冲突：国家工具 VS 个人信息

录使用与查询，应当只允许特定主体行使查询权。这些主体只有在向司法部提交相关征信机构开具的书面证明后，才可以获得相应的犯罪记录证明。

第二节 自发生成：作为犯罪人权利保护的"个人信息"

2017年3月15日公布的《民法总则》（已被《民法典》取代，下同）在第111条中首次确立了对于公民个人信息的保护制度，明确规定公民的个人信息受到法律保护。[1]尽管我国对公民个人信息的内涵与外延并未直接在此次《民法总则》中加以明确，而是由《网络安全法》和其他司法解释进行规定，但将犯罪记录归属个人信息的立法目的已展露无遗。

然而，目前的犯罪记录制度过于强调犯罪记录的公共属性，忽视了犯罪记录作为个人信息的一面，缺乏对国家权力的制衡，导致国家可能基于预防犯罪的需要而过度使用犯罪记录，直接与间接地影响到了犯罪人的正当权利。尽管犯罪记录作为一项特殊的个人信息因具有国家建构性的一面而有别于一般意义上的个人信息，带有更强的公共色彩与国家属性，承担着相当程度的公共职能。但作为个人信息的犯罪记录不应仅是国家进行社会管理与犯罪预防的工具，它首先应当是个人信息的一种特殊类型，本质上应当是犯罪人个人信息的一部分。犯罪人对其自身的犯罪记录享有个人信息权，能够控制其使用，只是基于国家现代化管理的需要将其部分让渡给了国家，但其在本质上仍属于个人信息，且国家的使用也存在边界。基于此，我国应明确犯罪记录

---

[1]《民法总则》（已失效）第111条规定："自然人的个人信息受法律保护。任何组织和个人需要获取他人个人信息的，应当依法取得并确保信息安全，不得非法收集、使用、加工、传输他人个人信息，不得非法买卖、提供或者公开他人个人信息。"

属于犯罪人的个人信息,赋予犯罪人对自身犯罪记录享有个人信息权,以权利制衡权力,以犯罪人对于自身犯罪记录的个人信息权来平衡国家基于管理与预防犯罪的需要对犯罪记录这一重要资源的过度使用,实现对犯罪人伤害的最小化与犯罪预防效果的最大化,促成权利保护与犯罪预防两方的利益平衡。

一、犯罪记录的另一维度:个人信息

在反思目前的犯罪记录可能存在被国家滥用的风险问题时,我们有必要正本清源,重新思考犯罪记录及其作为个人信息的一种特殊类型的意义。在此之前,我们需要先对个人信息与个人信息权目前的理论发展进行简短的综述。

(一)"个人信息"概念的三次扩张历程

通常意义上的个人信息,可以说是一个宽泛而又包罗万象的概念,个人的身份信息、个人的活动信息、个人的财产信息等都可以直接或间接地归属于个人的信息这一范畴。它们或者与个人的身份有关,或者与个人的活动相连,又或者反映个人的财产状况、生理状况,甚至仅是一些看似完全无意义的信息。其包括但不限于自然人的姓名、出生日期、身份证件号码、个人生物识别信息、住址、联系方式、通信记录和内容、账号密码、财产信息、征信信息、行踪轨迹、住宿信息、健康生理信息、交易信息等。[1]由于个人信息的内涵与外延在实践中仍在不断扩展,通过对我国现有的法律规定进行梳理,我们可以将我国法律规定中的个人信息的扩张历程归纳为三个阶段。

---

[1] 参见最高人民法院、最高人民检察院于 2017 年 5 月 8 日发布的《关于办理侵犯公民个人信息刑事案件适用法律若干问题的解释》、公安部于 2019 年 4 月 10 日发布的《互联网个人信息安全保护指南》。

第一章　犯罪记录的双重维度及其内在冲突：国家工具 VS 个人信息

1. 对"个人信息"的初次规定：狭义的可识别性+隐私信息

作为我国首部关于互联网信息安全保护的法律文件，2012年12月28日全国人大常委会通过的《关于加强网络信息保护的决定》首次涉及了对网络信息领域中个人信息的保护。由于该决定针对的是网络信息安全领域，因此当时对个人信息的强调，主要针对的是"个人电子信息"。即便如此，该决定仍然对个人信息的内涵进行了初步界定。其第1条规定，个人信息是"国家保护能够识别公民个人身份和涉及公民个人隐私的电子信息"。这一界定抓住了个人信息的核心，即"可识别性"。只有能够通过该信息识别到具体的特定个人之时、只有当该信息与特定个人之身份形成紧密联系之时，该信息才属于关于该人的个人信息，法律才有必要将其作为个人信息加以保护。然而，由于是对个人信息概念的初次探索，因此该决定对于个人信息的界定偏于保守，对"可识别性"这一概念进行了狭义化理解，仅将"能够识别公民个人身份"这一"狭义的可识别性"作为界定个人信息的要素予以规定。换言之，只有当该信息本身能够单独、直接识别出特定个人之时，其才属于该决定规定的可识别信息。这就将那些虽无法单独、直接识别出特定个人，但能够与其他信息相结合、间接识别出特定个人的信息排除在外了。可能是考虑到"狭义的可识别性"这一概念难以完整涵盖所有需要保护的个人信息类型，因此在"可识别信息"之外，法律又将"隐私信息"与之并列，作为兜底要素，一同规定为个人信息的两种类型。因此，《关于加强网络信息保护的决定》对于个人信息的界定呈现出"一紧一宽"的二元结构："狭义的可识别信息+隐私信息。"

随着《关于加强网络信息保护的决定》确立了框架性保护原则，其他涉及个人信息保护的法律和规范性文件相继出台。

紧随其后的是 2013 年 4 月 23 日最高人民法院、最高人民检察院、公安部公布的《关于依法惩处侵害公民个人信息犯罪活动的通知》。该通知规定："公民个人信息包括公民的姓名、年龄、有效证件号码、婚姻状况、工作单位、学历、履历、家庭住址、电话号码等能够识别公民个人身份或者涉及公民个人隐私的信息、数据资料。"可以看出,《关于依法惩处侵害公民个人信息犯罪活动的通知》针对个人信息的规定与前述《关于加强网络信息保护的决定》有着相似之处,二者都将"能够识别公民个人身份或者涉及公民个人隐私"的"狭义可识别信息"和"隐私信息"界定为公民个人信息的内涵,即这里的公民个人信息是一种二元结构:"狭义的可识别信息+隐私信息。"另一方面,在立法技术层面,后者在前者的基础上进行了完善,这表现在两方面:其一,《关于依法惩处侵害公民个人信息犯罪活动的通知》将《关于加强网络信息保护的决定》中的"电子信息"扩展为"信息、数据资料",使得对于个人信息的保护不再局限于电子信息,而是扩展到包括电子信息在内的所有类型的信息、数据资料;其二,在立法技术上,《关于加强网络信息保护的决定》对个人信息的规定只采取了概括型立法模式,即只是对个人信息的内涵进行了界定,并未对其外延加以说明,这无疑加大了个人信息这一初生的法律概念的识别难度,加重了其模糊性,不利于在司法实践中准确把握个人信息。之后的《关于依法惩处侵害公民个人信息犯罪活动的通知》吸取了这一经验,采取概括加列举的混合立法模式,除了继续对个人信息的内涵加以界定外,还列举了常见且重要的个人信息类型作为说明。

2. 回应"个人信息"的急剧扩张:广义的可识别性

作为我国网络安全领域第一部正式法律性文件,2016 年 11 月 7 日公布的《网络安全法》在吸取了既有立法与实践经验的基础上，对网络安全领域的方方面面进行了富有建设性的规定。其中，对公民个人信息的重新解释充分考虑到了过往规定的缺陷与不足，并顺应大数据时代下对于包括个人信息在内的各类信息的充分挖掘与利用的趋势，对个人信息的概念进行了全面而周到的界定。该法第76条规定："……（五）个人信息，是指以电子或者其他方式记录的能够单独或者与其他信息结合识别自然人个人身份的各种信息，包括但不限于自然人的姓名、出生日期、身份证件号码、个人生物识别信息、住址、电话号码等。"从中我们可以明显看出，这一规定较之于2012年的《关于加强网络信息保护的决定》和2013年的《关于依法惩处侵害公民个人信息犯罪活动的通知》有着明显变化。主要表现在以下两方面：

第一，从"狭义的可识别性"到"广义的可识别性"的转变。之前的两部文件都将个人信息的"可识别性"理解为"能够识别公民个人身份"的单独的、直接的"直接型可识别信息"。而《网络安全法》对"可识别性"做了扩张理解，将"与其他信息结合识别自然人个人身份"这种需要依靠与其他信息相结合、间接地识别出特定个人的"间接型可识别信息"也囊括其中。这一转变使得"可识别性"要素得到了完整的规定，既包括能够单独、直接识别出特定公民个人身份的"直接型可识别信息"，也包括需要与其他信息相结合、间接识别出特定公民个人身份的"间接型可识别信息"。此外，这一转变的影响不止于此，它还使得界定个人信息的另一要素——起着兜底保护作用的"隐私信息"——不再被需要。

第二，"狭义的可识别信息+隐私信息"的二元结构被打破，"可识别信息"成了个人信息概念的唯一要素，"隐私信息"被剔除出个人信息的概念。如前所述，"隐私信息"所具有的模糊性与宽泛性使其难以作为界定个人信息概念的要素,它并没有抓住公民个人信息这一概念的核心。以"隐私信息"解释个人信息,在逻辑上完全是同义反复、循环论证。但必须看到,法律之所以仍然将其规定为个人信息的要素之一,完全是由于先对"可识别性"进行了狭义理解,仅仅将能够单独、直接识别公民个人身份的狭义可识别信息作为可识别信息的全部,而把能够与其他信息相结合并、间接识别出特定个人的信息排除在外。这种狭义化的可识别信息难以涵盖公民个人信息的全部,也无法应对实践中层出不穷、不断扩张、需要保护的个人信息类型。此时,"隐私信息"所具有的模糊性的弊端反倒使其能够成为个人信息保护的兜底要素。正是在这个意义上,之前的两个文件都将隐私信息包括其中。然而,随着《网络安全法》对"可识别性"采取了广义化的理解,将能够单独、直接识别出特定公民个人身份的"直接型可识别信息"和需要与其他信息相结合、间接识别出特定公民个人身份的"间接型可识别信息"都规定在内,作为界定个人信息的另一要素、起着兜底保护作用的"隐私信息"就完成了其历史使命。

3. 大数据时代的特别应对:广义的可识别性+活动状况信息+账号密码

2017年5月8日,最高人民法院、最高人民检察院联合发布的《关于办理侵犯公民个人信息刑事案件适用法律若干问题的解释》对公民个人信息的概念进行了再次扩张。该解释第1条规定:"刑法第二百五十三条之一规定的'公民个人信息',是指以电子或者其他方式记录的能够单独或者与其他信息结合识别特定自然人身份或者反映特定自然人活动情况的各种信息,包括姓名、身份证件号码、通信通讯联系方式、住址、账号密码、财产状况、行踪轨迹等。"从该条可以看出,相较于过往几

第一章 犯罪记录的双重维度及其内在冲突：国家工具 VS 个人信息

部法律文件对公民个人信息概念的界定，该解释在原有广义的可识别信息基础之上，增添了与公民人身、财产关系密切但又难以被涵盖进可识别信息范畴的两类信息：以定义的方式增加了"反映特定自然人活动情况"，并在后续的列举中增加了与之对应的"行踪轨迹"，又以列举的方式增加了"账号密码"。

之所以进一步扩张公民个人信息的概念，一方面是为了应对大数据时代下对个人信息的特别利用。在大数据时代，对个人信息进行商业化利用的目的不再局限于传统意义上获取公民个人的身份，而主要是获取公民的特定偏好（如行踪轨迹、网络搜索记录、聊天记录、消费记录等）信息，并以此为根据进行精准的广告投放以及达到其他商业目的。"由于计算机数据处理的便利，使国家、企业或个人能够迅速地搜集、储存、传送有关个人的各种数据，以不同的方式加以组合或呈现，可以用来预测个人的行为模式、政治态度、消费习惯，而作为一种资源或商品加以利用。"[1]由于这类偏好信息通常并不具有可识别性，因此继续沿用之前的"广义的可识别信息"将难以对其施加保护范围。因此，该解释将活动情况信息作为一类，与广义的可识别信息并列，作为构成公民个人信息概念的两个核心要素。

此外，这也是对那些可能影响到公民人身、财产安全的信息的重点保护。严格说来，"账号密码"既不属于能够识别特定自然人身份的广义可识别信息，也不同于能够反映公民活动状况的活动状况信息。与其他公民个人信息类型不同，"账号密码"的价值不在于其本身，而在于其背后的财产。"账号密码"的价值体现为它是打开其隐藏财产的钥匙。行为人获取"账号密码"并不是纯粹为了据此识别出特定自然人的身份，在通常

---

[1] 王泽鉴：《人格权法：法释义学、比较法、案例研究》，北京大学出版社2013年版，第207页。

情况下，行为人根本不会在乎这个账号到底属于谁，其只会关心该账号密码背后的财产。因此，将"账号密码"界定为"个人信息"，并据此对账号密码采取个人信息式的保护模式，其实是为了保护账号密码背后的财产权，实质上是对通过获取公民账号密码进行的财产犯罪的预备行为进行制裁。同理，对于包括"行踪轨迹"在内的"活动情况信息"进行保护，部分原因也是基于对通过获取公民行踪轨迹、活动情况而实施针对性的人身犯罪的预备行为进行制裁。由于近些年侵犯公民个人信息犯罪处于高发期，而且与电信网络诈骗、敲诈勒索、绑架等犯罪呈合流态势（尤其是犯罪分子通过非法盗取、骗取公民账号与密码实施财产犯罪，以及通过获取被害人行踪信息进行跟踪、监视，进而实施人身犯罪）。相较于单纯的信息泄漏而言，这些犯罪对公民的危害更大、社会危害更加严重。最终，国家通过规定"账号密码"，对可能的财产犯罪进行预防性打击；通过规定"活动情况"和"行踪轨迹"，对可能的人身犯罪进行预防性制裁。

至此，公民个人信息的概念迎来了第三次转变，从最初"狭义的可识别信息+隐私信息"的二元结构，到"广义的可识别信息"的一元结构，再到《关于办理侵犯公民个人信息刑事案件适用法律若干问题的解释》所确立的"广义的可识别性+活动状况信息+账号密码"的"2+1"结构，即以广义的可识别性与活动状况信息为核心要素，在此之外同时对账号密码进行保护。《民法典》对自然人个人信息的定义也基本采取了此种立法模式。[1]

---

[1]《民法典》第1034条规定："自然人的个人信息受法律保护。个人信息是以电子或者其他方式记录的能够单独或者与其他信息结合识别特定自然人的各种信息，包括自然人的姓名、出生日期、身份证件号码、生物识别信息、住址、电话号码、电子邮箱、健康信息、行踪信息等。个人信息中的私密信息，适用有关隐私权的规定；没有规定的，适用有关个人信息保护的规定。"

第一章 犯罪记录的双重维度及其内在冲突：国家工具 VS 个人信息

(二) 个人信息与个人信息权

可以说，在现代信息社会，人与人之间的接触首先不是通过面对面的直接交流，往往更多地是通过各种信息的传递与展示，这也正是信息时代带来的便利。在某种程度上可以认为，现代社会，在个人不断地创造信息的同时，信息也在不停地形塑着个人，包括自身对外界的认知，以及外界对自我的认知。正是公民的各种信息汇聚在一起，才塑造了被人们所了解的"那个人"；正是基于自己的"前见"对各种关于世界的信息的构成、组合、筛选，才形成了每个人对世界的独特认知。

尽管个人信息对公民是如此的重要，但是个人信息对于公民自身而言到底意味着什么？是其隐私的一部分，还是其人格的扩展，甚至是其财产的变种？这些问题均尚无定论。这实际上牵涉到一个关于公民个人信息"权利属性"的问题，即公民个人对自身信息所享有的这一权利，究竟是人格权的一种，还是财产权的变体，又或者是一种完全新型的权利类型？对这一问题的关注不仅在于澄清个人信息的权利性质，更重要的是基于其权利性质而生发出的对个人信息的不同保护模式。"强调人格利益，则势必强调信息主体对于其个人信息的'支配性'，留给信息业者'利用'个人信息的空间就较小；反之，如果较为强调财产利益，则势必要在一定程度上限制信息主体对其个人信息的'支配程度'。支配程度与利用空间之间如何平衡，会直接决定个人信息收集、处理和使用者的义务内容。"[1]对此，学界的研究经历了两个阶段，形成了四条不同的进路。

---

[1] 张新宝：《〈民法总则〉个人信息保护条文研究》，载《中外法学》2019年第1期，第54~75页。

1. 附属于既有的权利阶段：隐私权说、人格权说与财产权说之争

在个人信息的权利性质层面，学界最初的认识集中在隐私权说、人格权说与财产权说之争，并形成了以隐私权模式、人格权模式与财产权模式为代表的三种个人信息保护进路。

财产权说认为，公民的个人信息应当属于其自主管理财产的一部分。在大数据时代背景下，单独的个人信息对于主体而言更多的是利用其信息以换取特定的财产价值。"在建立人格权理论的传统时代背景下，由于受技术的限制，个人信息的财产价值没有被发现，它主要发挥的是维护人格尊严的功能，法律只给予了它人格权的保护。但是，随着信息和网络时代的到来，个人信息事实上已经发挥出维护主体财产利益的功能，此时，法律和理论要做的就是承认主体对于这些个人信息享有财产权。"[1]此外，还有学者将公民的个人信息理解为特殊的物权客体，即无体物或无形财产。[2]财产权说的问题在于，如果仅仅把个人信息作为信息主体享有的一项财产，即完全作为一个脱离于主体的物而存在，这看似是在发挥个人信息的财产价值，信息主体在使用和受到侵害时都可以依据特定信息的财产价值进行衡量。但这种纯粹的商业利益考量，把人这一主体以及附属其产生的个人信息完全作为目的理性的工具进行处理，作为主体的人最终会沦为利益的奴隶，人的自主性必将丧失，到头来必然会损害对于个人信息的保护。尤其是考虑到个人信息只有在作为一个集合时才真正具有实质上的财产意义，具体到每

---

[1] 刘德良：《个人信息的财产权保护》，载《法学研究》2007年第3期，第80~91页。

[2] 参见张莉：《个人信息权的法哲学论纲》，载《河北法学》2010年第2期，第136~139页；余筱兰：《信息权在我国民法典编纂中的立法遵从》，载《法学杂志》2017年第4期，第22~31页。

第一章 犯罪记录的双重维度及其内在冲突：国家工具 VS 个人信息

个个体时则并不具有财产价值。因此，将个人信息作财产化理解，对于具体的个人而言没有太大的意义，反而会牺牲现实中绝大多数公民最关心的信息安全问题。

人格权说主张，公民的个人信息理应同姓名、肖像等类似，属于个人人格权的一部分，而且是一种与姓名权、肖像权和隐私权并列的具体人格权。尽管个人信息具有财产价值，但就如同个人的姓名、肖像具有财产价值一样，只是其人格权的变种与延伸。个人信息只有在作为一个集合时才真正具有实质上的财产意义，而具体到每个个体时则并不具有财产价值。因此，在公民的个人信息中，真正发挥主导作用的是其人格权要素。一方面，就个人信息的权利构造而言，个人信息本质上体现着自然人的人格利益，并以其为保护对象，信息主体对于自身信息享有支配和控制权，其支配与控制的权利客体包括个人一般信息、个人隐私信息和个人敏感信息。其中，有些重要的个人信息（比如姓名、肖像、隐私等）已经脱离个人信息层面而由专属的具体人格权保护——姓名权、肖像权和隐私权；而其他信息则需要通过个人信息这一具体人格权提供的保护机制得到保护。另一方面，从个人信息的保护机制出发，公民的个人信息一旦受到侵害，如何计算赔偿便将是一个必须要面对的问题。如果认为个人信息在权利性质上属于财产权，进而采取财产权的保护模式，那么由于单个的个人信息并不具有实质意义上的财产价值，因而侵害人难以对被侵害人进行有效的损害赔偿。"个人信息权的财产利益主要表现为其被开展商业化利用时所能获得的利益，但此种利用往往是集中了成千上万人的个人信息被统一利用，故当获得的利益分解到个人时，单份经济利益十分微薄，甚至几无保护之必要。"[1]但是，如果将个人信息界定为具体的人格权，并据此采取人格权的保护模式，则能够保证不会因个人身份的差异而导致计算方式有所区别，从而维护人格平等这一宗旨，还能使得被侵害人得以依据《民法典》第1183条主张精神损害赔偿。[2]

隐私权说起源于美国，到目前为止仍是美国解决公民个人信息问题的主流理论。之后，该说传入我国，对我国学界产生了较大的影响。根据隐私权理论，公民对自身的信息享有的权利属于隐私权的一种，公民个人信息受到侵犯时应当通过隐私权的途径寻求救济。基于此，有学者主张"个人数据的保护主要是对数据主体隐私权的保护"。[3]我国此前的法律一直是对个人信息采取隐私权的保护模式，将个人信息作为"个人隐私"加以保护，并将其与"国家秘密"和"商业秘密"并列规定。例如，《刑事诉讼法》第54条第3款规定"对涉及国家秘密、商业秘密、个人隐私的证据，应当保密"；又如，《政府信息公开条例》第14条、第15条对行政机关也提出了类似要求，规定其不得公开涉及国家秘密、商业秘密和个人隐私的政府信息。国家秘密绝对不得公开；经权利人同意，或者行政机关认为不公开便会给社会造成重大损害的，可以公开商业秘密和个人信息。然而，隐私权说存在着以下三方面缺陷：

第一，隐私权强调的是对公民个人信息的消极保护，重在避免隐私信息的泄露，将个人信息作为隐私与外界隔离开来。

---

[1] 参见罗昆：《个人信息权的私权属性与民法保护模式》，载《广西大学学报（哲学社会科学版）》2015年第5期，第86~90页。

[2] 参见王利明：《论个人信息权在人格权法中的地位》，载《苏州大学学报（哲学社会科学版）》2012年第6期，第68~75、199~200页。

[3] 参见张新宝：《隐私权的法律保护》（第2版），群众出版社2004年版，第139页。

第一章 犯罪记录的双重维度及其内在冲突:国家工具 VS 个人信息

这种单一的、消极的保护模式显然与大数据时代基于对公民个人信息的普遍利用而进行的包括政府决策、社会治理、商业利用等各个层面的社会活动的事实相违背,[1]这也不符合当下互联网企业普遍采取的公民以提供个人信息(包括敏感信息)为代价换取免费且便利的网络服务这一普遍免费模式的现实。[2]在这样一个信息高度发达、信息数据化了的大数据时代,对个人信息不应再一味地强调对其进行保护,而是要逐渐挖掘其中的潜在价值,促使其被合理使用。换句话说,我国对个人信息的态度,应当从单一的"保护"转变为"保护"与"利用"并重。而对公民个人信息的利用则是传统的隐私权模式的缺陷所在。

第二,由于隐私权的功能相对来说较为单一,只具有防御隐私信息免遭侵害的功能,因此其对于个人信息采取的是一种"排他性""绝对性"的保护。但这种将个人信息当作隐私仅仅局限在信息主体手中的做法显然不符合现代社会的运作逻辑。在现代信息社会,最重要的是信息的流通,信息的收集、处理、存储和利用等关乎信息流通的各个环节,支撑着整个社会的正常运行。国家从单纯的保护者变为了最大的信息收集和利用者,信息的商业化利用与社会治理运用也都同步进行。[3]因此,隐私权模式对个人信息采取的"排他性""绝对性"保护难以与现代信息社会相兼容。

第三,"隐私"的概念具有相对性、模糊性。例如,信息主体将个人手机号告诉了 A,此时该手机号就不再是个人隐私了。

---

[1] 参见林鸿潮:《个人信息在社会风险治理中的利用及其限制》,载《政治与法律》2018 年第 4 期,第 2~14 页。
[2] 参见张新宝:《〈普遍免费+个别付费〉:个人信息保护的一个新思维》,载《比较法研究》2018 年第 5 期,第 1~15 页。
[3] 参见张新宝:《从隐私到个人信息:利益再衡量的理论与制度安排》,载《中国法学》2015 年第 3 期,第 38~59 页。

然后，A偷偷地将该手机号告诉了B，B又将该手机号卖给了C销售公司。通常，我们会笼统地说B侵犯了信息主体的个人隐私，因为B未经信息主体的同意，因此对B来说，该手机号就属于个人隐私。这种做法会将对隐私的判断完全主观化——是否是隐私这一问题完全取决于信息主体的主观认知。而主观化必将导致对隐私的判断以及随之而来的对作为隐私的个人信息的保护轻率化。实际上，问题的关键在于"授权"：对信息的使用是否经过了信息主体的同意。信息主体授权A获得其手机号这一个人信息，但并未授权A将这一信息再传播给他人，因此A的行为已经侵犯了信息主体的个人信息，B此后又将该信息卖给了C公司则是进一步地扩大了对该信息主体个人信息的侵害。换句话说，问题不在于"是不是隐私""对谁是隐私"，而是在于"有无授权"。只有这样才能将过于主观的隐私性判断转化为客观化的有无授权判断。

2017年《民法总则》已经将对公民个人信息的保护与对隐私的保护区别开来，隐私权与其他具体人格权一道被规定在第110条，[1]而个人信息则被单独规定在第111条。因此，从体系解释的角度，我们应当认为二者是相互独立的概念。

2. 独立的新型权利阶段：个人信息权

尽管2017年3月15日公布的《民法总则》第111条使对公民个人信息的保护从人格权、隐私权中脱离出来，赋予了公民个人信息以独立的法律地位，"个人信息"这一法律概念从此独立于隐私权和人格权，个人信息的权利属性似乎也有了初步的结论：个人信息在性质上独立于隐私权和人格权，具有独特

---

[1]《民法总则》（已失效）第110条规定："自然人享有生命权、身体权、健康权、姓名权、肖像权、名誉权、荣誉权、隐私权、婚姻自主权等权利。法人、非法人组织享有名称权、名誉权、荣誉权等权利。"

的法律地位。不过，需要注意的是，根据2021年1月1日生效的《民法典》对自然人个人信息的最新规定，立法者就自然人个人信息的定位再次作出了调整，即虽然沿袭了此前《民法总则》确立的个人信息权的独立地位，承认其独立于自然人的隐私权与具体人格权，但在表述上却将其归属于广义的人格权范畴。因此，个人信息权作为一种新型权利具有了相对独立性。这可以从以下两点看出：

一方面，个人信息的独立性体现在《民法典》将自然人的个人信息保护与隐私权、具体人格权并列规定的体系安排上。《民法典》第四编是关于人格权的规定。其中第二章到第五章规定的是具体人格权，包括"生命权、身体权和健康权""姓名权和名称权""肖像权""名誉权和荣誉权"，第六章则是"隐私权和个人信息保护"。这种体系安排无疑是考虑到了个人信息与具体人格权和隐私权在性质上的差异性，同时也兼顾了个人信息与隐私权在功能上的互补性。因此，这种立法编排方式实际上是承认了个人信息在性质上的独立性。另一方面，个人信息在表述上，又属于广义的人格权。《民法典》将个人信息规定在第四编"人格权"内。这种体系安排实际上是将个人信息纳入了广义的人格权范围。综上可以得出，作为一种新型权利的个人信息权呼之欲出，虽然在表述上仍属于广义的人格权，但在具体的权利内容、功能和定位上，都已区别于具体人格权和隐私权，具有了相对独立的权利性质。

除了权利属性上的争论外，个人信息的法律地位也有必要予以厘清。由于《民法总则》第111条只是笼统地规定自然人的个人信息受法律保护，只是确立了其相对于人格权和隐私权的独特地位，但并未言明个人信息的法律位阶，即个人信息到底是一项民事权利，还是一种受法律保护的利益。此外，《民法典》第1034条对个人信息法律地位的规定亦含糊其辞，第四编第六章称为"隐私权与个人信息保护"，而非"隐私权与个人信息权"，这表明《民法典》并未明确将个人信息表述为一种权利，而是似乎将其作为一种"法律利益"予以保护。因此，学界对于个人信息的争论，除了"权利属性"之争——人格权、财产权、隐私权之外，还发展为"法律地位"之争——是权利，还是权益。

民事权利说认为，《民法总则》第111条既然已经明确了对个人信息的保护，并且以独立条文的形式进行了规定，从而与第110条具体人格权的规定相对应，因此从体系解释的角度出发，就像第110条规定了具体人格权一样，第111条实际创设了独立的个人信息权。尽管第111条本身并没有类似于"个人信息权"的法律表述，但是"该条文既是对自然人这一民事主体对其个人信息享有民事权利的宣示性规定，同时也是对此的确权性规定"。[1]而且，第111条属于《民法总则》第五章"民事权利"部分，这实际上也暗含着该章规定的都是具体的民事权利。因此，第111条规定的个人信息也应当是一项独立的民事权利。此外，还有学者论证："从法律所保护的客体即个人身份信息的独立性、社会实践保护个人身份信息的必要性，以及从比较法的基础上进行分析，对于个人身份信息的保护，一是不能用法益保护方式，因为其显然不如用权利保护为佳；二是不宜以隐私权保护方式予以保护，因为隐私权保护个人身份信息确有不完全、不完善的问题。"[2]因此，只有赋予个人信息以独立的民事权利地位，方能以此为基础，通过进一步对基于权利进行制度设计，真正全面实现对公民个人信息的保护。

---

[1] 陈甦主编：《民法总则评注》（下册），法律出版社2017年版，第785页。
[2] 杨立新：《个人信息：法益抑或民事权利——对〈民法总则〉第111条规定的"个人信息"之解读》，载《法学论坛》2018年第1期，第34~45页。

第一章 犯罪记录的双重维度及其内在冲突：国家工具 VS 个人信息

民事权益说主张，《民法总则》第 111 条虽然规定了对公民个人信息的保护，但并未言明将其作为权利，即"个人信息权"对待。既然法律并未明确创设个人信息权，那么我们就不能认为个人信息是一项独立的权利。尤其是考虑到《民法总则》第 3 条明确区分了"权利"和"权益"，"民事主体的人身权利、财产权利以及其他合法权益受法律保护，任何组织或者个人不得侵犯"。因此，在法律未明确使用"个人信息权"的情况下，只能将个人信息理解为一项权益。尽管法律仍会提供保护，但这种保护并非民事权利的保护模式，而是将其作为下位于权利的"权益"进行保护。王利明教授指出："本条只是规定了个人信息应当受到法律保护，而没有使用个人信息权这一表述，表明民法总则并没有将个人信息作为一项具体人格权利，但本条为自然人的个人信息保护提供了法律依据。"[1]此外，还有学者认为："二审稿开始纳入个人信息问题，但考虑到个人信息的复杂性，也没有简单以单纯民事权利特别是一种人格权的形式加以规定，而是笼统规定个人信息受法律保护，为未来个人信息如何在利益上兼顾财产化，以及与数据经济的发展的关系配合预留了一定的解释空间。"[2]《民法典》第四编第六章的章节名为"隐私权与个人信息保护"，而非"隐私权与个人信息权"，这表明《民法典》并未明确将个人信息表述为一种权利，而是将其作为一种"法律利益"予以保护。

不过，目前的普遍看法是，公民对自身的个人信息享有的，

---

[1] 王利明主编：《中华人民共和国民法总则详解》（上册），中国法制出版社 2017 年版，第 456 页。

[2] 龙卫球、刘保玉主编：《中华人民共和国民法总则释义与适用指导》，中国法制出版社 2017 年版，第 404 页。

应当是一项独立的"个人信息权"。[1]至于说到底是民事权利，还是民事权益，至少在现阶段，依据对《民法典》的解释，难有定论。然而，这并不妨碍"个人信息"所具有的独立于包括隐私权、人格权和财产权在内的既有权利框架的独特法律地位，也不妨碍对"个人信息"采取区别于传统隐私法、人格权法和财产法的特有保护模式，更不会妨碍今后法律对"个人信息"保护的制度设计。因此，本书在此采取目前的主流看法，认为个人信息是一项独立的民事权利（即个人信息权）而非权益。

个人信息权，是指个人以其自身信息为权利客体，对其自身信息所享有的与信息有关的权利。在权利构造上，个人信息权应当包括以下几部分内容。首先，在权利内容上，个人信息权兼具人格权与财产权的属性。由于个人信息权脱胎自权利主体自身，这使其带有强烈的人格权意味；又由于在目前的大数据时代背景下，个人信息已不再仅仅是单纯消极性的防御权利，而同时兼具商业价值，个人能够通过授权他人使用自身信息换取特定形式的服务，[2]这使得现代意义上的个人信息权又具有了财产权的一面。个人信息权这种积极使用并许可他人使用和消极防御他人侵害的双重属性，使得其区别于传统意义上的人格权、隐私权和财产权，从而成了一种新型权利。其次，就权利性质而言，个人信息权是一项支配性权利，个人对其自身的

---

[1] 参见杨立新：《个人信息：法益抑或民事权利——对〈民法总则〉第111条规定的"个人信息"之解读》，载《法学论坛》2018年第1期，第34~45页；程啸：《论大数据时代的个人数据权利》，载《中国社会科学》2018年第3期，第102~122页；叶名怡：《论个人信息权的基本范畴》，载《清华法学》2018年第5期，第143~158页；张新宝：《〈民法总则〉个人信息保护条文研究》，载《中外法学》2019年第1期，第54~75页。

[2] 参见张新宝：《"普遍免费+个别付费"：个人信息保护的一个新思维》，载《比较法研究》2018年第5期，第1~15页。

第一章 犯罪记录的双重维度及其内在冲突：国家工具 VS 个人信息

信息享有着支配权，或者说是控制权，这是个人信息权的核心。权利主体对其自身信息的控制表现在，个人信息完全属于权利主体自身，他人不得随意获取、收集和利用；权利主体可以自行选择同意或者不同意他人使用其个人信息；他人经授权获准使用信息主体的个人信息后，应当确保该个人信息的完整性、真实性和安全性不被破坏；未经权利主体明确授权而擅自使用其个人信息的，权利主体可以请求他人删除其个人信息并停止使用。[1]最后，个人信息权虽然是一项支配权，其核心在于个人信息控制权，但这并不意味着个人信息权同时也是一项绝对权。个人信息权并不具有绝对的排他性和独占性。在现代社会中，政府决策、社会治理、商业化利用等活动都需要不同程度地收集、利用公民的个人信息，而公民以同意为前提授权许可他人使用自己的信息以换取公共和商业服务的做法目前非常普遍。这也是传统隐私权模式难以与现代社会兼容的症结所在。此外，个人信息权的相对性还意味着，"自然人可以同意多个他人收集和持有其个人信息；多个他人持有这些信息合法收集到的内容相同的个人信息并进行处理和使用，相互之间并不排斥"。[2]

（三）犯罪记录的原初形态：个人信息的集合

犯罪记录在本质上属于公民的个人信息，犯罪人（即信息主体）对于自身犯罪记录这一特定信息享有个人信息权。对此，可以从"内容构成"和"本质要素"两方面加以理解。

1. 内容构成：与犯罪有关的个人信息的集合

在内容构成上，虽然犯罪记录的产生离不开国家，但其仍

---

[1] 参见《民法典各分编（草案第一次审议稿）》第814~817条。
[2] 张新宝：《〈民法总则〉个人信息保护条文研究》，载《中外法学》2019年第1期，第54~75页。

然是关于犯罪人且属于犯罪人的个人信息。犯罪记录作为一种复合型的个人信息集合，其所涉信息在本质上都属于犯罪人的个人信息，或是其本身所具备的（如姓名、性别、年龄），或是基于其自身行为而形成（如所犯事由）。即便涉及定罪和量刑的信息是基于国家制定的法律评价所致，在信息的产生层面也可以说经由国家而成，但这些信息终究是来源于犯罪人的行为，是基于对犯罪人行为的规范评价而产生的，因此仍然是附属于犯罪人犯罪行为的一种规范性评价，是一种延伸意义上的个人信息。具体而言，犯罪记录在内容上通常包括以下内容：其一，犯罪人的身份信息。包括姓名、性别、出生日期、出生地、国籍等可以识别犯罪人身份的重要信息，以及在有条件的情况下录入的指纹、DNA 等生物识别信息。其二，犯罪的来源信息。作出刑事判决的法院判决书编号和判决生效日期。其三，犯罪的性质信息。包括基本的犯罪事实、罪名和宣告刑，定罪免刑和非刑罚处置措施的信息。其四，犯罪的行刑信息。包括执行刑罚期间全部的变动，例如，刑种变动、自由刑的减刑、剥夺政治权利期限的缩短、假释的批准和撤销、缓刑的撤销、罚金的减少等行刑信息。其五，犯罪的刑事责任消灭。包括各种刑罚的执行完毕、缓刑、假释考验期的届满、赦免、行刑期间犯罪人死亡等刑罚消灭信息以及从业禁止的期限届满。

2. 本质要素：个人信息的可识别性

在本质要素上，犯罪记录作为一项信息集合，具备个人信息所必需的"可识别性"要素，因此完全有理由将其理解为个人信息的一种特殊类型。可识别性要求，只有当特定信息能够识别出特定的个人时，该信息才属于法律意义上的个人信息。[1]因

---

[1] 参见郭瑜：《个人数据保护法研究》，北京大学出版社 2012 年版，第 122~123 页。

为，倘若某个信息无法与特定的个人相关联，甚至二者之间完全无关，那么称该信息为此人的个人信息显然没有道理。尽管个人信息的概念几经扩张，从狭义的可识别性信息（即仅包括能够单独、直接识别出个人的"直接型可识别信息"），到广义的可识别信息（即还包括能够与其他信息结合后具备可识别性的"间接型可识别信息"），再到如今又将公民的活动状况信息和账号密码一并囊括的扩张的个人信息概念，但作为其中最为核心的"可识别性"要素始终未变。虽然有学者主张需要对个人信息概念进行反思，通过引入"个人信息界定的场景性和动态性"来拓展个人信息概念的动态维度，[1]但这并不是对现有以可识别性为基础的个人信息概念的否定，而是在原有静态维度基础上增加了动态维度作为补充。此外，不仅我国，几乎所有国家和地区都将可识别性作为个人信息的核心要素，其中以欧盟新近出台的《一般数据保护条例》（简称GDPR）为代表。[2]犯罪记录作为个人信息的集合，其中包括犯罪人的身份信息、犯罪的来源信息、犯罪的性质信息、犯罪的行刑信息、犯罪的刑事责任消灭等基本信息。而通过这些信息，或单独，或与其他信息相结合，都能够识别出具体的犯罪人，因此犯罪记录具备个人信息的可识别性要素，在本质上属于个人信息。

二、从"个人信息"到"犯罪记录"

犯罪记录在本质上属于个人信息，犯罪人对其自身的犯罪记录这一信息享有个人信息权，但在现代社会，纯粹的个人权

---

[1] 齐爱民、张哲：《识别与再识别：个人信息的概念界定与立法选择》，载《重庆大学学报（社会科学版）》2018年第2期，第119~131页；张新宝：《〈民法总则〉个人信息保护条文研究》，载《中外法学》2019年第1期，第54~75页。

[2] General Data Protection Regulation, Article 4.

利并不存在,权利让渡是必然的选择。国家基于公共政策的需要而对犯罪人的部分信息进行管理、利用,从而建构出关于犯罪人的犯罪记录,以及以此为基础的犯罪记录制度。

(一) 信息时代个人信息的公共性凸显

现代社会建立在以社会契约为理解模型的权利让渡基础之上。基于现代意义上国家的产生与国家现代化管理的需要,作为社会成员的个人需要将自己的部分权利让渡给国家,以使国家能够更好、更有效率地行使相应职能,从而保障整个社会的正常运转,进而使得社会成员能够自由与安宁地生活。[1]在现代社会,"借助于现代信息技术,政府可以更加充分地发掘个人信息的公共管理价值。信息技术与统计学、数据分析技术的结合,政府可以低成本地收集和存储更多的个人信息,为确定社情民意提供更广泛的分析样本;通过对个人信息的处理和利用,政府也可以实现科学和理性决策,更好地推进公共管理和公共服务。……公共秩序、公共安全和公共福利的推进,都离不开以个人信息为基本单位的数据库的支撑"。[2]

这种国家与公民互动的社会契约模式一直延续至今,但其中的"连接点",也即公民让渡给国家的权利,却从曾经的政治权、自由权,扩展到了信息时代下的个人信息权。如同个人自

---

[1] 霍布斯与洛克都曾论述过国家(政治社会)的起源与形成过程。前者认为,公民让渡的是权利;而后者认为,公民让渡的是权力。这种差异的形成乃是因为二者的视角不同。洛氏是从国家的原初形态意义上出发,强调的是最初的国家源于公民将自身的权力让渡和赋予国家,是就权利本源而言;霍氏则在国家的继生形态意义上强调现代国家是如何在其产生以后继续通过二次权力与权利的交换而运作的。参见[英]霍布斯:《利维坦》,黎思复、黎廷弼译,商务印书馆 2017 年版,第 128~132 页;[英]约翰·洛克:《政府论》,杨思派译,中国社会科学出版社 2009 年版,第 205~221 页。

[2] 参见张新宝:《从隐私到个人信息:利益再衡量的理论与制度安排》,载《中国法学》2015 年第 3 期,第 46 页。

第一章　犯罪记录的双重维度及其内在冲突：国家工具 VS 个人信息

由与权利不单单只是个人的事情，而是兼具社会性的一面，在行使的过程中必然需要某些妥协与折中一样，[1]作为个人权利一部分的个人信息也是如此。如果只是把个人信息视为绝对的私权而没有任何的折中与妥协，那么基于"互利""协作"的现代社会将难以正常运转。因此，个人信息尽管是天然的个人权利，却又同时是社会的产物，兼具个人性与社会性的一面，并在二者之间求取平衡。在个人信息中，个人性的一面表现在，个人信息天然是属于公民个人的权利，公民仅仅是将其部分让渡给国家，而让渡的目的也是更好地维护和行使自身权利，这是处理个人信息保护与国家公共管理的基本前提；社会性的一面表现在，个人并不是独立的个体，而是社会的一员，其权利的使用必然要考虑到社会的整体目标与利益。出于社会管理的需要，以及自身利益的考量，个人将其一部分个人信息让渡给国家使用，在这个意义上，个人信息也就具有了社会性的一面。

（二）犯罪记录的国家建构：基于功能导向的公共政策考量

源自公民的个人信息部分地让渡给国家后，通过国家的管理与利用，使得原有的信息脱离作为信息主体的个人，成为国家管理社会、预防犯罪的重要资源与工具。尽管犯罪记录在本质上是由性质上属于个人的众多信息集合而成，但正是由于国家基于预防犯罪这一特定公共政策的考量，而将这些原本的个人信息提取并赋予新的意涵与社会效果，最终"建构"出目前的犯罪记录及其制度，以使其发挥犯罪预防的功能。因此，犯罪记录的产生始终离不开国家，正是国家基于社会管理的需要对犯罪人的相关信息进行登记、管理与统计，才催生出了所谓

---

[1] 参见[英]约翰·斯图亚特·密尔：《论自由》，顾肃译，译林出版社2010年版，第79页。

的犯罪记录这一集合性信息。在这个意义上，犯罪记录是由国家"建构"出来的。

现实中，2012年最高人民法院、最高人民检察院、公安部、国家安全部、司法部联合颁布了《犯罪记录制度意见》，标志着我国犯罪记录制度正式建立。该文件明确提出，建立犯罪人员犯罪记录制度，对犯罪人员信息进行合理登记和有效管理，不仅能够起到预防犯罪、指导刑事政策制定的功能，同时也有助于维护犯罪人的应有权利，以便其顺利回归社会。这表明，我国犯罪记录制度的设计初衷，一方面是满足犯罪预防的需要；另一方面是保障犯罪人合法权利。此外，该文件还规定，犯罪人信息登记机关需要录入的信息包括犯罪人的基本信息、所犯罪行、判处刑罚、公诉机关和检察机关的名称、判决书编号等。这些信息构成目前我国犯罪记录制度当中每位犯罪人的犯罪记录。

第三节　冲突的表现及其根源

目前的犯罪记录制度过于强调犯罪记录的公共属性，忽视了犯罪记录作为个人信息的一面，缺乏对国家权力层面的制衡，导致国家基于预防犯罪的需要过度使用犯罪记录，直接或间接地影响到了犯罪人的正当权利。回顾近些年犯罪记录制度的发展我们可以发现，当前的犯罪记录现状呈现出被滥用的趋势。犯罪记录制度导致的前科评价有被肆意滥用的风险，除了本应受到的刑罚处罚外，犯罪记录产生的后移效应更使得犯罪人在刑罚执行完毕后可能遭遇"二次处罚"：对于犯罪人、犯罪人的近亲属及其家庭成员，来自国家的规范性评价和来自社会的非规范性评价两相交织，破坏了其正常的生活安宁，应有的权利

第一章 犯罪记录的双重维度及其内在冲突：国家工具 VS 个人信息

可能被剥夺，不应承担的种种限制加诸其身。[1]此外，犯罪记录导致的危害通常具有隐蔽性。与刑罚和监狱这些可见的实体性惩罚措施和景观不同，犯罪记录导致的后移效应往往难以被有效察觉。我们不知道有多少人因为有犯罪前科而受到就业歧视，也难以了解有多少人因为近亲属的前科而错失进入公务员队伍报效祖国的机会，我们无从得知这些由犯罪记录后移效应导致的"黑数"。因此，也就难言反思这些制度的合理性，进而推动制度的改进。更值得警惕的是，对犯罪记录的使用，甚至一定程度的"滥用"，在预防犯罪这一层面确实会产生效果，这又在一定程度上掩盖了目前的犯罪记录制度存在的制度性缺陷，使得对犯罪记录制度本身合理性的探讨难以有效展开。

一、冲突的表现：两种理念的相互制约导致权力与权利之间利益失衡

在犯罪记录蕴含的"国家工具"与"个人信息"的双重维度冲突之背后，实际上是"犯罪预防"与"权利保护"两种理念的较量。作为"国家工具"的犯罪记录是国家基于现代化治理、有效实现犯罪预防这一刑事政策之工具。同时，犯罪记录也是个人信息的一种重要类型，关涉犯罪人正当权利之实现。因此，从个人信息的角度出发，犯罪记录背后实际上承载着权利保护之理念。

（一）犯罪预防的刚需使得权利保护的边界不断收缩

犯罪记录首先是作为犯罪预防的工具而存在的。在过往的理解与制度定位中，作为犯罪预防工具的国家维度，犯罪预防

---

[1] 司法部曾于 2004 年公布过相关统计数据：当时我国的再犯罪率处于世界中等水平，但是在重大恶性刑事案件中，刑满释放人员的再犯率占到了 70%。遗憾的是，自此以后官方就再未公布过相关数据，而是将其作为绝密资料仅供内部人员研究。参见《重新犯罪率居高不下，刑释人员面临制度性歧视》，载 http://news.hexun.com/2012-01-10/137132651.html，最后访问时间：2018 年 4 月 23 日。

始终处于第一位,优先于保护犯罪人个人信息的个人维度。因此,犯罪预防的需要使得权利保护的边界处于收缩状态,并表现在以下三个方面:

1. 产生层面,国家将个人信息转化为犯罪记录

基于现代化治理的需要,国家将私人的特定个人信息转化为具有公共属性的犯罪记录,以此实现犯罪预防的目的。如前所述,犯罪记录在本质上属于公民的个人信息。犯罪人对其自身的犯罪记录这一信息享有个人信息权。然而,现代社会中并不存在纯粹的个人权利,权利让渡是必然的选择,个人信息也带有社会性的一面。个人将自身对个人信息的部分权利让渡给了国家,以使国家能够实现更加有效的犯罪预防效果,从而达成整个社会的共同福祉。国家基于公共政策的需要而对犯罪人的部分信息予以管理、利用,从而建构出关于犯罪人的犯罪记录,以及以此为基础的犯罪记录制度。

2. 刑事法规范的有效衔接强化了犯罪记录的犯罪预防功效

就整个刑事法律体系而言,犯罪记录制度对于规范之间的相互衔接具有重要的制度价值,这反过来进一步强化了犯罪记录作为"国家工具"的犯罪预防功效。具体而言,在我国刑事法体系内部,犯罪记录制度发挥着四重衔接作用:

第一,刑法中的累犯、毒品再犯量刑制度规定的适用。我国《刑法》规定的累犯和毒品再犯制度,可以被视为一种由再次犯罪引发的特殊刑罚反应,二者的适用都要以明确刑事诉讼被告人之前的犯罪事实为前提。虽然目前公安机关内部的全国违法犯罪人员信息库可以在一定程度上满足查证犯罪事实的需求,然而当下的违法犯罪人员信息库依然存在较多不足,登记错误时有发生,[1]却没有明确的纠错机制。实践中甚至存在社

---

[1] 参见张磊:《我啥时能摘掉犯罪人员帽子?》,载《新晚报》2010年7月9日。

第一章 犯罪记录的双重维度及其内在冲突：国家工具 VS 个人信息

会公众被错误认定犯罪记录十余年都无法改正，最后只能向法院起诉请求更正的情形。[1]同时，全国违法犯罪人员信息库完全由作为侦查机关的公安机关掌控，不具有中立性，这使得刑事诉讼中被告人、辩护人一方处于完全被动的地位，连法院也无法查证侦查机关提供的信息是否真实有效，因此存在较为明显的弊端。

第二，刑事诉讼中量刑规范化"前科"情节的适用。最高人民法院于2021年修订的《关于常见犯罪的量刑指导意见（试行）》第三部分第16项规定："对于有前科的，综合考虑前科的性质、时间间隔长短、次数、处罚轻重等情况，可以增加基准刑的10%以下。……"由此，明确了累犯和再犯以外的前科在量刑中的重要价值。然而，上述前科在查证属实时，同样面临公安机关内部封闭系统的固有弊端，同时还存在另一个明显问题，累犯、毒品再犯的前科期限是由《刑法》明确规定的，例如一般累犯前科消灭是5年，特殊累犯和再犯前科效应尽管一直存在，但亦是由立法所宣示的，而作为量刑情节的前科却由于缺乏统一的犯罪记录制度而无法适用前科消灭制度，导致了无限期的前科评价，进而使曾经犯罪的人在刑事诉讼中永远处于不利地位。

第三，刑法前科报告制度的适用。现行《刑法》第100条规定了"前科报告制度"，但该规定却饱受批评。学界认为该规定"流于形式"，造成了法条的"空置"。[2]除了缺乏不报告不利后果的"后盾型"规定以外，该法条本身亦不具有可操作性。

---

[1] 参见韩雪枫：《湖南男子莫名背负"抢劫罪"11年》，载《新京报》2016年6月24日。
[2] 应培礼：《论刑满释放人员回归社会的制度排斥》，载《法学》2014年第5期，第132~138页。

行为人如何报告？以何种规范形式？显然不能仅停留在"口头报告"，而缺乏国家犯罪记录制度则导致《刑法》第 100 条无法被有效适用。

第四，国际刑事司法协助难以实现。犯罪记录、情报的相互提供与法律资料的互相交流是国际刑事司法协助的重要内容。随着国际化进程的加深，我国同其他国家的刑事司法协助也日益增多。截至 2016 年 6 月，我国已然签署双边刑事司法协助条约 97 项，打击"三股势力"刑事司法协定 6 项，同时还参加了以《联合国反腐败公约》和《联合国打击跨国有组织犯罪公约》为代表的含有刑事司法协助的多边公约 28 项。[1]相互提供犯罪记录是国际刑事司法协助的重要内容，然而由于我国缺乏统一的犯罪记录制度，导致在实践中提供犯罪记录呈现混乱状态。当缔约国依据公约向我国发出提供犯罪记录信息的请求时，我国会因无法提供或提供的犯罪记录信息不准确、不完整而面临尴尬的局面。

3. 法律体系的相互配合加深了犯罪记录的"国家治理工具"色彩

在我国现行的法律体系中，虽然未正式使用"前科"一词，但是基于行为人犯罪记录而引发的前科评价并非仅停留在刑事法内部。出于有效预防犯罪加强社会管理的需求，在宪法、行政法、民法、商法、经济法、诉讼与非诉讼程序法、劳动法、社会保障法、军事法中，都存在着与前科相关的规范，主要表现为围绕犯罪事实所规定的、对于受过刑罚处罚的人的资格、权利的剥夺或者限制。具体可以分为两类。

第一，直接针对本人的、特定犯罪行为引发的特定领域资

---

[1] 上述统计数据由笔者在北大法宝"中外条约"数据库中统计查询获得。http://www.pkulaw.cn.

第一章 犯罪记录的双重维度及其内在冲突：国家工具 VS 个人信息

格、权利的剥夺。此类前科规范仅适用于实施过特定类型犯罪的犯罪人。为了防止其在刑罚执行期满后再次实施该类型犯罪，直接剥夺其进入特定领域或从事特定行业的资格。例如，《公司法》第178条规定："有下列情形之一的，不得担任公司的董事、监事、高级管理人员：……（二）因贪污、贿赂、侵占财产、挪用财产或者破坏社会主义市场经济秩序，被判处刑罚，执行期满未逾五年，或者因犯罪被剥夺政治权利，执行期满未逾五年；……"《保安服务管理条例》第17条规定："有下列情形之一的，不得担任保安员：……（二）曾因故意犯罪被刑事处罚的……"

第二，直接针对本人的、基于犯罪行为本身引发的特定领域资格的剥夺。此类前科规范普遍适用于任何受过刑事处罚的犯罪人，基于犯罪人所展现出的人身危险性共性，剥夺其进入或从事特定犯罪相关领域的资格或权利。例如，《公务员法》第26条规定："下列人员不得录用为公务员：（一）因犯罪受过刑事处罚的……"《人民警察法》第26条第2款规定："有下列情形之一的，不得担任人民警察：（一）曾因犯罪受过刑事处罚的；……"《教师法》第14条规定："受到剥夺政治权利或者故意犯罪受到有期徒刑以上刑事处罚的，不能取得教师资格；已经取得教师资格的，丧失教师资格。"上述其他部门法中的前科规范的有效实施，同样依赖于对犯罪记录的准确查证。而基于上述部门法前科规范设置的多样性，在适用上述规范时，不仅要查证犯罪事实的有无，还包括对犯罪的性质、刑罚、时间等一系列犯罪记录的准确掌握。然而，由于我国没有统一的国家犯罪记录制度，上述规范在实践中存在一个严重的问题：如何查证相关人员的犯罪记录。是单纯要求犯罪人主动向有关单位如实告诉自己曾经受过刑事处罚的经历吗？然而，一旦告知将会对其入伍和就业产生相当大的影响，在这种情况下，犯罪人基于趋利避害的心理很可能不会主动、如实告诉。又或者是依赖行政机关主动询问？倘若犯罪记录者不如实告知呢？在没有其他制度进行制衡的情况下，这种一厢情愿的想法必然会落空。无论是哪一种，目前都缺乏规范的制度保障，导致了上述前科规范被随意、混乱适用。

(二) 权利保护的底线划定触及了犯罪预防的扩张趋势

然而，尽管犯罪记录制度首先服务于犯罪预防的公共需要，但对于原本属于个人信息的犯罪记录而言，其使用始终受到来自权利保护维度的制衡，权利保护为基于犯罪预防目的而扩张使用犯罪记录的趋势划定了底线与边界，要求在犯罪预防的同时兼顾对犯罪人正当权利的保护。

1. 国家的现代化治理需要平衡目的理性与工具理性

犯罪记录制度与失信被执行人制度同属我国社会信用体系建设的两个重要子体系，也是破解目前"执行难"问题[1]的重要制度创新。通过对特定行为（犯罪行为、失信行为）进行评价，并将这一行为产生的记录（犯罪记录、失信记录）纳入社会信用体系，实现数据的共享与评价的连带，最终促成我国社会信用体系的建立。然而，二者虽有着相同的使命，却有着不同的命运。与犯罪记录制度的处境不同，失信被执行人制度近年在实践中得到了长足发展，起到了积极效果。从 2009 年最高人民法院建立全国法院被执行人信息查询平台，到 2013 年最高人民法院正式公布《失信被执行人规定》，我国建立起了全国性的失信被执行人制度。

与此相对，尽管 2012 年最高人民法院、最高人民检察院、

---

[1] 参见《周强：坚决打赢"基本解决执行难"这场硬仗》，载 http://www.court.gov.cn/zixun-xiangqing-27741.html，最后访问时间：2018 年 6 月 4 日。

第一章　犯罪记录的双重维度及其内在冲突：国家工具 VS 个人信息

公安部等联合颁布了《犯罪记录制度意见》，标志着我国犯罪记录制度的建设正式开始。然而，自此以后，犯罪记录制度的发展却基本处于举步不前的尴尬境地。回顾近些年犯罪记录制度的发展我们可以发现，当前的犯罪记录现状呈现出被滥用的趋势。犯罪记录制度导致的前科评价被肆意滥用，除了本应受到的刑罚处罚外，犯罪记录产生的后移效应更使得犯罪人在刑罚执行完毕后可能遭遇"二次处罚"。

通过与失信被执行人制度进行比较我们可以发现，目前我国的犯罪记录制度在四个方面仍然停留在过去的处罚思维当中，难以适应现代国家所需要的现代化治理：其一，就内容而言，表现为犯罪记录引起的规范性评价与非规范性评价造成犯罪人应有权利被不当剥夺，而且是被永久性剥夺；其二，就范围来说，表现为犯罪记录给犯罪人带来的不利评价株连犯罪人的家庭和近亲属等无辜者；其三，犯罪记录导致的负面评价带有深厚的道德伦理性，犯罪人的人格受到质疑、贬损乃至歧视，犯罪人难以真正有效融入与回归社会；其四，就制度设计的目的与采取的手段而言，二者缺乏相互关联，犯罪记录制度下的权利剥夺与资格限制等手段实际上并不能完全起到犯罪记录制度本身所欲追求的预防未然犯罪这一目的。

2. 实践中存在大量滥用犯罪记录的现象

除了法定的权利剥夺外，现实中还存在着大量的非规范性评价机制，正是这些非规范性评价机制使得犯罪人合法的权利受到了不应有的剥夺，进一步侵害了犯罪人正常的合法权利，使其难以回归社会。更甚者，这些非规范性评价将伴随犯罪人终身难以抹去，犯罪人将被迫永久背负着犯罪标签。大量的用人单位私自设立"无犯罪记录"的入职标准就是一种典型的就业歧视。[1]原本,涉及限制公民权利的事项理应由法律作出规定。《犯罪记录制度意见》也明确规定,"向社会提供犯罪信息查询服务时,应当严格依照法律法规关于升学、入伍、就业等资格、条件的规定进行"。但由于现实中犯罪记录制度的不健全以及被滥用,用人单位肆意设立标准,或是直接明示拒绝雇佣,或是以其他理由拒绝招募,导致犯罪人遭受广泛的就业歧视。而如果犯罪人难以谋求一份工作解决温饱与生计,那么所谓的重返社会将会成为一句空话。正是基于这些原因,犯罪人即便已经接受了刑罚处罚,本应回到社会重新生活,但挥之不去的犯罪记录阴影会使得其在社会上难以立足,求助无门。因此,相较于无论如何总有一个期限的刑罚,伴随犯罪人终身的犯罪记录引起的非规范性评价无疑更为可怕。犯罪记录信息作为国家层面的重要公共资源以及犯罪人个体层面的个人信息,无疑应当受到格外保护。

二、问题的根源:理性推动的现代性过程中的社会控制之必然结果

在犯罪预防与权利保护两种理念的冲突造成权力与权利之间的利益失衡这种表象的背后,实质上是理性所推动的现代性过程中不断加深的社会控制的必然结果。换言之,犯罪记录制度自身所蕴含的矛盾与冲突,其所呈现的国家工具与个人权利二者之间的张力,从更深层的宏观上看,是由以不断加深的社会控制为结果的现代性所致,是现代性过程中理性的潜力被不断释放并被作为社会控制工具的必然宿命。

---

[1] 参见《失足者的深度救赎》,载 http://news.sohu.com/s2005/05shizu.shtml,最后访问时间:2018年5月12日。

第一章　犯罪记录的双重维度及其内在冲突：国家工具 VS 个人信息

（一）犯罪记录发展的制度主义叙事："权利增进"与"控制加深"的共生关系

关于犯罪记录的发展史，存在两种不同的叙事角度：道德主义和制度主义。在道德主义的叙事中，犯罪记录制度的发展过程就是人文主义和公民权利不断凯歌高奏，并最终大获全胜的乐观美好图景：正义战胜了邪恶，文明克服了愚昧，野蛮和暴力不再有，强权与压制已过去。个人权利主义成了时代精神，就连针对犯罪人的犯罪记录制度也脱离了古代的黑暗、血腥、野蛮、残酷，变得人道而又温情，充满了人文关怀，象征着时代进步。可以发现，道德主义的思考方式是二元对立式的，光明与黑暗、正义与邪恶、文明与落后。而所谓历史，必然是前者战胜后者，弱势但进步的一方，终将打败强大但腐朽的一方。历史的发展朝着一种单线进化方向（即"进步"的形式）前进，结果早已被预设好。"进步是一种诱人的观念，其所造成的一个直接而实用的后果是：一系列科学——地质学、动物学、植物学、古生物学、人类学、语言学——均采用了历史的维度：从今以后，一切发现，不管其自身具有何种价值，我们都将用它们填补我们对进化——进步——的理解。"[1]

而在制度主义看来，整个犯罪记录的发展过程实际上是以权利为名、以理性为推动力，伴随着社会的现代性而不断强化、加深的社会控制过程。在这一过程中，"权利增进"与"控制加深"两种现象非但不冲突，反而共享着同一逻辑：权利的不断增进掩盖了控制逐步加深这一事实；控制的逐步加深反过来又为权利的不断增进提供了更多的正当性依据。这种"共生逻辑"正是制度主义所秉持的思考方式。甚至，上述两种叙事逻辑并

---

[1] ［英］彼得·沃森：《20世纪思想史》（上），朱进东等译，上海译文出版社2008年版，第285页。

不存在冲突，同样共享着相同的逻辑：道德主义为制度主义的不断深化披上了正当性的外衣；制度主义的不断深化反过来又为道德主义提供了更多的正当性依据。二者相互强化，彼此寄生，共同形成了这样一种"共生关系"。

(二) 现代性过程中的控制论倾向

所谓现代性，主要表现为人性与理性。人性，即对人作为人的尊重与重视，表现为一种人文主义精神，在刑罚层面体现为去除酷刑，反对非人道的刑罚。理性，则是对神话、宗教与王权的祛魅。一切价值以人的理性作为尺度。理性是价值的发现者，也是价值的证明者，更是价值的承载者。理性是人之为人、人区别于动物的本质所在。

然而，随着理性被不加节制地滥用，现代社会中的理性逐渐异化为"工具理性"这种狭隘的工具主义。对计划的追求、对制度的设计、对人群的管理，一言以蔽之，社会控制。这些思维方式都是理性所推动的现代性中的固有逻辑。"现代性中最重要的是对理性的利用和坚持对世界进程和形式实行控制的要求。"[1]

这种控制论倾向最初源于人类相信能够通过科学控制自然的想法。随着人类在科学技术领域的不断突破，对于自然的改造愈加广泛而彻底，隧道对山峦的穿破、大坝对江河的阻拦、汽车对人类双脚的颠覆以及飞机对地球引力的克服，这种控制论倾向不断向社会各个方面蔓延。最终从对自然的控制转向了对社会的控制，以及对社会中个体的控制。在当代社会，这种控制论倾向体现在方方面面。监控摄像头的全方位覆盖就是一个典型例证。尽管这是出于社会安定的考虑，而且确实在很大程度上便利了对违法犯罪活动的预防与侦破。然而，对于社会

---

[1] [英] 韦恩·莫里森:《理论犯罪学：从现代到后现代》，刘仁文等译，法律出版社2004年版，第37页。

第一章　犯罪记录的双重维度及其内在冲突：国家工具 VS 个人信息

公众来说，这种无时无刻不被监视的潜在不安状态使得每个个体都成了"透明之人"，而整个社会则俨然成了所谓的"透明社会"。现有法律保障公民的个人隐私与住宅自由，其规范目的在于让每个独立的个体享有自治空间，不被包括国家在内的一切外界随意侵入。而这种对自治空间的保障，理应随着时代的进步以及公民自治空间不断的转换与扩张而逐渐扩充其自身内容。在现代信息社会，不在公共场合被随意监视理应属于题中之义。

（三）以权利为名：作为一项社会控制技术的犯罪记录制度

对于我国犯罪记录的制度变迁史，我们可以从人性和理性（即道德主义和制度主义）两种视角进行观察，但二者并非并行不悖，而是一虚一实、一表一里，形成了一种"共生关系"。人道主义战胜酷刑的乐观主义叙事只是表面。

古代主要表现为黥刑的犯罪记录制度，以刑罚的形式直接作用于犯罪人的肉体，通过这种具象化、显性的方式标示出犯罪人，将其从社会群体中区别开来，借助社会群体传统上对于犯罪的厌恶和对犯罪人的歧视，对其实行"社会化隔离"。进入现代社会，得益于信息技术的突飞猛进，信息化管理成为可能，犯罪记录的形式也从直接作用于肉体的"刺字""涂墨"与"烙印"，变成了"犯罪记录信息"。犯罪记录不再像古代那样残酷而充满血腥，没有身体上的痛苦，也没有挥之不去的烙印，取而代之的是犯罪信息、指纹、DNA 资料数据库，以及与犯罪人人身密切相关的各类信息。虽然看似去除了残酷性，充满了人道主义精神，但对犯罪人的预防、驱逐与控制却并未有丝毫减损。这一过程虽是以人道为名，但却充满着理性的逻辑。在现代社会，借助于信息技术、大数据和算法等手段，"通过信息的控制"变得更加彻底、隐蔽与有效。

（四）对必然面临的宿命的抗争：反向逻辑

对于犯罪记录制度而言，尽管其存在着犯罪预防与权利保护的双重面向，而二者又有着内在冲突。然而，这两种理念的冲突造成的权力与权利之间的利益失衡只是问题的表象，在其背后，实质上是由理性所推动的现代性过程中不断加深的社会控制的必然结果。换言之，犯罪记录制度自身所蕴含的矛盾与冲突所呈现的国家工具与个人权利二者之间的张力，从更深层的宏观上看，是由以不断加深的社会控制为结果的现代性所致，是现代性过程中理性的潜力不断被释放并被作为社会控制工具的必然宿命。于是，犯罪记录制度的发展不过是一场以"权利增进"为名、实则是更加精细的社会控制过程。

在此，笔者并不是要提倡一种关于社会和个人的悲观主义，而恰恰是要破除悲观主义。这是因为，所有的悲观主义都是由盲目的乐观造成的。我们最需要担心和警惕的那种悲观，隐藏在对现代化和理性化的盲目乐观之中：我们曾经相信理性可以无所不知，科学可以无所不能。这种由盲目的乐观被现实打碎引发的极度悲观才是我们真正需要警惕的。

面对这一必然的宿命，仍然需要努力抗争。正如法国学者罗曼·罗兰所说："世界上只有一种英雄主义，那就是在看清生活的真相之后，依然热爱生活。"如前所述，包括犯罪记录制度在内，现代社会呈现出"权利增进"与"控制加深"的共生逻辑。这意味着无论如何赋予公民相应权利都无法改变社会控制不断加深这一事实。然而，反向思考便会发现，既然社会控制的加深无可避免，那么唯一能做的，就是通过不断地赋予、扩张公民的权利来尽可能地抵消这一压力，即便后者本身仍会重新产生新的控制技术。因此，尽管笔者认为通过赋予犯罪记录者以个人信息权，以权利制衡权力，实现相互之间的利益平衡，并非问题的关键，也不能完全解决社会控制加深这一事实，但这是我们目前唯一能做的。

第二章
现代性、社会控制与犯罪记录制度：犯罪记录的制度变迁史

犯罪记录制度自身所蕴含的矛盾与冲突，所呈现的国家工具与个人权利二者之间的张力，早已蕴藏在古代犯罪记录制度萌芽之时，酝酿于犯罪记录制度的历史发展过程之中，是历史的当代延续。从更深远的层面来看，这又是由以不断加深社会控制为结果的现代性所致，是现代性过程中理性的潜力不断被释放并被作为社会控制工具的必然宿命，因此，这同时也是人类社会现代性过程中的一个枝节。

本章将以"国家工具 VS 个人权利"和"理性—现代性—社会控制—犯罪记录"表里两条线索为思考路径，追溯犯罪记录的制度变迁史，在历史的维度上展现犯罪记录蕴含的国家工具与个人权利二者之间的冲突，以及隐藏在这种冲突背后的现代性与社会控制问题。据此，本书将犯罪记录制度的发展划分为三个阶段，它们分别代表了三种不同的犯罪记录发展形态：

第一种是在中国古代被作为刑罚的黥刑制度。这是一种早期的、原始的、本能性的、非制度化的准犯罪记录制度。在这种制度之下，黥刑完全作为国家惩罚犯罪人的刑罚工具，并附带进行犯罪预防；犯罪人的权利不被考虑。然而，这种基于肉体的社会控制却是低效、落后的。残酷而野蛮的做法不仅不能对犯罪人进行有效控制，反而会因过于残酷的做法而遭到抵制。因而，在随后的历史发展过程中，这一制度最终被淘汰。

第二种是体现了现代权力规训技术的《刑法》第 100 条规

定的"前科报告制度"。其暗含的目的悖论与制度异化印证了韦伯"理性化牢笼"的预言。[1]在这种模式下,国家与个人之间的利益结构得到了部分调整,犯罪记录的形式变得逐渐"文明":不再以"刑罚"的面目出现,犯罪人的正当权利开始受到关注。然而,对犯罪人的控制却并未因此而减损,在褪去了残酷血腥的外表后,这种以"规范问题技术化"的隐蔽方式实施的控制反而显得更加精致与有效。不过,由于缺乏与信息技术的融合,且仍然是以"前科"这种负面的、评价性的概念为展开,并始终没有正式提出对犯罪人权利的保护,因此也并非高效的社会控制模式。

第三种是正在构建的承载"犯罪预防""权利保护"和"社会治理"三重功能的国家犯罪记录制度。在这种模式下,借助于信息技术、大数据和算法等手段,将犯罪记录作为一种"信息"形式,不仅在权利上论证了犯罪人对于自身犯罪记录的合法性——犯罪记录属于个人信息,而个人信息是个人权利的一部分。同时,也使得这种模式本身获得了正当性:因为这种模式能够对犯罪人进行保护。更进一步,这种通过信息的控制也比以往都更加彻底、隐蔽与有效。在这里,从表面上看,犯罪人的权利终于得到了保障,这是人性的胜利与社会的进步;然而实际上,这更是社会控制手段的一次胜利,"兵不血刃"地取得了对于犯罪人的控制——以权利保护为名,实施着前所未有的有效控制。

因此,可以发现,这三种模式的更替与演进,并非源于所谓的从野蛮走向文明、从非理性转向理性的启蒙思想所宣扬的

---

[1] [德]马克斯·韦伯:《新教伦理与资本主义精神》,阎克文译,上海人民出版社2010年版,第187页。

第二章　现代性、社会控制与犯罪记录制度：犯罪记录的制度变迁史

单线历史进化论，[1]而是历史的断裂，后一阶段是对前一阶段的理性化改进，其中穿插着表面上的权利保护与暗藏着的社会控制两条主线。到头来，这一切不过是"权力—知识—身体"知识型支配下社会对人的控制技术与策略的调整。[2]"使对非法活动的惩罚和镇压变成一种有规则的功能，与社会同步发展；不是要惩罚得更少些，而是要惩罚得更有效些；或许应减轻惩罚的严酷性，但目的在于使惩罚更具有普遍性和必要性；使惩罚权力更深地嵌入社会本身。"[3]

第一节　针对肉体的低效惩罚：中国古代犯罪记录制度的历史考察

中国古代并未建立起制度层面的关于犯罪人犯罪信息收集、管理、使用的类似犯罪记录的制度。一些表面看似对犯罪事实进行记录的制度往往并不具有实质上的司法制度意义。其中真正具有普遍性的记录、标识意义，并据此对犯罪人进行国家与社会双重评价的制度，只有黥刑制度。

黥刑制度，上起夏商周三代，作为奴隶制"五刑"之一种，或以明确的律令形式或以法外之刑的方式贯穿整个封建时期，直至清末修律才被彻底废除。其与死刑一道，是中国古代沿袭时间最久的肉刑。除了刺字时所带来的肉体上的痛苦以及刺字后所承受的社会歧视外，从功能主义的角度看，黥刑所具有的

---

[1] [美]斯蒂芬·平克：《人性中的善良天使：暴力为什么会减少》，安雯译，中信出版社2019年版，第739~742页。
[2] 参见刘北成编著：《福柯思想肖像》，中国人民大学出版社2012年版，第206页。
[3] [法]米歇尔·福柯：《规训与惩罚》（修订译本第4版），刘北成、杨远婴译，生活·读书·新知三联书店2012年版，第91页。

"标记"效果客观上也起着记录、标示犯罪人身份的作用。因而,从这一角度出发,我们可以将黥刑理解为我国最早的犯罪记录制度。

通过在犯罪人脸上刻字,显示其曾经的犯罪人身份,一方面以这种具象化的方式记录、标示出犯罪人身份从而预防犯罪;另一方面,也是更重要的,则是对犯罪人进行人格上的侮辱,以及对其人性进行压制与放逐——这实际上是一场由国家主导的、全社会参与的对犯罪人的放逐仪式。在这一场景中,统治者的权威再次得到了宣誓与证成。

一、中国古代三种"类犯罪记录制度"

我国古代并未建立起制度层面的关于犯罪人犯罪信息收集、管理、使用的类似犯罪记录的制度,古代的司法机关与行政机关一般不会对所有犯罪进行记录并统计,进而据此采取有针对性的犯罪预防措施。不过,广义层面的国家对犯罪事实的记录也确实存在,主要包括三种。

(一)勾决程序中的犯罪记录——实质上是一种司法档案

勾决程序是我国古代死刑执行中的一项特殊核准程序,类似于今天的死刑复核程序。清代规定,各地死刑案件均需上报刑部,再由刑部呈报皇帝亲自审核批准。皇帝核准实情批准执行死刑的,犯罪人的名字会被以朱笔勾出,交由地方执行死刑。[1]"皇帝素服御便殿,大学士、学士、刑部尚书、侍郎、起居注官、咸常服侍、满学士一人。按册奏犯人名,皇帝降旨,大学士一人秉笔勾毕。"[2]这一由皇帝亲自核准的死刑复核程序被称为"勾

---

[1] 陈光中主编:《中华法学大辞典·诉讼法学卷》,中国检察出版社1995年版,第197页。

[2] 《大清会典》(清文渊阁四库全书本)卷一百四十四刑法志三。

第二章 现代性、社会控制与犯罪记录制度:犯罪记录的制度变迁史

决"。如果犯罪人的罪情查证确实,理应处决的,皇帝会在其名字上朱勾,这被称为"情实勾决";倘若皇帝认为犯罪人不应被判处死刑,则可以不勾画之,留待次年再审,这被称为"情实免勾"。[1]在"上报—核准—勾决"的过程中,有司通常会对被判处死刑的犯罪人本人的信息及其各项犯罪信息进行整理、登记与统计,不仅便于皇帝查阅从而判断是否进行勾决,而且往往会作为司法档案予以留存。于是,这就形成了关于该名被判处死刑的犯罪人的犯罪记录信息。因此,在这个意义上,我们可以认为勾决程序中存在着一种广义的犯罪记录制度。然而,由于犯罪人已被判处死刑,也就不存在未来针对其展开的社会管理与犯罪预防问题了;即便最终被"情实免勾",免于死刑,这一记载了犯罪人的犯罪记录信息也仍然只是作为司法档案留存,并不具有实质上的犯罪记录意义。因此,从严格意义上说,其不属于旨在进行犯罪预防的犯罪记录制度。

(二)《明大诰》记载的司法案例——更多地是作为案例的警示作用

第二类与勾决类似,严格来说也不是实质意义上的犯罪记录制度,即明朝颁布的《大诰》,又称《明大诰》。《明大诰》是明朝朱元璋时期一种特有的刑事法规,独立并严格于《大明律》,其中规定的一些罪行是《大明律》中所没有的,一些刑罚也严格于《大明律》的规定。朱元璋为了惩治严重的刑事犯罪,尤其是官员贪赃犯罪,对自己亲自审理的一系列案件进行汇总整理,概括相应罪行,规定更加严厉的"峻令",配之以对案件进行的"训诫",辅之以实际的"案例"进行警示。由此,便形成了由"案例""峻令"和"训诫"三部分构成的《明大

---

[1] 参见杨克峰:《揭开清朝死刑复核制度的面纱》,载《乐山师范学院学报》2010年第1期,第95页。

诰》。"案例主要择取洪武年间官民的犯罪记录编订而成,涉及文官的管理和惩治,普通民众、无业游民、富农豪强、里甲粮长、僧道商人等的治理和训诫,以及武官的控制与管理等。"[1]例如,《明大诰》序文中的"张梦弼私递赃私第十五"记载道:"通政司经历张梦弼,子在朝,父在乡,父子同谋,夤缘朝官,拘为党比,私递赃私,坐名前去山西沁水县追取。其本县官朱坦等,不于本家追取,一概以为营计,科敛吾民,扰动一县,代奸陪赃其县官及张经历父子,果可释乎?"[2]又如,《明大诰》序文中的"皂隶殴舍人第十八"记载:"金华府县官张惟一等,出备银、钞、衣服等项,齎送钦差舍人。舍人不受就欲擒拿,特令府官封收其物,府官自知其难。舍人临行,其府官发忿,故纵皂隶王讨孙等,殴打舍人,事觉,皂隶断手,府官之罪,又何免哉?"[3]从中可以看出,上述两条详细规定了名为张梦弼和张惟一的犯罪人的个人信息与犯罪事实,且以《明大诰》的形式被永久化规定,这基本上可以构成一份完整的犯罪记录信息。然而,由于这些对具体犯罪事实的记录是被从众多案件中挑选出来的,而非关于该类犯罪的全部案件,其目的也只是以此为例进行说明某类行为的违法性,并希望借此产生一定的警示作用,因此并不具有制度层面所要求的普遍性与司法记录的统计性,并不具有司法制度的意义。

(三)黥刑——作为"刑罚"而非"司法制度"意义上的犯罪记录

清末沈家本曾指出,黥刑制度的本意在于"凶蠹之徒,率

---

[1] 杨明霞:《明代"明刑弼教"思想研究——基于〈明大诰〉的解读》,兰州大学2016年硕士学位论文,第12页。
[2]《明仁宗实录》卷五下,永乐二十二年乙丑条。
[3]《明仁宗实录》卷五下,永乐二十二年乙丑条。

第二章　现代性、社会控制与犯罪记录制度：犯罪记录的制度变迁史

多怙恶，特明著其罪状，俾不齿于齐民，冀其畏威而知耻，悔过而迁善。其间或有逃亡，既可逐迹追捕，即日后别有干犯，诘究推问，亦易辨其等差。是所以启其愧心而戢其玩志者，意至深也"。[1] 其中的"逐迹追捕"，正是黥刑制度所具有的犯罪记录效果。从功能主义的角度来看，黥刑所具有的"标记"效果客观上也起着记录、标示犯罪人身份的作用。通过在犯罪人脸上刻字，显示其曾经的犯罪人身份，以这种具象化的方式记录、标示出犯罪人身份，从而预防犯罪。国家据此对其进行相应的制度性评价，如禁止为官、不得从事特定行业或活动、多征税款；社会中的寻常百姓也会因其犯罪人身份而采取一系列有别于正常社会互动模式的、同样是基于目的理性指导的、必然带有歧视性偏见的方式来与其展开互动。因而，从这一角度出发，我们可以将黥刑理解为我国最早的犯罪记录制度。当然，由于黥刑是一项具体的刑罚，而非一套司法制度，且当时的统治者更看重的是黥刑作为"耻辱刑"的作用，黥刑客观上所具有的强化社会管理与犯罪预防的犯罪记录功能则处于一种模糊的状态。因此，黥刑作为一项犯罪记录制度，是一种早期的、原始的、本能性的、非制度化的犯罪记录制度，并不是现代意义上的国家犯罪记录制度。

通过对上述三种古代"类犯罪记录制度"的分析，我们可以发现，真正具有犯罪记录制度意义的，只有黥刑制度。因此，下文将集中围绕黥刑制度进行梳理与分析。

二、黥刑制度的历史考察

黥刑，也称作墨刑，在宋代以后改称"刺配"，与死刑一

---

[1]（清）沈家本：《寄簃文存》，商务印书馆2015年版，第197页。

道，可以算作华夏民族沿袭最久的刑罚制度；[1]如果不局限在具体的刑罚层面，而是以整个刑事司法制度进行衡量，则黥刑的现代变体，即前科制度，与死刑历经千年的历史，似乎毫不突兀地仍矗立在现代刑事法之中。对中国古代的黥刑制度进行历史考察，并以此为基础进行制度层面的分析，将有助于我们理解我国当下存在的犯罪记录制度的异化现象，并为未来建立国家犯罪记录制度提供历史镜鉴。

（一）黥刑的缘起与演进

东汉的许慎在《说文解字》中指出："黥，墨刑在面也。"但在制度层面，二者并不等同。墨刑，是夏商周三代的说法，到了战国时期，秦国改墨刑为黥刑，但二者在执行方式上并无不同。

根据蔡枢衡先生的研究，墨刑最初由夏朝时期的苗族所创。苗族的刑罚体系由膑、劓、宫、墨、刭五种肉刑组成。墨刑作为第四种刑罚，最初是为了替代绳系可能导致的犯罪人脱逃的问题。"在夏族刑法史上，墨、劓、膑是为了代替绳缚而登上历史舞台的。"[2]以绳系之容易解脱，被拘禁的犯罪人由此可能脱逃。因此，改绳系为刺墨，使其犯罪事实与犯罪人身份永远无法被消除与抹去。在苗族被夏朝征服以后，这一做法也为夏朝所借鉴。商朝承袭夏制，而周朝又沿用商法，其间经过不断演变，最终确立了包括墨刑在内的中国古代奴隶制五刑：墨、劓、刖、宫、大辟。

战国时期的秦国改墨刑为黥刑，但刑罚执行方式未变，并一直延续到了秦代。《云梦睡虎地秦墓竹简》记载，[3]秦律不

---

[1] 参见杨鸿雁：《中国古代耻辱刑考略》，载《法学研究》2005年第1期，第126~138页。

[2] 蔡枢衡：《中国刑法史》，中国法制出版社2005年版，第65页。

[3] [日]宫宅洁：《中国古代刑制史研究》，杨振红等译，广西师范大学出版社2016年版，第22页。

第二章 现代性、社会控制与犯罪记录制度:犯罪记录的制度变迁史

仅对"黥刑"作出规定,还配置了"赎黥"等相关法律制度。《史记·商君列传》也记载:"太子犯法……刑其傅公子虔,黥其师公孙贾。"汉随秦制,在汉初,黥刑制度不仅被保留下来,还得到了广泛适用。

然而,有感于传统肉刑"断肢体,刻肌肤,终身不息"的残酷,推行"休养生息""轻徭薄赋"的汉文帝对包括黥刑在内的刑罚制度进行了一系列轻缓化改革。其中之一便是将黥刑改为笞刑。《汉书·文帝纪》记载:"十三年,除肉刑法,当黥者,髡钳为城旦舂。"自此,从夏商周一直沿用至汉初的"墨、劓、剕、宫、大辟"五刑发生了结构性变化,并为后代的隋唐确立"笞、杖、徒、流、死"五刑奠定了制度基础。以至于《唐律》十二篇根本不见黥刑的规定,法外之刑中也没有耻辱刑的实例。[1] 不过,不像劓刑那样被彻底废除自此几乎绝迹于历史,黥刑在汉代的使用虽明显减少,但自后晋以降,黥刑与流刑结合而成的刺配制度开始出现,并在宋代达到了顶峰,形成了严密的"刺配之法"。

(二)黥刑发展的顶峰:宋代的"刺配之法"

虽然黥刑在汉代的使用已大为减少,并几近被废除,但由于其具有"三位一体"的法律效果,使得后世历朝历代均将其作为刑罚之一种予以规定。五代时期的后晋首创刺配制度,将黥刑与流刑合并执行,作为一个独立的新刑种。《文献通考·刑考七》记载:"流配旧制,止于远徙,不刺。而晋天福中,始创刺面之法,遂为戢奸重典。"

宋代继承了后晋开创的刺配刑,并"一洗五代之苛",在此基础上形成了更加完备、严密的法外之刑:"刺配之法",即对

---

[1] 参见杨鸿雁:《中国古代耻辱刑考略》,载《法学研究》2005年第1期,第126~138页。

被赦免死罪的犯罪人，在施以黥刑之外，并行"杖刑"与"流刑"，是谓"一罪三刑"。此后，刺配之法的适用范围又进一步扩大到罪刑严重被判处流刑的犯罪人；宋太宗时期，诏令对于犯盗窃"赃满五贯者，决杖黥面配役"。经过不断扩张适用，刺配之法逐渐成为宋朝的惯常刑罚制度，其使用量远远超过历代王朝。[1]宋代的刺配之法的特点主要有三：其一，数量之多。据《宋史·刑法志》记载："南渡后，诸配隶，《祥符编敕》止四十六条，庆历中，增至百七十余条。至于淳熙，又增至五百七十条，则四倍于庆历矣。配法既多，犯者日众，黥配之人，所至充斥。"其二，适用之广。刺配之法包括三类犯罪人：一是赦免死罪的犯罪人；二是罪刑严重被判处流刑的犯罪人；三是犯盗窃、强盗且达一定数额者；四是盗窃主人财物的僮仆。可见，当时的黥刑主要适用于重罪和财产犯罪领域。其三，规定之细密。除规定与之配套的"赎黥"，以及刑不上大夫的"免黥"等相关制度外，宋代的刺配之法对黥刑执行的具体细节也做了大量规定。《宋史·刑法志》记载："凡犯盗，刺环于耳后：徒、流、方；杖，圆；三犯杖，移于面。径不过五分。"

（三）黥刑的没落与废除

及至辽、金、西夏、元代，刺配制度大体仍然沿袭了宋代的做法。

到了明朝，刺配制度的扩张趋势开始得到抑制。《大明律》明文规定，刺配制度仅适用于逆党家属、盗窃、抢夺者。"凡白昼抢夺人财物者……并于右小臂膊上刺'抢夺'二字。""凡窃盗已行而不得财，笞五十，免刺。但得财者，……初犯并于右小臂膊上刺'窃盗'二字，再犯刺左小臂膊，三犯者，绞。"朱

---

[1] 参见范富：《黥刑的演变及在宋代的发展》，载《宜宾学院学报》2010年第4期，第20~22页。

第二章 现代性、社会控制与犯罪记录制度：犯罪记录的制度变迁史

元璋在《大明律序》中也专门提到，"合黥刺者，除党逆家属并律该载外，其余有犯，俱不黥刺"。

黥刑在清朝曾一度出现反弹的趋势。《清史稿·刑法志》记载："刺字，古肉刑之一，律第严于贼盗。乃其后条例滋多。刺缘坐，刺凶犯，刺逃军、逃流，刺外遣、改遣、改发。"在清朝，黥刑被作为附加刑使用，且由于规定散杂、不清与混乱，实际执行中往往呈现出无序的局面。"有例文不著而相承刺字者，有例文已改而刺字未改者，其事极为纷糅。"[1]更重要的是，"独是良民，偶罹法网，追悔已迟，一膺黥刺，终身戮辱。善乎《宋志》之言曰：'面目一坏，谁复顾藉。强民适长威力，有过无由自新'"。[2]

直到清末光绪年间，当时集法学家与司法官员于一身的清朝大臣沈家本开始推动对包括黥刑在内的多项传统肉身刑的改革。光绪十二年（1886年），沈家本以法学家的身份编研了《刺字集》一书。该书分为4卷，对黥刑的通例、条例、免刺条款、备考四个方面加以整理，并辅之以处分个例以供警示。他认为，该书"虽不足为律例之支流，其亦可以备法家之采择乎！"接着，光绪二十八年（1902年），主导修律的沈家本向光绪皇帝进书，陈述刑罚改革务求宽仁、宜与西同的想法，这集中体现在其《删除律例内重法折》之中。该奏折指出："综而论之，中重而西轻者为多。……故中国之重法，西人每訾为不仁"，"臣等窃维：治国之道，以仁政为先。自来议刑法者，亦莫不谓'裁之以义而推之以仁'。然则刑法之当改重为轻，固今日仁政之要务，而即修订之宗旨也。"提出要删除原有旧刑中的

---

[1]（清）沈家本：《寄簃文存》，商务印书馆2015年版，第2页。
[2]（清）沈家本：《寄簃文存》，商务印书馆2015年版，第197页。

"凌迟""枭首""戮尸""缘坐""刺字"等酷刑。[1]最终,清王朝采纳了这一建议。历经千年的黥刑制度,几经浮沉,最终被永久地废除了。

三、"三位一体"的黥刑制度:肉刑、耻辱刑与犯罪记录[2]

黥刑自夏商周三代就已有之,直至清末修律时才被彻底废除。不过,如前所述,作为刑罚的黥刑虽然已被废除,但继承了黥刑的犯罪记录内核的、作为刑事司法制度的前科制度与犯罪记录制度却被引入了现代刑事司法制度。对于黥刑制度,我们可以从三方面加以理解:作为"肉刑"的黥刑、作为"耻辱刑"的黥刑以及作为"犯罪记录"的黥刑。

(一)作为"肉刑"的黥刑——黥刑制度的"附随功能"

"肉刑"是其黥刑最浅层次、最为表象的一个侧面。黥刑所带来的肉体上的痛苦,几乎与文身无异;其对身体的惩罚,无论相较于奴隶制五刑中的其他四刑,还是比之于封建制五刑中的任何一刑,程度都远远不及,难堪其列。因此,黥刑对肉体的制裁只是其真正制度价值的附带效果,仅具有附属意义,对肉体的惩罚并不能使其成为五刑之一种,更不是其始终被历代王朝或以明确的律令形式或以法外之刑的方式所采用的原因。不过,即便如此,黥刑所具有的物理意义的"肉刑"效果仍然

---

[1](清)沈家本:《寄簃文存》,商务印书馆2015年版,第2页。
[2]严格来说,劓刑(割鼻)、髡钳(剃光头发与胡须)也具有犯罪记录意义,因为这些都会使犯罪人的犯罪身份以一种与大众不同的方式被标示、区隔出来。但由于割鼻并不能直接与犯罪画等号,毕竟存在着因受伤进行医治而自行采取的社会意义上的割鼻行为;而剃光头发与胡须很快就会长出,难言"记录",因此二者都非典型的具有犯罪记录意义的制度。基于此,本书只选取黥刑这一直接能标识出犯罪人身份且将会伴随其一生、永远无法消除的制度进行分析。

第二章　现代性、社会控制与犯罪记录制度：犯罪记录的制度变迁史

使其可以被理解为广义上的肉刑。作为"肉刑"的黥刑，其刺刻的身体部位并非像通常认为的那样只局限于额头，而是历朝历代均不相同。据考证，夏商时代，基本集中在额头；西周开始，逐步扩展至面部；秦汉以后，具体的身体器官开始成为刺刻对象；到了元代，则将手臂、手背和颈部作为主要的刺刻部位；明清时期，又恢复到面部与手臂。[1]

(二) 作为"耻辱刑"的黥刑——黥刑制度的"显功能"

"耻辱刑"是黥刑真正要达到的效果，是黥刑制度的"显功能"。这充分体现在两方面：刺刻的内容为"凶犯""盗窃"等字，通常集中于额头、面部、脖脊、手臂等突出部位。通过具象化的方式标示出犯罪人的身份，国家借助并引导社会的舆论评价，对犯罪人进行名誉甚至人格的惩罚。因此，相较于作为"肉刑"的黥刑是由国家直接针对犯罪人施加的一时的、物理意义上的惩罚，作为"耻辱刑"的黥刑，则是国家借助社会评价对犯罪人进行的间接的、心理层面的、永久的惩罚。无独有偶，根据法国社会科学家福柯的考证，西方国家从中世纪到18世纪这段时期，也通过"标记"形式来羞辱犯罪人，或者是直接将刑罚作用于肉体，或者是在姓氏上冠以象征性的侮辱，与此来贬损其人格，动摇其社会地位。[2]西方于中世纪时期便存在着这样一种源自牲畜饲养、后来被用于社会管理的做法：打烙印。在英王詹姆斯一世统治时期，打烙印的做法被用于对社会的流浪汉进行管理。当时的法律规定："在游手好闲者身上烙上'R'字母，烙印要深入膝里，使其永不磨灭，让他们一直带着这个

---

[1] 参见翟芳：《从〈二年律令〉看黥刑在汉初的运用》，载《史学月刊》2010年第6期，第125~127页。

[2] 参见 [法] 米歇尔·福柯：《惩罚的社会》，陈雪杰译，上海人民出版社2016年版，第8页。

标记,直到死亡。"[1]

(三)作为"犯罪记录"的黥刑——黥刑制度的"隐功能"

使黥刑成为"犯罪记录"不是刻意为之,并非封建国家意欲创设一套犯罪记录制度,以管理犯罪人并以此指导犯罪预防。其仅仅是黥刑"耻辱刑"侧面的一种附随效果,是黥刑制度的"隐功能"。由于被刺刻上"黥"字,行为人的犯罪人身份将以这样一种形式被永久记录下来,并毫无保留地暴露于社会之中,以供国家对其进行相应的制度性评价,如禁止为官、不得从事特定行业或活动、多征税款;社会中的寻常百姓也会基于其犯罪人身份而采取一系列有别于正常社会互动模式的、同样是基于目的理性指导的、必然带有歧视性偏见的方式来与其展开互动。

当然,严格说来,黥刑制度又并不属于真正意义上的犯罪记录制度。在五刑之中,只有黥刑才会产生犯罪记录的效果,而其他更为严厉的刑种则仅仅停留在对肉体的惩罚方面,反倒不具有犯罪记录的功能。换言之,黥刑所具有的犯罪记录功能,只是就其作为一种"刑罚"而言,其并非司法制度,甚至社会管理意义上的犯罪记录制度。因此,其并不能成为制度层面的犯罪记录制度。这也表明,当时的统治者更看重的是黥刑所带来的羞辱效果,而黥刑客观上所具有的犯罪记录功能则处于一种模糊的状态。因此,黥刑在法制史的研究中往往被作为耻辱刑看待。这是早期的、原始的、本能性的犯罪记录制度。其针对肉体进行的社会控制低效且落后,无疑会被历史所淘汰。

---

[1] [英]齐格蒙·鲍曼:《立法者与阐释者:论现代性、后现代性与知识分子》,洪涛译,上海人民出版社2000年版,第59页。

第二章 现代性、社会控制与犯罪记录制度：犯罪记录的制度变迁史

第二节 非制度化的社会歧视：《刑法》"前科报告制度"及其异化

直至清末光绪三十二年（1906年）《大清律例》被彻底废除，前后沿用数千年的黥刑才真正退出历史舞台。这一刑罚改革无疑受到了当时和现在的积极评价。在当时的改革者看来，黥刑的废除"一洗从来武健严酷之习，即宇外之环伺而观听者，亦莫不悦服而景从"。[1]同样，以现代的目光审视，黥刑的废除也是历史进步的彰显——作为一国法律体系中最为严厉的刑法终于摆脱了野蛮暴力，这是刑罚人道主义的大获全胜，更是人类文明、理性、人道的再次彰显。[2]从整个社会改革的角度来看，刑罚向"人道主义"方向的转变受到了启蒙主义对"人性"的宣扬——即使是最卑劣的犯罪人也是人，也应当获得一份尊重——的影响。

然而，这些原因只是表面上的，事实远非如此理想。两次世界大战、纳粹对犹太人的大屠杀和奥斯维辛集中营的惨绝人寰不断地提醒人们，对理性的滥用乃至迷信本身恰恰是反理性的。[3]对理性本身的反思与批判构成了现代性的最重要部分。"启蒙理性一旦主要显现为工具理性，人也就不可避免地成为工具性对象，成为理性的手段而不再是理性的目的，从而造成对人的价值理性的排斥，甚至以工具理性为标尺来衡量人类与事

---

[1]（清）沈家本：《寄簃文存》，商务印书馆2015年版，第5页。
[2] See Edward Peters, *Torture*, University of Pennsylvania Press, Expand ededition, 1996, p.75；参见陈弘毅：《古今中外酷刑现象的反思》，载《清华法治论衡》2006年第2期，第99页。
[3] 参见［英］齐格蒙·鲍曼：《现代性与大屠杀》，杨渝东、史建华译，彭刚校，译林出版社2011年版，第18页。

物的价值,导致压抑人类自觉自由的创造性活动,由此产生压抑人类自身的'反理性'体制。"[1]

从这样一种现代性的视角出发我们便会发现,包括黥刑在内的一系列肉刑的改革,并非源于所谓的启蒙理性、人道化倾向和对人性的尊重等"大词"所彰显的"进步"与"正义",而仅仅是一种权力策略的调整。正如福柯在《规训与惩罚》中所指出的,作为一种公共景观的惩罚消失了。绞刑架、示众柱、断头台、鞭笞和裂尸刑轮逐渐退出了历史舞台。然而,具象化刑具的废止、示众场面的消失、肉体痛苦的消除,只是表面的改变而已,惩罚不再是制造令犯人无法忍受的痛苦的技术,而是成了一种剥夺权利的技术。权利被剥夺所导致的痛苦虽然是精神层面的、间接的,但相比于造成直接和剧烈的肉体痛苦,其却是深及灵魂的。"人们不过是用一种喜剧代替了一种悲剧。"[2]最终,这促成了一个司法克制的乌托邦:"夺走犯人的生命,但不让他有所感觉;剥夺囚犯的全部权利,但不造成痛苦;施加刑罚,但没有任何肉体痛苦。"[3]

进入现代社会,得益于信息技术的突飞猛进,信息化管理成为可能,犯罪记录的形式也从直接作用于肉体的"刺字""涂墨"与"烙印"变成了"犯罪记录信息"。犯罪记录不再像古代那样残酷且充满血腥,没有身体上的痛苦,也无挥之不去的烙印,取而代之地则是犯罪信息、指纹、DNA资料数据库,以及与犯罪人人身密切相关的各类信息。虽然看似去除了残酷性,

---

[1] 刘同舫:《启蒙理性及现代性:马克思的批判性重构》,载《中国社会科学》2015年第2期,第9页。

[2] 吴猛、和新风:《文化权力的终结:与福柯对话》,四川人民出版社2003年版,第237页。

[3] [法]米歇尔·福柯:《规训与惩罚》(修订译本第4版),刘北成、杨远婴译,生活·读书·新知三联书店2012年版,第12页。

第二章　现代性、社会控制与犯罪记录制度：犯罪记录的制度变迁史

充满了人道主义精神，但对犯罪人的预防、驱逐与控制却并未有丝毫减损。在现代社会，借助于信息技术、大数据和算法等手段，"通过信息的控制"变得更加彻底、隐蔽与有效。

在这个意义上，黥刑制度虽然迎来了"死亡"，但同时又获得了"新生"：尽管作为刑罚的黥刑已被废除，但继承了黥刑犯罪记录内核的、作为刑事司法制度的前科制度与犯罪记录制度却被引入了现代刑事司法制度。[1]这一切并非源于启蒙理性的正义彰显，而仅仅是一种权力策略的调整。

一、《刑法》第100条规定的"前科报告制度"

前科报告制度是我国《刑法》针对刑罚执行完毕后的犯罪人规定的一项特定义务，即要求犯罪人在刑罚执行完毕回归社会后，于入伍和就业之时，向有关单位报告自己曾经受过刑事处罚的事实。就法律表述而言，这一规定并没有排除犯罪人的权利。换言之，其并不意味着犯罪人不得入伍和就业——尽管这在很大程度上会降低犯罪人入伍和就业的可能性——而只是要求其将曾经受过刑事处罚的事实告知有关单位，以便有关单位在明确知悉的情况下作出选择。

（一）前科报告制度的历史沿革

1997年修订的《刑法》在第五章"其他规定"中新增了第100条，即"前科报告制度"。该条规定："依法受过刑事处罚的人，在入伍、就业的时候，应当如实向有关单位报告自己曾受过刑事处罚，不得隐瞒。"但在实践中，前科制度对犯罪人的影响极其深远，即便刑罚已经执行完毕，前科制度的阴影也仍然会挥之不去，伴随其一生。而对于犯罪时未满18周岁的未成

---

[1] 参见吴尚聪：《犯罪记录的双重属性及其使用限度——以个人信息为切入》，载《中国人民公安大学学报（社会科学版）》2019年第2期，第90~95页。

年人，考虑到前科制度影响的时间跨度，以及行为时的年龄因素，如果一视同仁地将未成年犯罪人与成年犯罪人都按照既有的前科制度处理，而不采取适当的区别对待，显然并不妥当。此外，国外立法中已经普遍存在对未成年犯罪人的特殊保护制度。[1]因此，对前科制度进行改革成了普遍共识。

2009年，最高人民法院在《人民法院第三个五年改革纲要（2009—2013）》中提出要建立"未成年人轻罪犯罪记录消灭制度"，这实际上是从政策层面提出了对既有前科报告制度的改革，消除前科制度对未成年犯罪人的不利影响。随后，2011年《刑法修正案（八）》又对该条进行了修改，新增一款，作为对未成年人的特殊保护："犯罪的时候不满十八周岁被判处五年有期徒刑以下刑罚的人，免除前款规定的报告义务。"同时，为配合这一对未成年人的犯罪报告义务之免除，2012年修正的《刑事诉讼法》在第275条中也作了配套处理。[2]至此，完整的前科报告制度得以建立。

（二）前科报告制度的主要内容

《刑法》规定的前科报告制度，就其内容而言，顾名思义，就是要求犯罪人如实报告自己曾经的犯罪事实。具体而言，该制度主要包括以下几方面：

首先，该制度的适用对象为受过刑事处罚的人。这里的刑事处罚，不限于有期徒刑及其以上刑罚，管制和拘役也包括在

---

[1] 如美国有专门的未成年法院，未成年人有权将公众和媒体排除在刑事诉讼程序之外。参见［美］詹姆斯·B.雅科布斯、埃琳娜·拉劳瑞：《犯罪记录是公共事务吗——美国和西班牙的比较法研究》，王栋译，载《河南警察学院学报》2018年第5期，第32页。

[2]《刑事诉讼法》（2012年）第275条："犯罪的时候不满十八周岁，被判处五年有期徒刑以下刑罚的，应当对相关犯罪记录予以封存。犯罪记录被封存的，不得向任何单位和个人提供，但司法机关为办案需要或者有关单位根据国家规定进行查询的除外。依法进行查询的单位，应当对被封存的犯罪记录的情况予以保密。"

第二章 现代性、社会控制与犯罪记录制度：犯罪记录的制度变迁史

内。"受过刑事处罚"意味着，犯罪人一旦被判处刑罚，即便由于特定原因而免于执行该刑罚，仍然属于"受过刑事处罚"的范畴，同样需要遵从前科报告制度。此外，根据《刑法修正案（八）》的修改，犯罪时未满 18 周岁且被判处 5 年有期徒刑以下刑罚的未成年犯罪人，不承担前科报告义务。

其次，报告义务的触发条件，是犯罪人刑罚执行完毕回归社会后，在入伍和就业之时。显然，如果犯罪人仍处于服刑期间，则根本没有必要履行报告义务。当犯罪人刑罚执行完毕回归社会以后，基于其曾经的犯罪经历，即便已经按照刑罚接受了矫正和预防，国家和社会仍然需要对其进行一定程度的特殊对待。之所以要求在参军入伍时进行报告，也许是出于保证长久以来解放军严明的军队纪律的考虑，在某种程度上是要保证"队伍纯洁性"。之所以要求就业时也要向有关单位报告自己曾经受过刑事处罚的事实，不仅是基于合同交易中双方不能隐瞒可能影响合同订立的重大事项，同时也是考虑到一些特定领域的行业，如服务行业（尤其是像幼师、保姆这样的贴身服务行业）对就业者的要求往往更加严苛，而过往的犯罪经历即便并不意味着犯罪人可能再次犯罪，但谨慎起见仍然有必要要求其报告，以供用人单位和个人进行抉择。

最后，犯罪人报告的内容，应当包括所犯罪行、判处刑罚和受过刑事处罚的事实。从法条表述来看，"报告自己曾受过刑事处罚"似乎意味着只需要就受过刑事处罚的这一事实进行报告，而并不要求报告所犯罪行和被判处的刑罚。但是，从前科报告制度目的出发，建立该制度是为了向军队和用人单位提供关于特定犯罪人的犯罪事实，以供其进行判断和选择。因此，完整的、重要的犯罪信息显然都需要提供。如果犯罪人的罪行是侵害人身的暴力性犯罪，出于安全考虑，幼师和保姆显然对

其并不适合,而幼儿园和家庭完全有理由知悉其所犯罪行并据此予以拒绝。从反面来说,如果犯罪人是过失犯罪,则其行为的危害性和人身的危险性明显低于故意犯罪,这也意味着社会对其的容忍度也相对较高。犯罪人将自己过失犯罪的事实连同受过刑事处罚的事实一并报告得到的接受度很可能要比仅仅报告受过刑事处罚的事实得到的接受度要高。因为,对于社会一般公众而言,"犯罪"往往意味着杀人放火,无恶不作。而区分故意犯罪和过失犯罪,尽管并不意味着过失犯罪就是无辜和无害的,但至少表明过失犯罪理应得到更加轻缓和宽松的对待。要求犯罪人连同所犯罪行一同报告,显然有利于过失犯罪人。同理,判处刑罚轻重也意味着犯罪人并不是穷凶极恶者,国家和社会需要更加宽容地对待那些判处刑罚不重甚至免于刑罚但仍然被判处刑事处罚的犯罪人。要求其报告判处刑罚,也是对判处较轻刑罚和被免予刑事处罚的犯罪人的一种保护。

二、前科报告制度的悖论与异化

上文只是对前科报告制度的立法轨迹和规范的分析,这种静态的、理论化的文本分析并不能揭示前科报告制度的内在问题,尤其是难以解析该制度在实践中所呈现出的真正面貌和可能的制度异化。不对前科报告制度进行深层次的分析,就无法发现从古代的黥刑制度到现代的前科报告制度,再到我国正在建立的犯罪记录制度的逻辑必然性。因此,下文将揭示前科报告制度中的逻辑悖论,及其在实践中发生的制度异化。

(一) 前科报告制度的逻辑悖论:目的架空与两次"飞跃"

如前所述,单单从法律的文字表述来看,前科报告制度并没有排除犯罪人的权利,也不意味着犯罪人不得入伍和就业。但我们只要稍微关注现实就会发现,这一规定实际上会在相当

第二章　现代性、社会控制与犯罪记录制度：犯罪记录的制度变迁史

大的程度上降低犯罪人入伍和就业的可能性，因此在实质上排除了相关权利。也正因如此，这一制度实际上充满着逻辑悖论：既然"报告"会带来极为不利的影响，又怎能期望犯罪人会主动、如实"报告"？换言之，既然将自身曾经受过刑事处罚的事实向有关单位如实报告会使犯罪人在入伍和就业方面受到极为不利的影响，法律再单纯规定犯罪人需要"主动、如实报告"而又没有其他制度设计予以配合，岂不是一厢情愿？因此，前科报告制度所蕴含的悖论表现为"主动告知义务"和"趋利避害心理"（理想与现实）的冲突，而在缺乏必要监督与制衡的情况下，最终必然会导致该制度的目的被架空。

前科报告制度看似是一个单纯的、形式化的报告义务，并不带有任何评价成分，但该制度在实践中却起着类似"管道"和"催化剂"的作用，使其发挥着实质意义上的"惩罚"作用。之所以称为"管道"，是因为连接两端的是"刑事处罚"这一规范性评价，以及作为"社会评价"的非规范性评价，前科报告制度在其中起着输送作用；之所以说是"催化剂"，是因为来自国家法律的规范性评价通过前科报告制度流向社会，进而催生出范围更广泛的、更加严苛的、带有强烈道德批判色彩的社会非规范性评价。因此，在前科报告制度目的被架空的同时，一次制度间的"飞跃"完成了：从最初设想的形式化的"信息传递机制"，最终演变为实质意义上的"犯罪预防机制"。

此外，前科报告制度实际上是基于犯罪人曾经的犯罪事实而对其采取的预防性措施。其特点在于，这种预防不是直接通过国家制度化机构采取的规范性预防进行的，国家只是作出提示，提示犯罪人曾经受过刑事处罚，然后通过前科报告制度将这一预防责任转交给社会自身，由社会自行判断。但由于其针对的是广泛的就业活动，借助社会对犯罪的厌恶与恐慌，对犯

罪人的排斥、回避乃至仇视，使得这种社会非规范性评价很可能走向非理性，造成犯罪人回归社会无门，难以被社会所接受，最终导致"预防机制"沦为"惩罚机制"。因此，在第一次制度"飞跃"后，前科报告制度又迎来了第二次"飞跃"："犯罪预防机制"有沦为"犯罪惩罚机制"的风险。

因此，通过上述分析我们可以发现，前科报告制度中蕴含着的三重逻辑悖论：其一，主动告知义务和趋利避害心理导致制度目的被架空：单纯要求犯罪人主动向有关单位如实告诉自己曾经受过刑事处罚的经历，然而一旦告知将会对其入伍和就业产生相当大的影响，在这种情况下，犯罪人基于趋利避害的心理很可能不会主动、如实告诉；其二，设想的形式化的信息传递机制在实践中演变为实质意义上的犯罪预防机制：仅就法律表述而言，前科报告制度似乎是一个不含有任何评价色彩的单纯信息通报机制，但实际发挥的"管道"和"催化剂"作用使其实际上成了预防机制；其三，犯罪预防机制有沦为犯罪惩罚机制的风险。由前科报告引发的社会非规范性评价超出了预防应有的范畴。

（二）前科惩罚的绝对化

如前所述，前科报告制度蕴含着从预防制度沦为惩罚机制的风险。而这种前科惩罚则突破了传统刑罚原理的范畴，实质成了基于先前犯罪行为而施加的二次惩罚，并且是以一种隐蔽的、难以被察觉的、永久性的方式存在。前科制度是对犯罪记录的一种规范性评价，属于前罪刑罚的附随性效果之一，是对刑罚改造后果的观察与评价制度。但在现实中，由前科报告制度引发的前科评价却极易被滥用，甚至有逐渐走向异化的风险。一方面，基于前科引起的规范性评价中的权利剥夺，不仅涵盖范围极为广泛，而且没有限定禁止期限。这就意味着，犯罪人

第二章 现代性、社会控制与犯罪记录制度：犯罪记录的制度变迁史

将永远丧失获得这些资格的机会，相应的权利被永久性地剥夺。另一方面，除了法定的权利剥夺以外，现实中还存在着大量的非规范性评价机制。这些非规范性的评价机制使得犯罪人合法的权利受到了不应有的剥夺，进一步侵害了犯罪人正常的合法权利，使其难以回归社会。同时，这些非规范性评价也将伴随犯罪人终身，难以抹去，犯罪人将被迫永久背负犯罪标签。大量的用人单位私自设立"无犯罪记录"的入职标准就是一种典型的就业歧视。[1]涉及限制公民权利的事项理应由法律作出规定，《犯罪记录制度意见》也明确规定"向社会提供犯罪信息查询服务时，应当严格依照法律法规关于升学、入伍、就业等资格、条件的规定进行"。但由于现实中犯罪记录制度的不健全以及被滥用，用人单位肆意设立标准，或是直接明示拒绝雇佣，或是以其他理由拒绝招募，导致犯罪人遭受了广泛的就业歧视。犯罪人如果难以谋求一份工作以解决温饱与生计，那么所谓的重返社会将会成为一句空话。

正是这些原因使得犯罪人即便已经接受过刑罚处罚，应当回到社会重新生活，而挥之不去的犯罪记录阴影也仍然会使其在社会上难以立足，求助无门。因此，相较于无论如何总有一个期限的刑罚，伴随犯罪人终身的犯罪记录引起的非规范性评价无疑更为可怕。人生在世难免犯错，即便是犯了罪大恶极的错误，但只要改过自新，社会对其理应重新接纳。在我国，对于犯罪嫌疑人、被告人，法律设置了诸多促使其改过自新的机会与制度安排：实施犯罪时可以中止；犯罪后可以自首；量刑时可以从宽；执行时可以减刑、假释。但对于曾经犯过罪重返社会的人，法律却缺乏这样的鼓励机制。"罪犯需要保护，正常

---

[1] 参见《失足者的深度救赎》，载 http://news.sohu.com/s2005/05shizu.shtml，最后访问时间：2018年5月12日。

人需要保护，为什么前科者就不需要保护？实际上，前科者就像疾病恢复期的人一样，虽不是危重病人，但他只有在医生、护士的关心、帮助下，才能真正恢复健康。所以，给前科者一个机会，当前科者想回头时，法律同样应当给他一条回头路，这才叫公正合理。"[1]

（三）前科惩罚的株连效应

前科惩罚机制不仅剥夺了那些刑罚已经执行完毕、理应回归社会的犯罪人大量的权利与资格，使其难以真正回归社会，还超出了罪责自负原理的范畴，将惩罚延伸向了犯罪人的近亲属及其家庭成员。

尽管基于犯罪产生的刑事惩罚的连坐已经随着历史一同消亡，犯罪人独自承担由犯罪行为导致的刑罚惩罚，但基于前科的非刑罚责任依然会影响其近亲属。实践中，前科株连效应普遍存在，具体表现为对犯罪人的近亲属及其家庭成员在入学、就业、入伍、入党、政审等领域施加的或明或暗的权利剥夺与资格丧失。而这种本不应存在的连带责任的依据仅仅是极为纯粹的、与生俱来的身份与血缘关系。学生入学领域的《高中毕业生家庭情况调查表》《关于军队院校招收普通中学高中毕业生和军队接收普通高等学校毕业生政治条件的规定》，公共服务职业领域的《公安机关人民警察录用办法》《关于颁发〈征兵政治审查工作规定〉的通知》，都不同程度地排除了"直系亲属、关系密切的旁系亲属被判处刑罚者"。

作为一项法律传统与社会习惯，连坐制以制度规范和道德评价等多种形式在我国漫长的历史中占据重要地位，其蕴含的民意基础、制度惯性与社会认同一直延续至今，虽然在制度层面已被废除，但在观念和心理层面仍然难以消除，或直接或间

---

[1] 房清侠：《前科消灭制度研究》，载《法学研究》2001年第4期，第88页。

接地塑造了当前基于犯罪记录的前科影响问题。[1]进入现代社会，前科影响问题仍然以各种形式存在着，其中有着多方面的深刻原因。其中，现实层面的国家基于风险防控与犯罪预防的追求、社会公众基于自身安全利益的担忧，是前科影响问题得以延续至今的最重要因素。尽管有着诸多原因，但隐藏在该制度中貌似理性、实则非理性的因素却愈发凸显，在现实中引发了诸多争议。客观地讲，犯罪人的犯罪行为已经给近亲属和其他家庭成员带来了诸多道德阴影和社会压力，而前科影响问题又进一步加剧了犯罪行为对犯罪人近亲属和其他家庭成员的负面影响，使得犯罪人的近亲属和其他家庭成员在权利限制和资格剥夺的程度上已经近乎犯罪人本人，形成了极为严重的权益限制和人格歧视。

第三节 基于信息的制度化控制：2012年《犯罪记录制度意见》

从以黥刑为代表的原始的、本能性的中国古代犯罪记录制度，发展到1997年《刑法》的前科报告制度，这一转变更多的是社会控制机制的精巧化与复杂化，对犯罪人的惩罚、预防乃至控制，摆脱了原始的、粗暴的、低效的方式，改用一种看似更加中立的、更加去道德化的、甚至以启蒙主义的话语体系来说完全是"人性进步""理性闪光"的方式。然而，正如前述对于现存的前科报告制度在法律表述层面的梳理与对实践中发挥

---

[1] 参见范恩君：《伦理视域中的道教"承负说"》，载《中国道教》2005年第2期，第37~38页；王营绪：《各行其道与并行不悖——"亲属相隐"与"族诛连坐"的初步探讨》，载《内蒙古农业大学学报（社会科学版）》2007年第1期，第309页。

的实际效果的分析所展示的,前科报告制度内在的三重逻辑悖论,加之制度异化所导致的前科惩罚的绝对化和前科惩罚的株连效应,使其仍然难以去除根深蒂固的惩罚思维,难以有效推动已经执行完毕刑罚的犯罪人真正回归社会,难以协调前科制度本应具有的犯罪预防与犯罪人权利保障的利益平衡。因此,既有的前科报告制度远不是终点,也不代表对犯罪人犯罪记录的讨论的终结。该制度仅仅是一种并未触动根本的技术式"改进":改进的是惩罚的方式、技术与策略,不变的则是制度实质的惩罚性这一事实。"惩罚从一种制造无法忍受的感觉的技术转变为一种能够暂时剥夺权利的经济机制。"[1]"'人道'是给予这种经济学和锱铢计算的一个体面名称。"[2]

因此,在当前信息社会的背景下,为了使犯罪记录作为一种信息能够更好地发挥其犯罪预防与社会综合治理之效果,同时也为了回应犯罪人权利保障之需求,我国于 2012 年正式出台了《犯罪记录制度意见》,标志着犯罪记录制度化的开始。由此,我国犯罪记录制度正式建立。从这一意见中,我们可以看出,国家开始将犯罪记录作为一种重要的"公共信息"对待,开始认识到实践中混乱的犯罪记录收集与利用不仅未能发挥积极的犯罪预防作用,反而使得刑罚已经执行完毕、回归社会的犯罪人继续受到权利限制,前科制度饱受诟病。而国家犯罪记录制度的建立,似乎将会使得这些问题得到解决。

在此之前,虽然存在着前科制度,我国前科规范的数目也十分之多,但限于缺乏具体的犯罪记录查询途径和验证途径,

---

[1] [法] 米歇尔·福柯:《规训与惩罚》(修订译本第 4 版),刘北成、杨远婴译,生活·读书·新知三联书店 2012 年版,第 11 页。
[2] [法] 米歇尔·福柯:《规训与惩罚》(修订译本第 4 版),刘北成、杨远婴译,生活·读书·新知三联书店 2012 年版,第 102 页。

前科规范的适用效果并不明显,许多前科规范规定的内容在现实生活中并不能落实,甚至存在大量利用伪造的无犯罪记录证明规避前科规范的情况。[1]然而,国家犯罪记录制度一旦建立,犯罪记录的查证便将实现有法可依、有章可循,伪造或隐瞒犯罪记录将变得极为困难,犯罪记录信息的利用效率必然大幅提升,这是犯罪记录制度优势与价值的体现,是其作为国家犯罪预防工具优越于过往的黥刑和前科制度之所在。

但与此同时,借由犯罪记录制度的建立,现有前科规范的"能量"将被全部释放,犯罪记录信息的价值将被充分利用,以犯罪记录信息为节点形成的针对犯罪记录者的预防与控制将会更加彻底。在这种模式下,借助于信息技术、大数据和算法等手段,将犯罪记录作为一种"信息"形式,不仅在权利上论证了犯罪人对于自身犯罪记录的合法性——犯罪记录属于个人信息,而个人信息是个人权利的一部分。同时,也使得这种模式本身获得了正当性:因为这种模式能够对犯罪人进行保护。更进一步,这种通过信息的控制比以往更加的彻底、隐蔽与有效。在这里,表面上犯罪人的权利终于得到了保障,这是人性的胜利与社会的进步;然而实际上,这更是社会控制手段的一次大获全胜,"兵不血刃"地取得了对犯罪人的控制:以权利保护为名,实施着前所未有的制度化控制。

一、从"前科"到"犯罪记录":范式转换与规范的"犯罪记录"概念的出现

"前科"概念本身所具有的负面性价值评价意味,以及该制度在设计之初就带有的以预防和惩罚为导向的制度基因,使得

---

[1] 参见徐荔:《帮同事伪造无犯罪记录证明换来有期徒刑10个月》,载《上海法治报》2012年11月16日。

如果继续沿用该概念，并以此为基础建立相关制度，将无法对犯罪人的犯罪信息作出客观评价，必然还会陷入过往的制度悖论乃至制度异化的局面。因此，为了实现对犯罪人的犯罪信息进行客观化的、中立化的、价值无涉的收集、管理、使用与评价，为了满足犯罪信息使用过程中的犯罪预防与权利保障的双重目的，为了顺应信息时代国家的信息化管理需要，有必要摆脱以"前科"概念为基础的整个传统犯罪信息理论范式的束缚，以中性的、价值无涉的"犯罪记录"概念取而代之，并在此基础之上，建立起关于犯罪人犯罪信息管理的综合性国家犯罪记录制度。这不仅需要在方法论层面实现犯罪人犯罪信息理论研究的范式转换：从偏向犯罪预防与惩罚的"前科"范式，到双元目的与综合性管理的"犯罪记录"范式。同时，更需要借助理论研究的转变，以此为基础重新塑造我国的国家犯罪记录制度。

然而，通过对我国刑事法学（包括刑法和刑事诉讼法）研究现状进行观察可以发现，我国当前关于犯罪记录的理论研究非常薄弱。关于犯罪记录的研究成果基本上集中于几位长期关注该问题的学者，学界对该问题的普遍关注远未形成。这一薄弱的研究现状也导致关于犯罪记录的基础性研究工作仍然存在着相当多的空白。首要的便是犯罪记录的概念问题。"犯罪记录""前科"与"犯罪记录制度"是犯罪记录制度理论研究的三个基础性概念，对此三者需要加以准确界定；对"犯罪记录"与"前科"之间的模糊关系需要进行清晰的规范厘清；"犯罪记录"与"犯罪记录制度"之间的关系也需要澄清。由于现有的法律法规对三者的内涵和外延缺乏明确规定，导致理论界和实务界对犯罪记录和前科存在模糊认识，无法分清二者间的关系。对于犯罪记录制度，由于对作为逻辑前提的犯罪记录这一概念的认知偏差，导致在犯罪记录制度的认识上也存在很大误区，

第二章　现代性、社会控制与犯罪记录制度：犯罪记录的制度变迁史

存在将犯罪记录制度简单化为前科惩罚制度的倾向。如果一味把上述概念的界定局限在事实与客观存在的层面而忽视对概念的规范内涵的研究，就只能停留在对事物的表层理解之上，最终必然会影响对理论研究的判断。因此，有必要在对犯罪记录制度进行理论性研究之前，先规范基础性的概念。

（一）犯罪记录和前科的混淆表现及批判

就本质而言，犯罪记录包含着关于犯罪人的犯罪事实及其所受刑罚惩罚的客观记录，是一种事实层面的信息记载，不包含评价与价值判断；前科则是对犯罪人犯罪事实的带有规范性意味的评价，是一种规范层面的法律评价，其评价基础是事实层面的犯罪信息。换言之，二者分别位于相对立的事实层面与规范层面：犯罪记录是事实层面的信息记载，前科则是规范层面的法律评价。但是，在对立之外，二者也存在着紧密的关联：犯罪记录所记载的犯罪信息是前科评价的基础与对象。二者紧密遵循着"事实记载—规范评价"的逻辑关系。不过，"对于犯罪记录的评价，在结论上并不必然导致前科也不仅仅限于前科"。因为，除了由国家法律作出的规范性评价以外，还包括大量的生发自社会的非规范性评价，这也源于对犯罪记录作出的评价。因此，犯罪记录与前科是一对紧密相连但又存在根本区别的概念。

然而，在现阶段的研究中，无论是理论界还是实务界均普遍存在着对犯罪记录与前科的认识偏差。其主要表现在两方面：其一，在概念层面，将二者简单地趋同化。例如，有学者认为，前科是因犯罪被法院判处刑罚的事实状态。[1]类似的还有，认为犯罪记录是指对曾经被宣告犯有罪行或者被判处刑罚的事实

---

[1] 参见党日红：《中俄未成年人前科制度比较研究》，载《河北法学》2011年第5期，第180~183页。

的记录,即前科。[1]这种将规范层面的前科评价误读为事实层面的犯罪记录,进而得出二者是一回事的看法,将会导致无法准确界定这二者之间的关系,最终使得两个概念均被否定。其二,在性质层面,对二者进行错位评价。例如,最高人民法院在《人民法院第三个五年改革纲要(2009—2013)》中首次使用了"未成年人轻罪犯罪记录消灭制度"这一概念。应当指出,犯罪记录作为一种客观事实是不可能被"消灭"的,能够被"消灭"的只能是由犯罪记录引发的规范性评价——前科,"犯罪记录消灭"这一概念本身就是不准确的。后续的《犯罪记录制度意见》相对准确地界定了犯罪记录的内涵,但是最高人民法院在进一步对该意见进行解读时,却将"犯罪记录封存"和"犯罪记录消灭"视为等同,[2]说明实务部门仍未能切实理解犯罪记录和前科的内涵。而这种将犯罪记录和前科简单等同或进行错位解读的做法,将直接导致理论界和实务界缺乏对犯罪记录信息价值的全面认知,仅关注其引发的前科评价而难以发掘犯罪记录的多重信息价值,将本应作为现代化国家社会管理基本制度的犯罪记录制度弱化为仅具有赋予犯罪人否定性评价的刑事预防与惩罚机制。这种弱化解读无疑会大大减损犯罪记录制度本应发挥的制度价值,使其从一项基本的社会管理制度降格为一项具体的刑事司法制度,还会因偏重犯罪预防而在缺乏对犯罪人应有权利进行保护的理念下进一步导致对犯罪人犯罪信息评价的异化。

(二)犯罪记录和前科的内涵与外延

根据《犯罪记录制度意见》的规定,犯罪记录是国家专门

---

[1] 参见杨宇冠、崔巍:《从国际规定看未成年人犯罪记录消灭制度》,载《检察日报》2009年7月7日。

[2] 参见龙平川:《建立犯罪记录制度促进社会管理创新——最高人民法院中国应用法学研究所负责人答记者问》,载《检察日报》2012年7月6日。

第二章 现代性、社会控制与犯罪记录制度：犯罪记录的制度变迁史

机关对犯罪人员个人情况与犯罪信息的客观记载。这一界定可谓准确把握了犯罪记录的本质，即"客观记载"。本书认为，犯罪记录就是对犯罪人相关犯罪信息的记载和存储，包括对犯罪人的犯罪事实及其所受刑罚处罚的纯粹客观记录。犯罪记录本身具有多重信息价值：犯罪记录中的犯罪信息和犯罪人信息可以为犯罪预防、刑事司法制度和社会管理提供数据支持。同时，犯罪记录还可以同其他信息监管数据相结合，成为信息监管的基础数据，在众多领域发挥作用，例如金融监管、移民监管等。此外，犯罪记录在严格意义上又属于犯罪人的个人信息，犯罪人对此拥有无可争议的个人信息权，由国家出面进行规范化的收集、管理与使用，可以避免由犯罪记录流失导致的对犯罪人权利的侵害。而前科则是指"由于法院因行为人实施犯罪而对其判处刑罚且刑罚已经执行完毕或者被赦免后，在一定期间内的一种法律地位"。就刑事法层面而言，"是法律、法规对前罪刑事责任实现效果的规范性评价，是属于前罪刑罚的后遗性效果之一，属于对刑罚改造后果的观察与评价制度"。前科是由犯罪记录所记载的客观事实所引发的对犯罪人一种不利的规范性评价；犯罪记录则是前科的事实基础与评价对象。换言之，犯罪记录是关于犯罪人犯罪事实和所受刑罚惩罚的客观记载，前科是基于对犯罪事实的客观记载对犯罪人进行的规范性评价。但是，前科并不是犯罪记录的唯一指向，二者是一种特殊的前提与结果、评价与被评价的关系。当前，理论界和实务界都存在将二者混淆的错误认知，进而直接影响了犯罪记录制度的系统化建构。

二、从"犯罪记录"到"犯罪记录制度":犯罪记录的制度化构建与多元价值追求

就我国而言,从 2012 年《犯罪记录制度意见》公布起算,犯罪记录制度在我国的正式探讨只有大约十年时间,遑论国家何时能够建立正式的国家犯罪记录制度了。而从整个世界来看,国家犯罪记录制度发展至今仅有半个世纪左右,但其间经历了深刻的变革,且目前仍未结束。如果对国家犯罪记录制度的发展轨迹进行梳理的话,我们可以发现,国家犯罪记录制度由早期的立足于刑事诉讼和预防犯罪的单纯刑事司法制度,在信息时代逐渐向多元化演变,成了社会的基础信息管理制度。

(一)犯罪记录制度的内涵和外延确定

在厘清了犯罪记录和前科的关系,并对犯罪记录和前科这两个概念的内涵与外延进行清晰的界定后,我们对犯罪记录制度的认识将会更加准确。尽管犯罪记录制度同样以犯罪记录事实为客观基础,但是,同前科仅是犯罪记录事实的具体规范性评价之一不同,犯罪记录制度是对犯罪记录的全面规范性管理和评价。犯罪记录制度作为一项国家性制度,是一国基于特定目的(包括犯罪预防、权利保障和社会治理),对其刑事管辖范围内的犯罪信息数据进行规范化收集、储存、利用的综合性制度。犯罪记录制度的内涵是犯罪信息数据的规范化收集与管理,而要引导犯罪记录制度建构的方向(或者说是制度目的),则需充分发掘数据背后的价值:一方面为社会治理和犯罪预防提供数据支撑,另一方面则是规范化管理犯罪信息,保障犯罪人的个人信息权。犯罪记录制度的外延包括两个层面:其一,宏观层面的犯罪信息数据管理制度。通过实现国家层面犯罪信息的全面登记和分析,获取我国宏观的犯罪状态数据,为国家整体刑事政策的制定提供基础信息。其二,微观层面的犯罪信息数

据管理制度。通过对具体的犯罪人的犯罪信息进行登记和管理,微观层面的犯罪记录制度可以针对特定犯罪人的刑罚执行效果提供考察依据,从而判断适用于具体犯罪人前罪的刑罚在量上是否有所不足,并通过对犯罪人进行一定期限的限制,加强预防犯罪的效果,实现公共利益和犯罪人合作权益之间的平衡。

(二) 犯罪记录制度的初创时期:基于新主观主义犯罪预防的刑事司法制度

尽管德国早在1882年颁布的《联邦议会条例》中就有犯罪信息登记和查询的规定,[1]但其尚不能被称为系统的国家犯罪记录制度。直到20世纪60年代至70年代,世界范围内的国家犯罪记录制度才普遍建立。德国在1971年颁布的《联邦中央登记册法》中系统地规定了国家犯罪记录制度。而奥地利也通过于1968年和1972年陆续颁布的《刑事登记册法》和《勾销法》建构了其犯罪记录制度。[2]加拿大在1972年设立了加拿大警察信息中心(CPIC),建立了统一的犯罪记录数据库。[3]美国也在20世纪70年代开始建立各州司法辖区的犯罪记录,并在1983年将各州零散的犯罪记录整合成了国家犯罪记录制度。[4]在世界范围内,国家犯罪记录制度在短期内的集中"涌现"并非偶然,而是有着必然的历史背景。

基于第二次世界大战的影响,20世纪上半叶的西方刑法

---

[1] 参见 [德] 李斯特:《德国刑法教科书》(修订译本),徐久生译,法律出版社2006年版,第515页。

[2] 参见周子实:《犯罪记录制度与裁判文书公开制度兼容问题的比较研究》,载《西部法学评论》2016年第1期,第28~36页。

[3] See Canadian Police Information Centre: Solve & Prevent Crime, http://www.cpic-cipc.ca/index-eng.htm#solve, 2016-8-5.

[4] See U. S. GEN. Accounting Office: Observations on the FBI's Interstate Identification Index2-3 (1984) GAO/GGD-85-4, http://www.gao.gov/products/GGD-85-4, 2016-12-2.

学研究处于"沉寂期",刑事古典学派和刑事实证学派两大主流学说都在反思自身的学科体系缺陷和理论不足。而从20世纪50年代开始,经过重新修正的新刑事古典学派和新刑事实证学派进入了"迸发期",大量的"新理论"和"新思维"在活跃刑法学理论的同时,也深刻地影响了刑事司法实践。[1]而在犯罪预防层面,新刑事古典学派和新刑事实证学派在一定程度上的融合,为国家犯罪记录制度的建构奠定了理论基础。

一方面,新刑事古典学派修正了早期过于理想的"理性人"设计,开始关注犯罪人主观上的个性差异。[2]因此,新古典学派也不再强调报应刑罚是单一的犯罪后果。以德国学者迈耶提出的"分配理论"为代表,新古典学派开始"承认有社会环境或者个人因素所决定的危险性格的存在,需要采取一定的措施来达到预防犯罪的目的"。[3]另一方面,新刑事实证学派也在反思第二次世界大战期间刑罚个别主义走向极端化的弊端,开始重视对犯罪人的人道关怀和刑事司法制度对国家权力的限制。法国学者马克·安赛尔的"新社会防卫理论"产生了重大影响,新刑事实证学派开始关注犯罪人的刑罚外处置和教育,提出国家有义务引导犯罪人回归社会。[4]

新刑事古典学派和新刑事实证学派在犯罪预防理论上的一定程度的趋同引发了西方在犯罪预防理念上的新主观预防理念

---

[1] 参见何勤华:《关于西方刑法史研究的几个问题》,载《河北法学》2006年第10期,第12~22页。

[2] 参见李晓明、李可:《20世纪国外刑法学的新发展》,载《湖南省政法管理干部学院学报》2001年第6期,第4~10页。

[3] 赵秉志:《大陆法系刑法理论略述(下)》,载《北京联合大学学报(人文社会科学版)》2007年第1期,第60~66页。

[4] 参见[法]雷蒙·加桑:《解析西方民主国家刑事政策的变化:以法国为例》,朱琳译,载《比较法研究》2010年第3期,第145~160页。

第二章 现代性、社会控制与犯罪记录制度：犯罪记录的制度变迁史

思潮。[1]新主观预防理念不仅关注犯罪人行为本身的"恶"，还在一定程度上同社会学相结合，聚焦于犯罪人主观特殊心理对社会伦理的违反和破坏。而由于这种特殊心理具有一定的"固定性"，因此对犯罪人的犯罪的评价，不仅局限于单一的由犯罪事实引发的刑罚，还要具有其他配套的教育和防控制度。新主观预防理念主张，基于维护社会公共利益的需求，有必要对犯罪人群体采取有针对性的预防举措，政府的公权力不仅停留在刑罚执行期间，对刑罚执行完毕后的犯罪人亦应当适当介入。由此，国家犯罪记录制度的理论基础初步奠定。国家犯罪记录在20世纪60年代至70年代的普遍创立，同西方新主观主义犯罪预防理念思潮的兴起有着密切联系。由此，我们可以发现，国家犯罪记录在初创时期是基于新犯罪预防理念而设立的，其性质是为满足刑事诉讼需求和犯罪的特殊预防需求而创制的刑事司法制度。

（三）犯罪记录制度的现代发展：基于多元化发展的基础信息管理制度

各国建立国家犯罪记录制度的时期基本上就是信息和计算机网络的发展普及的历史时期。在信息社会的宏观背景下，国家犯罪记录制度中的犯罪信息数据价值得到了充分的发掘，国家犯罪记录制度由单纯的刑事司法制度向多元化的基础信息管理制度发展。

---

[1] 上述的新刑事古典学派和新刑事实证学派的理论转向和融合，尽管主要发生在大陆法系国家，但是在第二次世界大战以后两大法系趋向融合的思潮下，其对英美法系国家也产生了较大的影响，英美法系同样也在经历着传统犯罪预防的客观主义和主观主义的融合，新主观主义预防理念成为主流理念，开始关注刑罚之外的特殊预防制度。See Angela Pardue and Bruce A Arrigo, "Power, Anger, and Sadistic Rapists Towarda Differentiated Model of Offender Personality", *International Journal of Offender Therapy and Comparative Criminology*, Vol. 52, No. 4, 2008, p. 378.

犯罪记录的制度逻辑:双元结构与利益衡量

1. 犯罪记录制度的内部数据多元化发展

早期的国家犯罪记录制度实现了对犯罪信息的规范化管理,但是由于制度初创,并未能实现对犯罪信息的充分利用,而对于载入国家犯罪记录数据库的犯罪人,除了根据罪轻和罪重进行一定的差异化区分外,犯罪记录制度的内部数据性质较为单一,仅在定性上评价为犯罪,而不进一步区分犯罪的具体性质。而随着后续犯罪记录制度运用实践经验的增长,国家犯罪记录被不断完善,犯罪信息内部数据实现了多元化发展,国家犯罪记录制度开始在内部对犯罪信息的性质进行差异化区分,诸如性犯罪、暴力犯罪、仇恨犯罪、经济犯罪等犯罪信息被独立运用,每一类犯罪信息所引起的前科都具有一定的差异性。例如,德国的性犯罪记录,不仅前科消灭时间较长,同时还会加大对性犯罪人合法权益的特殊限制。[1]这种多元化发展不仅体现在对犯罪信息的利用上,同样也体现在犯罪信息的录入层面。例如,对于有暴力犯罪记录者,美国联邦和至少11个州政府要求将DNA信息也录入犯罪数据库,以便于后续的刑事案件侦破。[2]犯罪记录内部数据的多元化发展,不仅有利于更好地实现犯罪记录制度预防犯罪的功能,同时,犯罪记录内部数据的精细化分类和统计,也为犯罪记录制度外部多元化发展提供了可行性。

2. 犯罪记录制度的外部应用多元化发展

犯罪记录制度的应用除了宏观层面的犯罪数据统计价值外,在微观层面主要集中在便于国家机关的内部查询和便于社会普通个体的外部查询两个领域。而在早期的犯罪记录制度应用过程中,国家机关的内部查询基本被限定在满足刑事侦查、起诉、

---

[1] Bundeszentralregistergesetz, §§37.
[2] See "New York State Division of Criminal Justice: Access to Criminal History Records", http://www.criminaljustice.ny.gov/ojis/recordreview.htm, 2017-2-8.

第二章　现代性、社会控制与犯罪记录制度：犯罪记录的制度变迁史

审判等刑事诉讼程序需求，而社会普通个体的外部查询则主要是为了实现对犯罪人再次犯罪的特殊预防，相关的运用都集中在刑事司法领域，国家犯罪记录制度的刑事司法制度性质十分明显。

随着犯罪记录制度内部数据的多元化发展，充分发掘犯罪数据的信息价值，犯罪记录制度的外部运用也开始扩张发展，主要表现在三个方面：其一，从刑事法领域向民事法领域扩张。社会个体的信用记录制度传统上属于民事法领域，而随着整个社会征信体制的发展，征信机构不仅收集信用主体的民事违约及行政违法行为，刑事犯罪也成了影响征信主体信用的重要依据。依托于国家犯罪记录制度，相关的征信机构可以建构更完整的信用调查体系。例如，美国就存在大量专门的商业机构，向政府部门提出申请查询犯罪记录作为信用调查的基础数据，形成的信用调查报告则向相关机构和个人销售。[1]其二，从预防犯罪向一般社会治理扩张。传统的国家犯罪记录制度基于单一的预防犯罪理念建构，而在信息社会的背景下，各类信息数据都具有独特功能，犯罪记录制度也不只被限定在预防犯罪，而是扩张到了普通的社会治理行为。例如，德国《中央登记册和交易登记册法》就规定，购买枪支之前，必须查询购买者的犯罪记录，由此实现对枪支持有和销售的管理。[2]又如，美国2002年《公共健康安全和生化恐怖主义防范与反应法》规定，有犯罪记录的人员禁止从事危险物品的运输行业，而这种特种职业禁止并非基于对有犯罪记录者再次实施犯罪的顾虑，而是

---

[1] See Leslie Walker, *Police Records For Anyone's Viewing Pleasure*, WASH. POST, May 23, 2002, atE1.

[2] See James Jacobs and Tamara Crepe, "The Expanding Scope, Use, and Availability of Criminal Records", *Legislation and Public Policy*, Vol. 11, 2008, p. 178.

出于对有犯罪记录者之前的犯罪行为所体现出的主观上的随意和轻率的考虑。因此，同其他领域的职业禁止不同，该禁止同样包括曾犯过失犯罪的有犯罪记录者。[1]其三，从国内法事务向国际司法合作发展。犯罪记录制度解决的是本国领域内的犯罪信息规范化管理问题，传统上属于国内法领域。然而，随着国际化的深入和世界各国对犯罪信息重视程度的提升，犯罪记录制度开始具有了国际司法合作的重要属性，特别是在处理外籍人员入境、移民、外籍人员犯罪审判等领域，相关国家之间的犯罪记录相互获取和查询具有重要价值。欧盟于2012年出台了统一的犯罪记录指令，用以协调成员国之间的犯罪记录信息的相互取得和查询规范，并建立欧洲犯罪信息记录系统（ECRIS）[2]。

由此可见，国家犯罪记录制度在初创期是作为一项基本的刑事司法制度被创立的，直到目前，刑事司法领域依然是国家犯罪记录制度的主要应用领域。但是，随着近现代国家犯罪记录的范围和功能的扩张，[3]犯罪记录制度已经不仅是一类刑事司法制度，其在性质上已经属于社会的基础信息管理制度。

---

[1] Public Health Security and Bioterrorism Preparedness and Response Actof 2002, Pub. L. No. 107~188, §201, 116 Stat. 594, 639 (2002).

[2] See "European Commission: European Criminal Records Information System", http://ec.europa.eu/justice/criminal/european-e-justice/ecris/index_en.htm, 2017-1-3.

[3] 在信息社会数据价值凸显的宏观背景下，犯罪信息可以在众多社会领域发挥数据价值，国家犯罪记录制度的扩张成了一种必然趋势。然而，国家犯罪记录制度的扩张在一定程度上必然会引发对犯罪人权益和资格限制的加重，早期犯罪记录制度初创时帮助犯罪人回归社会的理念被冲淡，特别是英美法系国家，其犯罪记录制度的扩张明显要大于大陆法系国家，这也引起了西方学界的反思。See James Jacobs and Tamara Crepe, "The Expanding Scope, Use, and Availability of Criminal Records", *Legislation and Public Policy*, Vol. 11, 2008, pp. 177~182.

第二章　现代性、社会控制与犯罪记录制度：犯罪记录的制度变迁史

三、当犯罪记录遭遇算法：作为"信息"的犯罪记录与算法歧视的正当化

如果不直接将其与最前沿的技术相联系，而是进行生活化理解，那么所谓的算法，其实就是每一个普通人无时无刻不在进行的"思维决策"。"思维决策的过程其实是算法的运行过程。"〔1〕一个每天早晨需要穿什么衣服的简单问题，其实就是一个算法的运行过程，其中包含着输入、输出与决策等步骤。例如，选择衣服时的输入指标，也即决策时的重要参考，包括生理需求——御寒保暖还是解暑降温；社会目的——工作装还是生活装；社交属性——品牌档次；个人偏好——衣服风格与颜色穿搭等。最终，根据这些输入指标，依据个体经验与感觉形成的思维决策算法会得出一个明确的结论。

然而，基于处理问题的复杂性、处理信息的巨量性，人类个体的经验与感觉越来越无法胜任准确、高效的思维决策。"到了21世纪，感觉不再是全世界最好的算法。我们正在开发更优秀的算法，能够充分利用前所未有的运算能力和庞大的数据库。"〔2〕现如今，我们生活在一个完全由算法技术掌控的世界里：Google 的 Page Rank 算法和国内的百度搜索算法决定了我们如何获取信息，以及获取什么样的信息；Facebook 的 News Feed 新闻推送算法以及国内的"今日头条"算法塑造了我们对今日世界的基本认知；淘宝、爱奇艺和亚马逊的产品推荐算法，基于我们购买、浏览记录体现出的个体兴趣偏好，会精准地向我们定向推荐我们感兴趣的产品。就此而言，时至今日，我们以

---

〔1〕　徐恪、李沁：《算法统治世界：智能经济的隐形秩序》，清华大学出版社2017年版，第10页。

〔2〕　[以色列]尤瓦尔·赫拉利：《未来简史：从智人到智神》，林俊宏译，中信出版社2017年版，第354页。

外部的技术算法替代了自身的思维决策算法获得了空前的成功，实现了极大的便利，使人类过上了真正的算法式生活。

（一）算法控制下的社会

在当代社会，以算法为核心的信息技术极大地推动了整个社会规范、高效、便捷化的运行。具体而言，算法对于当今社会的深刻影响体现在以下几个方面：

第一，算法与经济。以算法为驱动的新经济形态广泛存在于当下社会，其中极具代表性的是共享经济和平台模式。随着对信息的挖掘与利用越发深入，大数据分析、人工智能的出现使得传统企业的经营模式发生了极大改变。"算法对企业的影响已不再停留在以往简单的辅助功能上，而是从根本上改变了企业的组织形态和运营模式，涌现出了一大批供需双方直接对接交易的共享平台。"[1]典型的如对接餐馆与食客的美团外卖、对接车主与乘客的滴滴快车。国家信息中心发布的《中国共享经济发展年度报告（2019）》显示，2018年，我国共享经济的交易规模达到了29 420亿元，同比增长41.6%，参与人数更是达到了7.6亿。[2]换言之，全国一半人口参与到了由算法驱动的共享经济当中。

第二，算法与政治。算法政治是一个新近被提出的概念，它是指以算法技术辅助政治决策与公共治理的一种新型治理方式。其可以被广泛应用于政党选举、政治宣传、社会管理、公共安全、民生问题和风险应对等诸多领域。其中，辅助政治决

---

[1] 姚前：《算法经济：资源配置的新机制》，载《清华金融评论》2018年第10期，第95页。

[2] 国家信息中心：《中国共享经济发展年度报告（2019）》，载 http://www.sic.gov.cn/News/557/9904.htm，最后访问时间：2019年3月8日。

第二章　现代性、社会控制与犯罪记录制度：犯罪记录的制度变迁史

策和进行政治传播将会是算法在政治领域的两大功能。[1]算法的发展使其不再只是一种技术形式，而是上升为一种新型的权力形态。换言之，算法即权力。[2]随着对社会介入的不断深化，算法技术将会褪去其工具属性外衣，最终展现出主导性的一面。

第三，算法与司法活动。算法技术的应用在司法领域已经全面开展，其中尤以美国在刑事诉讼法方面的应用最为领先。美国很早就开始通过运用算法技术来预测犯罪人的再犯可能性、是否会在开庭日顺利到场出庭等事项，从而以此作为法官判断适用量刑、保释和假释的重要参考。美国先后开发出了COMPAS、PSA和LSI-R三种风险评估算法。目前，美国有一半以上的州利用上述三种风险评估算法辅助法官量刑。还有些州会使用特定算法来预测即将刑满释放人员的再犯可能性，从而降低累犯率。由于美国有着大规模羁押的传统，羁押率一直居高不下，因此有些州还采用该算法技术进行更精确的风险评估，以此来降低羁押率。[3]

第四，算法与社会生活。算法对社会生活的介入是直观而深刻的。前述的搜索引擎算法、新闻推送算法、产品推荐算法涉及每个人生活的方方面面。我们身边充斥着海量的无法凭借自身处理的数据，但借助算法，我们可以将其化作有用的信息供自己了解、掌握与使用。在最近几十年，通过信息技术的发展，我们进入了史无前例的信息爆炸时代，这得以让我们体验各种在过去根本不可想象、无法实现的生活方式。即便是在最

---

[1] 参见汝绪华：《算法政治：风险、发生逻辑与治理》，载《厦门大学学报（哲学社会科学版）》2018年第6期，第28页。

[2] Taina Bucher, *If…Then: Algorithmic Power and Politics*, Oxford University Press, 2018, p.3.

[3] 参见[美]李本：《美国司法实践中的人工智能：问题与挑战》，载《中国法律评论》2018年第2期，第54页。

无聊的排队等候时间,我们也可以通过动动手指,传递与接收信息,从而掌握整个世界:我们可以通过浏览各类网页了解全球的最新动态、接受来自世界各地发来的信息、上传自己的照片与视频与整个世界分享、收听全球最火的音乐、观看时下最流行的电影……在这一刻,虽然我们可能身处中国偏远地区的某个小镇的火车站,只占据了这片土地的几平方米,但却确确实实地与整个世界相连。

(二)犯罪记录与算法的深度结合

然而,算法控制下的社会在使人们获得前所未有的便利性的同时,也使得人们自身不自觉地落入了算法的掌控之中。基于信息的社会控制业已形成。人们在以自身信息换取各类社会和商业服务以获得舒适、安全和便捷之时,实际上也在将自身彻底地暴露在算法的掌控之下。通过我们自觉或不自觉地形成、提供的个人信息,借助各类信息定位、挖掘与分析技术,信息掌控者可以轻而易举地掌握一个人的完整社会活动。据统计,我国是世界上视频监控发展速度最快的国家。从 2015 年到 2018 年,我国的监控摄像头用户从 2.1 亿增长到了 3.49 亿。换言之,每 4.1 个人里就有一个被摄像头覆盖。每个人每天要被不同的摄像头捕捉 300 次以上。我们因此成了"物联网"时代的"被测度、可量化的自我"(measurable and quantified self)。[1]不仅如此,在算法驱动的经济模式下,我们成了消费者、制造者与内容本身,我们把自己卖给自己,换来的只是廉价的"免费使用",我们的信息反倒成了最贵的"商品"。在所谓的"免费"与"共享"背后,实际上服务提供者想方设法地获取消费者的个人信息,然后再将这些信息转卖给他人使用或留作自用。而

---

[1] See Sander Klous and Nart Wielaard, *We are Big Data:The Future of the Information Society*, Atlantis Press, 2016, p.61.

第二章 现代性、社会控制与犯罪记录制度：犯罪记录的制度变迁史

这些信息之所以如此值钱，是因为它们是破解消费者的内心渴望、揭示购买需求、推动下一轮消费的关键。

通常而言，这些信息的掌握与利用会为社会与个体带来更多的安定和便利。然而，这种基于信息的控制一旦形成，也将不可避免地对现有社会结构造成冲击。"信息技术革命带来了新的权力形态，导致了'算法即权力'的新现象，同时也使传统上用来抗衡国家权力的公民权利面对更隐微、更无所不在、更多元化的权力技术的侵蚀。"[1]如果说算法的负面效应对于一般公民而言，因受制于现有制度下明确的权利保护、违规审查和申诉机制，可能表现得并不明显；那么对于本就受到歧视与排斥，并被认定为具有潜在危险，缺乏适当权利保护的犯罪人来说，算法的负面效果在其身上体现得格外彻底。若犯罪记录与算法深度结合，二者将会各取所需，相互成全：当犯罪记录遭遇算法，后者将会为前者的权利限制、社会歧视乃至社会控制提供隐蔽化空间，而前者将会为后者的算法歧视提供正当化依据。

一方面，算法将会使基于犯罪记录产生的权利限制、社会歧视与社会控制更加隐蔽化。对于有犯罪记录者来说，我国本就存在来自国家的规范性评价和来自社会的非规范性评价。国家的规范性评价通常表现为制度化的权利限制，而社会的非规范性评价则表现为各种直接或间接的社会歧视。在算法没有介入之前，这些权利限制与社会歧视还可以通过各种形式予以检视、规制，判断其合理性，考察其限度与边界。但在犯罪记录与算法深度结合以后，由于"黑箱算法"的特性，这种技术化的歧视将难以被监督、无法被追责、不可被避免，最终呈现出

---

[1] 郑戈：《算法的法律与法律的算法》，载《中国法律评论》2018年第2期，第69页。

算法的"不可解释隐忧"。[1]算法的不可解释性不单纯源于其商业秘密属性,其更深层的原因乃是人工智能背景下的机器学习算法本身将不再受制于人类的初始编程与算法,会脱离人类的控制而成为一个自主体系。于是,这就会导致借助算法的、针对犯罪记录者的权利限制、社会歧视与社会控制更加隐蔽。

另一方面,基于犯罪记录产生的权利限制、社会歧视与社会控制会赋予算法歧视以正当性。歧视的本质在于消极性的区别对待。[2]对于针对犯罪记录的算法歧视来说,它与其他算法技术掩盖下的歧视类型——包括对不良记录者进行的歧视——相比,最大不同之处在于,这种歧视在很大程度上被社会所接受,并被认为是正当的和必要的。针对性别、种族的算法歧视广受诟病,因为性别与种族不应成为受到歧视或者说被区别对待的因素;失信或者违反交通规则的行为尽管也是不良行为,理应受到一定的区别对待,但由于行为性质的缘故,这种歧视只存在于有限的范围之内。然而,在古今中外的文化当中,犯罪却足以将一个人永远钉在"耻辱柱"上,受到来自社会的道德谴责与伦理压迫,以及法律上的严厉制裁。我们对犯罪人的评价往往超脱了"合法与非法"层面的法律问题,而是变成了"好人与坏人"的是非对错问题。经过这一道德化过程的洗礼,犯罪人被贴上"坏人"的标签就丝毫不令人惊讶了。因此,对"犯罪人"这样一个客观上的"危险者"与理应受到谴责与批判的"坏人"实施的限制与歧视似乎也就显得合理而又正当

---

[1] 参见贾开:《人工智能与算法治理研究》,载《中国行政管理》2019年第1期,第19页。

[2] 参见薛兆丰:《薛兆丰经济学讲义》,中信出版社2018年版,第37页。

第二章 现代性、社会控制与犯罪记录制度：犯罪记录的制度变迁史

了。因此，算法可能造成系统化歧视，[1]即犯罪记录被淡化了，而针对犯罪记录者的算法歧视却被正当化了。

---

[1] 目前，我国学者虽然开始关注算法歧视问题，但仍然在承接国外（尤其是美国）特有的歧视问题，典型的是算法技术掩盖下的种族歧视，缺少对本土化问题的思考，更缺乏对由算法造成的对有不良记录者的歧视问题的关注。参见张欣：《从算法危机到算法信任：算法治理的多元方案和本土化路径》，载《华东政法大学学报》2019 年第 6 期，第 17~30 页；崔靖梓：《算法歧视挑战下平等权保护的危机与应对》，载《法律科学（西北政法大学学报）》2019 年第 3 期，第 29~42 页；丁晓东：《算法与歧视——从美国教育平权案看算法伦理与法律解释》，载《中外法学》2017 年第 6 期，第 1609~1623 页。

第三章

现代社会的理性化征服及其悖论：
当代中国犯罪记录制度分析

自启蒙运动主张对人类理性的解放以来，理性取得了对于一切价值的支配地位，成了界定人之为人的唯一尺度，成了创造人类一切先进文明的绝对推动力。按照马克斯·韦伯的观点，现代社会就是一个逐步理性化的过程。[1]理性征服了一切、统御了一切，成了万物乃至人类自身的主宰。理性终结了绝对专制的封建王权，理性完成了对封建宗教巫术的祛魅，理性成功地塑造了现代人类的自我认知与价值追求。总之，"启蒙（理性）将我们从'不成熟'的状态中解放出来"，从此"人"才成为一个"大写的人"。

然而，"20世纪以来，随着启蒙理性自身蕴含的自我分裂因素的彰显，加之在资本逻辑的推动下，启蒙理性主导的现代性设计矛盾重重，陷入'多重隐忧'之中，引起了灾难性的社会危机"。[2]"现代性中最重要的是对理性的利用和坚持对世界进程和形式实行控制的要求。"[3]"对技术的迷信，对理性本身的迷信，对人掠夺自然奴役自然的权力的迷信"，[4]以及对宏大叙

---

〔1〕 [德]马克斯·韦伯：《学术与政治》，冯克利译，生活·读书·新知三联书店2016年版，第190页。

〔2〕 刘同舫：《启蒙理性及现代性：马克思的批判性重构》，载《中国社会科学》2015年第2期，第4页。

〔3〕 [英]韦恩·莫里森：《理论犯罪学：从现代到后现代》，刘仁文等译，法律出版社2004年版，第37页。

〔4〕 甘阳：《启蒙与迷信》，载《文汇报》2011年11月28日。

事理论的迷信等，都要求对理性进行"价值重估"，对理性本身进行反思与批判。以卢梭为代表的浪漫主义就是对理性主导世界的一次反动；尼采则以权力意志对现代性的道德、理性乃至一切价值进行颠覆；福柯沿着这条批判道路继续前行，他深刻分析了启蒙理性对疯癫、犯罪、性变态这些社会亚文化的压制与社会再造。所有这些都揭示了现代社会理性化过程中的最大悖论：对理性的不假思索将会引领人类走向非理性。

作为人类现代社会理性化过程中的一环，当代中国同样经历了这一过程。我们对建立一个理想中的秩序化社会的过度追求，对以科学主义的态度、像工程师一般来"规划""设计""计划""管理"整个社会的历史倾向，对通过技术达成社会控制的乐观自信，对表现为"工具理性"的理性主义的不加节制，对犯罪记录作为"国家工具"属性的格外强调使得整个社会结构在不断理性化的过程中慢慢被理性所吞噬。

现代社会的理性化过程，以及在此过程中所展现的理性自身的悖论，都集中体现在了当代中国犯罪记录制度上。然而，单纯的刑法和犯罪学难以跳脱自身的局限，从而无法全面地、宏观地审视整个问题的全貌。因此，视角的转换必不可少。通过引入社会学的视角，将犯罪记录引入社会学的领域，以社会学"人的存在"这一问题相关理论作为分析工具，才有可能真正对我国的犯罪记录制度展开深入的剖析。

第一节 传统的犯罪标签理论：再犯罪形成的社会互动过程

传统的犯罪标签理论是关于再犯罪何以产生的理论，它旨在揭示再犯罪形成的社会互动过程，并认为犯罪的产生是由于犯罪人在回归社会之后被继续贴上犯罪的标签，这使其难以真正回归社会,最终在社会互动过程中因无法正常融入社会而再次犯罪。但是,该理论对于犯罪人所遭受的不公正对待与污名化遭遇采取的是一种中性视角,忽视了从犯罪人权利保护的角度来审视犯罪记录制度实际所起到的作用与其本应发挥的价值功能。对此,继续在犯罪标签理论上做文章已无法解决这一问题,而是需要借助社会学对"人的存在"理论进行更加宏观的解释。社会学对于"身份"概念的阐释,及其对于个人存在的意义,揭示了人生活在社会之中,作为社会性个体,每个人都是自己社会关系网的节点与中心。正是这些社会关系网编织出了每个人独特的一生,所有的喜怒哀乐、欢喜与忧愁都是因其而生。而"犯罪人"身份作为一种具有破坏性的身份,彻底地改变并重塑了以犯罪人为中心的社会关系:曾经稳固而又正常的社会关系被打破,建立在犯罪、刑罚与犯罪记录基础上的新的社会关系被强加赋予;由边沁提出并被福柯理论化的"全景敞视主义"则揭示了犯罪记录制度所具有的自我规训功效,即一种去中心化的、自发运作的、不依赖人而只依靠特定制度结构的、强调心理性控制的社会机制。

一、犯罪"标签"与再犯罪形成

传统的犯罪标签理论以及作为其理论源泉的符号互动论和乔治·赫伯特·米德(George Hebert Mead)提出的自我图像理论都旨在揭示犯罪形成的社会互动过程,认为犯罪的产生是由于犯罪人在回归社会之后被继续贴上犯罪的标签,这使其因难以正常融入社会而再次犯罪。

(一)过往的犯罪学理论:"机械的自然主义"

在犯罪标签理论出现之前,人们对于犯罪的产生及其预防

第三章　现代社会的理性化征服及其悖论：当代中国犯罪记录制度分析

采取的是一种"机械的自然主义"态度。[1]具体而言，在古典主义犯罪学看来，犯罪人实施犯罪，是其在自由意志的前提下经过利益与风险的计算后做出的自主选择：如果犯罪人觉得能够通过犯罪获取更大的收益（物质的回报、心灵的满足），即便可能会受到刑罚的制裁，但只要其自认为这种收益最终将会大于其付出，那么犯罪就将不可避免。在实证主义犯罪学看来，犯罪的产生是因为犯罪人有着缺陷的人格、恶劣的品性、粗鲁低下的举止以及无法被满足的欲望。过度的欲望激发了这种缺陷性人格，在恶劣品性的诱导下，伴随着习以为常的粗鲁低下的举止，犯罪人游走于违法与犯罪的边缘，最终实施了犯罪行为。总而言之，包括古典主义犯罪学和实证主义犯罪学在内的传统犯罪学理论只是将注意力集中于犯罪行为或是犯罪人本人，对犯罪成因的观察采取的是一种静态的、机械的单一视角，认为犯罪人之所以会实施犯罪，是因为其自身存在先天的、自然的、内在的、给定的、无法改变的"特质"，因而不断从行为内部或是从个体人格方面寻求犯罪的成因。

然而，这种视角不仅无助于问题的解决，反而会得出一些似是而非的结论："利大于弊"或是"天生犯罪人"。因而，由于缺乏一种关于犯罪人与犯罪行为的动态性视角——没有所谓的"天生"与"自然"，一切都是社会建构的产物，传统犯罪学理论忽视了犯罪人、犯罪行为在社会互动中的作用与反作用——犯罪人与犯罪行为不是绝缘于社会的真空存在，而是存在于、作用于、受制于社会并受到其反射的。传统犯罪学理论始终局限于具体的、特定的犯罪行为或是形形色色犯罪人的特殊人格，视角过于单一与静态，缺乏以宏观性的、整个社会为

---

[1] [英]韦恩·莫里森：《理论犯罪学：从现代到后现代》，刘仁文等译，法律出版社2004年版，第298页。

背景的互动性思考,尤其是其越来越难以适应由工业化发展带来的人际社会关系网络的大面积断裂、刷新、连接与整合,使其无法为复杂的工业化社会以及随后的信息化社会中的犯罪成因提供更加深刻的见解。

(二)犯罪标签理论的核心:再犯罪形成于由犯罪"标签"导致的社会互动

犯罪标签理论是关于再犯罪何以产生的理论,它以一种新的过程化、互动性视角,对再犯罪的产生进行了不同于以往的阐释。它与过往的古典主义犯罪学、实证主义犯罪学理论的最大区别在于它以动态视角检视犯罪的形成过程,注重犯罪形成过程中的社会互动:再犯罪的产生源于本已回归社会的犯罪人被继续贴上犯罪的标签,并因背负这一负面标签而在社会互动过程中无法正常融入社会进而再次犯罪。最终,原本意在控制犯罪产生的标签恰恰制造了犯罪。这是一种带有反讽性甚至宿命性的理论。

对犯罪行为和犯罪人进行否定性的规范评价和非规范评价,长期以来一直被视为社会控制的有效手段。在很多情形下,对公众形成威慑和给犯罪人带来痛苦的并非"刑罚之苦",而是确定犯罪人身份后引发的社会外部评价,这一点在轻罪中表现得更为明显。[1]然而,犯罪标签理论揭示了此类否定性评价本身带有较强的"犯罪成因"作用,具有催生犯罪的可能。部分学者如美国西北大学教授霍华德·S. 贝克尔(Howard Saul Becker)甚至提出,犯罪标签效应是犯罪产生的主要成因和必要条件。[2]从这种动态的社会互动视角观察,犯罪不再只是基于某种实体的、

---

[1] 参见[美]乔治·B. 沃尔德等:《理论犯罪学》,方鹏译,中国政法大学2005年版,第270页。

[2] 参见吴宗宪:《西方犯罪学》,法律出版社2006年版,第399页。

静态的、必然的、单向度的结果,而是一场关于规制与控制、压制与躁动的社会互动过程,其中充斥着对参与者的界定、塑造与再塑造。犯罪标签理论最早的提出者弗兰克·塔嫩鲍姆(Frank Tannenbaum)将给犯罪人贴上犯罪标签的行为称为"罪恶的戏剧化":"制造犯罪的过程,是一个标记、定义、确认、分离、描述、强调、制造意识的和自我意识的过程;它成为刺激、建议、强调、唤起他们被抱怨的性格的途径。"[1]

二、理论基础:符号互动论与自我图像理论

按照知识谱系的发展,犯罪标签理论是符号互动论的延伸,并明显受到了乔治·赫伯特·米德(George Hebert Mead)的自我图像理论的影响。

(一) 符号互动论

符号互动论被称为"社会行为主义",它关注的是个体行为互动的社会意义。根据符号互动论的观点,社会是互动而非建构的产物。一切事物并不具有先天的、自然的意义或价值,所有这些都是后天人们所赋予的。而这种意义正是通过社会个体之间的互动形成的。所谓符号,能够指代人类各种具有特定意义的事物,如语言、文字、行为或者关系。它并不指向某种客观的、物质化的具体事物,其意义也不在于该事物本身所直接呈现出的特定意义,而是一种象征性意义。换言之,符号是一种被社会群体所普遍接受、共同使用的意义事物。在互动过程中,符号作为基本单元构成了社会互动的基础,符号在互动过程中起着意义生成和价值再造的作用。任何事物乃至行为本身都可以被化约为某种符号。一旦成为某种符号,这种符号便会

---

[1] [英]韦恩·莫里森:《理论犯罪学:从现代到后现代》,刘仁文等译,法律出版社2004年版,第300页。

脱离本体而独自存在于社会之中，并独立地作用于社会互动中的各个主体。[1]人们的表意行为都是通过对各种符号的接收、理解与传递进行的。

（二）米德的自我图像理论

根据米德的自我图像理论，自我也不是社会建构的产物，而是一个社会互动的过程。仅仅通过一种结构化的图像来单向地理解自我，忽视了自我塑造过程中的反射性：社会对于自我的塑造，以及互动过程中对于自我的不断重塑。[2]人不是单向、被动地接受各种命定的结果，而是通过自身与社会的互动积极改造着自身。同时，社会像是一堵墙壁，不断地反射主体的行为效果，进而从另一个渠道塑造着主体自身。"人类的行为不能仅仅被视为是个人所接受的各种决定性因素的产物，相反，它把人本身看成是一个活动的有机体，他或她面对其目标，并处理其目的，朝向其目标行动。"[3]根据犯罪标签理论的假设，尽管犯罪人的刑罚已经执行完毕并重新回归社会，但过往的犯罪经历不可能被消除，而是继续被贴上犯罪的标签，受到"污名化"对待。这种犯罪标签的存在使得犯罪人不仅对自我认同产生影响乃至异化，认为自己不属于社会正常分子，而且社会上的普通人对犯罪标签的鄙夷、憎恨、排斥或者恐惧又大大加深了犯罪人的这种自我认同。一旦犯罪人发自内心地认同了自身被打上的犯罪标签，无论是被迫还是主动追求，本已回归社会的犯罪人均必将重新成为潜在的犯罪人。在这一宿命性的悲剧

---

[1] 参见赵万里、李路彬：《情境知识与社会互动——符号互动论的知识社会学思想评析》，载《科学技术哲学研究》2009年第5期，第90页。

[2] 参见周晓虹：《学术传统的延续与断裂——以社会学中的符号互动论为例》，载《社会科学》2004年第12期，第65页。

[3] [英]韦恩·莫里森：《理论犯罪学：从现代到后现代》，刘仁文等译，法律出版社2004年版，第298页。

中，正是由于犯罪标签这一符号的存在以及被不断放大，使得犯罪人在与社会的互动过程中不断重塑自身，其中既有自身的被迫认同，也有来自社会的强加赋予。

三、理论延伸："自我预言的实现"

"自我预言的实现"这一理论最初是由社会学家罗伯特·K.默顿提出的。该理论旨在表明，所谓的"预言"并不存在；并不是"预言"决定了结果的发生，并证明了"预言"自身的存在。相反，是"预言的存在和必将发生"这一"信念"本身，使得人们认为结果将会发生，并基于这一确定的"信念"，将原本根本未曾发生也无从得证未来能否发生的"预言"在自己内心深处置换成了"结果"，进而据此调整、修正自身的行为与判断，朝着促成结果发生、"预言"实现的方向发展。"初始时的一个虚假的情境定义，由于引发了新的足以影响情境状态的行动，因而使原来被虚假定义的情境变成了真实的。"[1]

（一）"自我预言的实现"之两种形式：通过集体行动与通过个体行动

"自我预言的实现"理论在许多方面都得到了印证。默顿本人以美国1930年经济大萧条时期一家倒闭的银行为例来说明这一理论。在经济大萧条时期，有一家经营正常并无任何风险隐患的银行。偶然的一个原因使得其门前出现了较多人来此提款取现。这一现象本身不能说明任何问题，在寻常时期也不会引起任何惊扰。但在经济大萧条这样一个经济敏感时期，任何风吹草动都会被捕风捉影。由于来这家银行提款的人较多，人

---

[1] 刘世定：《危机传导的社会机制》，载《社会学研究》2009年第2期，第29页。

们依据这一现象在内心产生了一个确信：这家银行必然经营状况糟糕，甚至即将面临倒闭。于是，越来越多的人来这家银行提款，而这只会导致提款的人更多。这使得整个事态陷入了一个难以解释的、自我强化的恶性循环之中。最后的结果只能是这家银行因付出大量的现款而面临倒闭。这反过来恰好印证了人们当初的"确信"：这家银行即将倒闭。但实际上，并不是"这家银行将要倒闭"这一"预言"决定了"这家银行真的倒闭了"这一结果的发生，而是人们心中对"这家银行将要倒闭"的"确信"影响了集体的行为与判断，并促使人们实施一系列行动去推动"这家银行真的倒闭了"这一结果的发生。

除去"预言通过集体行动自我实现"的情形外，现实中还存在着"预言通过个人行动自我实现"的情形。莎士比亚的名著《麦克白》是最为经典的例子。麦克白本为一名英勇的苏格兰将军，在偶然一次得胜归来时遇到了三位女巫，这三位女巫给了他三个预言：麦克白会成为考特爵士；麦克白会成为苏格兰国王；麦克白的副官班柯的后人会成为国王。麦克白对此将信将疑。由于打了胜仗，麦克白受到国王的封赏，恰巧当时的考特公爵去世且无子嗣，国王便将考特公爵的封号授予了他。自此，第一个预言应验。麦克白的夫人是个利欲熏心、富有野心之人。她见到预言似乎是真的，便极其渴望麦克白能够成为国王，那样自己将会成为万人敬仰的王后。于是，她极力劝说麦克白趁宴会酒醉正酣、国王无人看护之时，趁机杀掉国王，取而代之。麦克白也梦想着成为国王，而女巫的预言也给了他极大的信心，点燃了他内心的欲望之火，相信自己会成为女巫预言中的那个国王。于是，二人趁夜色将国王杀掉，并成功篡权。自此，第二个预言得到了应验。

第三章　现代社会的理性化征服及其悖论：当代中国犯罪记录制度分析

在两个预言分别成真后，麦克白开始对第三个预言忧心忡忡，担心自己的副官班柯会如预言所言背叛自己并成为新的国王。于是，麦克白下定决心派人除掉班柯。尽管杀手成功将班柯杀死，但班柯的孩子却侥幸逃脱。而杀手由于害怕麦克白怪罪自己没能斩草除根，于是便在回报麦克白之时谎称自己已将班柯及其后人屠戮殆尽。尽管如此，麦克白由于做了亏心事，内心仍然难以平静，惶恐忧虑不安，于是再次向女巫求取预言。这次女巫又给了麦克白三个预言，分别是：当心苏格兰国王的侍从麦克德夫；任何被女人赋予生命的人都不能伤害你；只有勃南森林向你移动时你才会失败。得到了这三个预言后，麦克白大喜，自觉无人能够伤得了自己，自己也不会失败。

与此同时，已故苏格兰国王的后人以及由麦克德夫率领的反抗军杀向麦克白所在的都城。反抗军行至距离都城不远的勃南森林附近时，为了隐匿军队的行踪，纷纷将树枝砍断拿在手中，以此遮掩。从远处看，这就像是不断缓慢移动的森林。最终，反抗军兵临城下，开始攻城。两军交战，麦克白和麦克德夫展开对决。麦克白狂妄地向麦克德夫叫嚣道自己是不死的，因为只有不是女人所生的人才能杀掉自己。结果麦克德夫大喜，因为他是剖宫产所生。最终，麦克德夫手刃了麦克白。《麦克白》充满了对所谓预言的误信、误读与误解的反复循环。[1]我们难以判断，到底是预言直接"决定"了这一切，还是预言诱发了人心的罪恶，从而间接地"促成"了这一切。

（二）犯罪标签的"自我预言的实现"效果

犯罪记录的标签效果也是如此。从被贴上犯罪标签的那一刻开始，犯罪人对自己的认识便发生了改变，其只能接受自己

---

[1] 参见郭雯：《伦理悲剧中的预言与犯罪：重读〈麦克白〉》，载《外国文学研究》2017年第2期，第31页。

是犯罪人的这一事实。即便想抗争，来自国家的规范性评价与社会的非规范性评价，甚至来自普通人躲闪的眼神、冷嘲热讽、窃窃私语也会像是沉重枷锁与无形镣铐，使犯罪人不得不接受这一命定的安排。随着受到越来越多的来自国家和社会的不利评价与种种限制，其会逐渐对自己的犯罪人身份产生认同感，在其中获得某种程度的自我认同。最终，其会被迫喊出："既然你们都把我当作是罪犯，那我就真成为罪犯让你们好看！"于是，"自我实现的预言"再次得到了应验。犯罪记录制度本欲实现的犯罪预防效果不仅会落空，反而会催生新的犯罪。

任何理论都有其适用边界，犯罪标签理论也是如此。它长于以"外部的社会互动视角"来解释"再犯罪的产生问题"，但这两点也恰恰构成了其理论上的边界。

一方面，"外部的社会互动视角"意味着对于犯罪人内心的自我层面缺乏观照。犯罪标签理论在探讨再犯罪何以产生之时，着眼于外在的社会层面基于犯罪标签给犯罪人施加的社会压力以及犯罪人对此的回应，强调的是外在的社会互动过程，但却忽视了犯罪标签对于犯罪人自身所形成的一种心理上自我禁锢式的规训作用，这样一种自我规训不需要借助外部的社会互动即可实现，却会对犯罪人能否真正回归社会产生深远影响。

另一方面，"再犯罪的产生问题"使得对于犯罪人回归社会后的权利保护重视不足。犯罪标签理论从社会机制的角度来解释再犯罪为何难以禁止，强调的是犯罪层面，也旨在预防再犯罪。但是，对于犯罪人回归社会后所遭受的不公正对待与污名化遭遇，这些问题只是附属于犯罪标签理论对于再犯罪何以发生的解释机制的一环，犯罪标签理论只是以一种中性的视角加以看待，并不做价值评判，仅是为了展示这一机制的运作过程。因此，这使得该理论忽视了以犯罪人权利保护的视角，来审视

第三章 现代社会的理性化征服及其悖论：当代中国犯罪记录制度分析

犯罪记录制度实际所起到的作用与其本应发挥的功能。

对此，需要进行视角的转换。通过引入社会学的视角，将犯罪记录从一个犯罪学的"再犯罪的产生"之问题，上升为社会学"人的存在"这一更加宏观的命题，才有可能真正对我国犯罪记录制度展开深入的剖析。

第二节　作为一个社会学问题的犯罪记录：从犯罪学"犯罪的产生"到社会学"人的存在"

福柯在其著作《规训与惩罚》中透过对刑罚史的变迁、监狱的诞生以及现代规训社会出现的精辟分析，引入了观察社会的全新视角：权力—知识—身体。这三者也构成了贯穿全书的核心概念。

一方面，权力与身体之间形成了一种关于权力的"微观物理学"。权力以一种"渗透到毛细血管"的形式全面而细致地介入每一具身体。自此，每一具身体就成了权力的施展场所与争夺对象。在此，权力与身体形成了单向度的主体与客体关系、支配与被支配关系。但是，"权力是通过个人而运作而并非以其运作反对个人，权力构建了个人，同时个人又是权力的载体和传送者"。[1]权力之所以指向"身体"，而非人的"灵魂"，乃是因为"身体"构成了对人控制的"最后一步"。只有影响到人的行为，控制的目的才算最终达成。终极的控制并不要求被控制者心悦诚服地接受，而只需要他们潜移默化地遵从。不加思考，无需意识，纯粹基于身体本能的反应，这就是一具理想的"驯顺的肉体"。

---

[1] 苏力：《福柯的刑罚史研究及对法学的贡献》，载《比较法研究》1993年第2期，第176页。

另一方面，权力与知识之间形成了紧密的"权力—知识"共生现象：权力促使知识产生，为知识的出现提供了需求；而知识则会塑造权力，甚至知识本身就是一种权力。权力对身体的全面而细致的介入需依赖特定的知识，或者说是技术。在此，权力与知识相伴相生、互相捆绑、相互推动，权力不再是对知识与真理的排除和限制性因素，而是成了知识与真理的塑造者与关键性支撑；知识则不仅为权力提供技术性帮助，因为"任何权力的行使，都离不开知识的汲取、占有、分配和保留"，[1]而且知识的界定、认定、接受、传播与积累也使得知识本身成了一种形式的权力。

犯罪记录制度以及围绕在犯罪记录制度周围的话语实践也体现了"权力—知识—身体"这一逻辑。如前所述，犯罪预防与权利保护两种理念的冲突造成权力与权利之间的利益失衡实质上是由理性所推动的不断加深的社会控制的必然结果。犯罪记录制度自身所蕴含的矛盾与冲突所呈现的国家工具与个人权利二者之间的张力，从宏观上看，是由以不断加深的社会控制为结果的现代性所致，是现代性过程中理性的潜力不断被释放并被作为社会控制工具的必然宿命。

一、断裂与枷锁：重塑社会关系的纽带

社会学对于"身份"概念的阐释，及其对于个人存在意义的揭示，表明了人是各种社会关系叠加的产物，是各种后天形成的社会关系塑造了每个独特的个体。而"身份"概念正是这些不同社会关系下的核心要素，把握了"身份"概念，就能从中洞悉所属社会关系的结构；"身份"概念指向的社会关系隐含

---

[1] 参见刘北成编著：《福柯思想肖像》，中国人民大学出版社2012年版，第196页。

第三章 现代社会的理性化征服及其悖论：当代中国犯罪记录制度分析

着与之相应的不同社会规范，正是这些从属于特定社会关系的社会规范构成了不同的社会关系类型。犯罪行为会打破原有的社会关系，并产生一种新的社会关系：犯罪关系。它不仅表明了犯罪人与特定被害人的关系，还包括犯罪人与国家的关系，以及犯罪人与社会的关系，其中暗含了"犯罪"与"刑罚""刑罚"与"责任"等事项。在这种犯罪关系中，"犯罪人"身份无疑是其核心，所有的关系与要素都是围绕其产生与展开的。同时，"犯罪人"这种带有负面性的、破坏性的身份将会使犯罪记录者在刑罚执行完毕、回归社会之后，仍然使犯罪人背负着罪名，承受其带来的压力与不便。而犯罪记录制度的存在将会无限放大并永久固化这一身份，使得犯罪记录者的权利受到不应有的、无期限的限制。

（一）社会中的个人：身份的集合

人生活在社会之中，每个人都是自己社会关系网的节点与中心，正是这些社会关系网编织出了每个人独特的一生。而在每段社会关系网中，我们都拥有不同的"身份"。身份的多元性与重叠性源于社会关系的复杂性。"在我们的生活中，我们每个人在不同的环境中都拥有不同的身份，这些身份源自我们的背景、社会联系以及社会活动。"[1]在身份与社会关系的关系中，身份本身并非一个实体性概念，而仅仅只是一个"代号"，代指其所从属的那一类社会关系；是社会关系而非身份造就了个人。同时，身份也意味着现实世界中的某个社会"位置"。"被赋予一个身份，就被指派到了世界中的某个具体位置上。"[2]对于同

---

[1] [印] 阿马蒂亚·森：《身份与暴力：命运的幻象》，李风华等译，中国人民大学出版社2014年版，第19页。

[2] [美] 彼得·L. 伯格、托马斯·卢克曼：《现实的社会建构：知识社会学论纲》，吴肃然译，北京大学出版社2019年版，第165页。

一个人，在其身上可能有多重甚至是互相矛盾的身份，如男性、中国人、教师、孩子、严父、自由主义、反同性恋者、无神论者、素食主义者等。但是，"身份"概念往往又是揭示这些社会关系的关键，把握了"身份"概念，就能从中洞悉所属社会关系的结构。每一个身份下都隐藏了不同的社会关系以及相应的社会规范，如"教师"身份就暗含了与"学生"之间的社会关系，以及由此而生的一系列社会规范；"孩子"这一身份，又指向了与"父母"之间的社会关系，以及与此相伴的各种社会规范。前述两种属于纵向的社会关系，即其社会互动依照"支配—服从"模式展开（但强度有别），除此之外还有横向的社会关系以及相应的社会身份，如"男性""中国人""素食主义者"。

（二）被永久化了的"破坏性"身份：犯罪记录

但在这些正向的、正常的社会关系之外，还存在一种"破坏性"的身份，这种身份不仅本身具有负面性，还会侵蚀乃至破坏主体其他原本正常的社会关系。"犯罪人"身份无疑就是一种具有破坏性的身份。而使"犯罪人"身份得以永久化并时刻处于可查知、可确认状态的则是当代的犯罪记录制度。从犯罪人权利保护的视角出发，犯罪人在刑罚执行完毕后仍继续承担的污名化遭遇与不公正对待在很大程度上源于犯罪记录的存在。正是犯罪人所实施的犯罪行为、被判处刑罚的事实以及在刑罚执行完毕后终其一生所背负的犯罪记录彻底改变并重塑了以犯罪人为中心的社会关系：曾经稳固而又正常的社会关系被打破，建立在犯罪、刑罚与犯罪记录基础上的新的社会关系被强加赋予。这既是一个甜蜜的温情被斩断的过程，也是一个自由人被套上枷锁在社会中被"自由的囚禁"的过程。这是传统的包括犯罪标签理论在内的犯罪学所忽视的问题，也是致力于揭示并

第三章 现代社会的理性化征服及其悖论：当代中国犯罪记录制度分析

解释特定社会制度下人的存在的社会学所要积极面对的问题。

二、"全景敞视监狱"：自我规训的工具

全景敞视监狱，最初是由英国功利主义思想家边沁发明的一种用于追求高效率监管的监狱形式（Panoption）。之后，法国哲学家福柯将其作为一种隐喻，并抽象化为"全景敞视主义"命题，以此来阐述当代社会无处不在的、已经"渗透到毛细血管"的权力运作机制，以及一个即将到来的"规训社会"。

图3-1 20世纪美国Stateville教养院

（一）从边沁到福柯，从犯罪学到社会学

英国功利主义思想家边沁鉴于当时的监狱看管犯人的低效与无力，提出了一种监狱改革方案，主张通过对监狱进行一种结构上的调整，使关押犯人的牢房按照圆形四周环绕、层层排开，看管人员居于中心可以环视所有牢房，以此形成一种"一人居中，万人得现"的空间结构上的监视与被监视状态，进而

对犯人进行一种心理上的压迫与控制，使得犯人始终处于一种被监视的状态，规训机制就此自动产生效果。这种全景敞视监狱取代了传统阴暗、封闭与孤立的监狱模式，代之以"局部可见""相对开放"与"单向连接"的新型结构："局部可见"意味着犯人不再处于被黑暗包裹、隐藏、保护的状态，其行为举动皆无所遁形，"充分的光线和监视者的注视比黑暗更能有效地捕捉囚禁者，因为黑暗说到底是保证被囚禁者的"[1]；"相对开放"意味着，关押犯人的牢房处于半开放状态，犯人的一举一动始终处于监管人员可能的注视之下，一种无形的压力油然而生；"单向连接"则意味着，这里只存在一种监视与被监视的状态，监视的相互性被一种建立在权力不均衡性基础之上的新型控制关系所取代，犯人永远处于监管人员可能的监视之下，且犯人无法知悉监管人员的实际情况，这会使得一种心理上的压迫感与随时被监视的感觉始终萦绕在犯人心中。此时，即便没有监管人员，犯人也难以轻松自在。一言以蔽之，这是一个从机械运作的物理监视到自动运行的心理控制的过程。同时，这种基于权力的不均衡性产生的"单向连接"还进一步导致了监视对象的"客观化"的形成与"专家"的出现。[2]

法国哲学家福柯在其名著《规训与惩罚》中集中探讨了现代规训社会的新技术：监狱的诞生。其认为，透过监狱的产生与运作，可以窥见权力在整个社会的运行机制。福柯首先考察了历史上的三种惩罚模式：封建王权时期的酷刑制度、古典时期启蒙思想家倡导的刑罚人道主义改革，以及体现现代社会规

---

[1] [法]米歇尔·福柯：《规训与惩罚》（修订译本第4版），刘北成、杨远婴译，生活·读书·新知三联书店2012年版，第225页。

[2] 参见[英]齐格蒙·鲍曼：《立法者与阐释者：论现代性、后现代性与知识分子》，洪涛译，上海人民出版社2000年版，第62~63页。

第三章　现代社会的理性化征服及其悖论：当代中国犯罪记录制度分析

训技术的监狱和规范化监视。福柯进一步认为，三种惩罚模式的更替并不是历史进步、人道主义获胜的结果，而是社会发展的断裂，是权力控制技术的一次次迭代升级。首先，酷刑是一种残酷但不野蛮的理性技术。酷刑的背后有着司法目的、政治考量和具体的技术性规范，而非仅是王权的肆意妄为与野蛮任性。其次，近代刑法的改革虽然打着"人道主义"的旗号，但改革的种种举措皆与人道主义无关。"刑法改革产生于反对君主的至上权力的斗争与反对司空见惯的非法活动的地下权力的斗争的汇合处。"[1]最后，改革的结果最终是使得监狱异军突起，成为主要的惩罚形式。而监狱之所以能够成为现代社会主要的惩罚形式，是因为作为一种权力控制技术的规训的出现。规训技术的更迭经历了从"他者规训"到"自我规训"的过程。17世纪瘟疫的爆发导致了"隔离"技术的出现，对城市、特定地区或是个人实行封锁与隔离，使得城市分化为社会"隔离区"与"正常区"，"被隔离者"与"正常者"。社会"隔离区"的关键不在于社会的二元分化，而在于在隔离过程中对被隔离者实行规训，即有组织的监视与控制。此时的规训技术表现为权力的大规模行使，权力以一种可见的状态调动社会各个组成部分应对特定事项，因此是一种运动式的权力行使。在这一过程中，依靠的是权力本身对社会各个部分的监视与控制，因而是一种"他者规训"。一个半世纪后，边沁发明的全景敞视监狱则代表了规训技术的一次进化，它不再依靠运动式的、狂风暴雨般的权力倾轧，而是悄然无声的、日常化的、自动运作的心理控制技术。一种机械运作的、以特定权力为中心行使的、大规模运动式的规训被一种去中心化的、自发运作的、不依赖人而

---

[1] [法]米歇尔·福柯：《规训与惩罚》（修订译本第4版），刘北成、杨远婴译，生活·读书·新知三联书店2012年版，第97页。

只依靠特定制度结构的、强调心理性控制的自我规训所取代。"这样一种机制自然产生出权力效应。无须使用暴力就能使囚徒俯首帖耳。"[1]自此，福柯将监狱（尤其是边沁所创造的全景敞视监狱）作为体现现代社会权力控制与规训技术的一个象征，并以"全景敞视主义"来解释现代社会的运作机制——自我规训。

（二）犯罪记录的自我规训机制

犯罪记录在一定程度上也体现着自我规训的真谛——权力自动化运作下的心理控制。不是依靠国家主导的、有限的、有形的刑罚制裁，甚至也不依靠刑罚执行完毕后、犯罪人回归社会之时受到的种种冷漠与排斥，而仅仅是依靠犯罪人身份的存在，以及以此为基础构建的一系列包括犯罪记录制度、失信被执行人制度、户口迁移制度、升学制度、政审制度在内的信息采集与利用制度。甚至连一份含有有无犯罪前科的银行借款单或是出国护照申请表都会一次次地提醒犯罪人，自己始终处于监视之下，进而对其形成一种心理控制：自己是谁、自己不能成为谁、自己应当如何做、自己不得如何做……自我规训的效果就此达成。其对自己的犯罪人身份没有任何的主观抵抗，对其自身、对其周遭的人、对对其施加社会排斥与限制的人，乃至对整个社会共同体来说，其就是其应是的那种人。即便其愤怒、无助，想要去抗争，也只能佐证其品行的低劣与对其采取的限制与排斥的必要、正当。[2]

在这里，权力不再呈现为一种僵硬、沉重的压制因素，"它

---

[1] 参见刘北成编著：《福柯思想肖像》，中国人民大学出版社2012年版，第218页。

[2] 参见［美］彼得·L. 伯格、托马斯·卢克曼：《现实的社会建构：知识社会学纲》，吴肃然译，北京大学出版社2019年版，第159页。

使权力自动化和非个性化。权力不再体现在某个人身上,而是体现在对于肉体、表面、光线和注视的某种协调分配上,体现在一种安排上"。[1]一言以蔽之,犯罪记录制度的存在本身就是对犯罪人的一种无形规训。如果在过去由于对信息的利用不够而使得犯罪记录制度的规训功能尚未彻底显现,那么在现代这个以信息为基本生产要素、以"信息产出—信息利用"为基本生产方式的信息社会,犯罪记录这一信息无疑会被无限放大,犯罪人所承受的自我规训力度也会无以复加。

第三节 当代中国犯罪记录制度分析:变异的制度与控制的文化

如前所述,当下我国犯罪记录制度的问题在于过度强调犯罪记录的国家工具属性,犯罪预防的功能占据主导甚至支配地位,保护犯罪人权利功能受到全面压制,二者之间不仅呈现出静态的对立冲突格局,更表现为权力对权利的单方面压制与削弱,二者之间的利益平衡被完全打破。基于犯罪记录的前科规范所形成的针对犯罪人的权利剥夺的程度,几乎已经与实质的刑罚无异,对被判处缓刑、拘役等较轻犯罪的犯罪主体来说,其所承受的来自前科规范的种种限制与权利剥夺甚至可能还要重于刑罚所造成的痛苦。因此,可以毫不夸张地说,犯罪记录实质上已成为基于先前犯罪行为而施加的"二次惩罚机制",并且是一种隐蔽的、难以被察觉的但却具有永久性的惩罚。

此外,犯罪记录制度还有着"潜在的有罪推定"之嫌。现代的刑事诉讼法普遍推行"无罪推定"原则。根据该原则,任

---

[1] [法]米歇尔·福柯:《规训与惩罚》(修订译本第4版),刘北成、杨远婴译,生活·读书·新知三联书店2012年版,第226~227页。

何人在被法院确定地判处有罪之前，在法律意义上都应当被推定为无罪，并基于此享有充分而完整的公民权利。我国现行《刑事诉讼法》第12条也规定："未经人民法院依法判决，对任何人都不得确定有罪。"然而，当下针对有犯罪记录者所设置的各种禁止性与限制性前科规范，怎么看都像是在有罪推定思维指导下的做法。所有具有犯罪记录者都被推定为可能在各种领域（包括从事公务员、律师、公司的董事、监事、高级管理人员等）具有潜在的危险，无一例外地需要经受各种限制，或是干脆禁止进入特定领域、从事特定职业。

有人可能会辩称，这些做法是基于犯罪记录的犯罪预防功能所设置的必要措施。如前所述，我国刑罚制裁模式在运行机制上具有两个特征：一是"理论化裁量"；二是"动机型预防"。由于是基于理论化的裁量仅仅满足于教条式的机械应用、公式化的刑罚幅度的增减升降，因此司法机关很难预测每个具体的犯罪人到底应当被处以多少刑罚、判处的刑罚是否确实起到了惩罚（尤其是预防犯罪）的效果。这种预防实际上是借助刑罚的惩罚而对犯罪人进行或者消极威吓或者积极守法的"动机型预防"，旨在通过消除犯罪人再次犯罪的动机而达到预防犯罪的目的。这就意味着对犯罪人施加的动机刺激能否产生效果并不单纯取决于刑罚的规定及其严厉程度，反而更多地取决于犯罪人本人，即犯罪人是否接受刑罚的消极"规训"或积极"感化"。这使得犯罪预防的效果始终处于模糊不定的状态。因此，以"理论化裁量"与"动机型预防"构建起来的刑罚模式在强调社会安定与预防犯罪的当代社会显得越发地捉襟见肘。于是才需要包括犯罪记录制度、累犯制度、预防性监禁制度在内的再犯罪预防体系予以弥补。

然而，过度的预防将会滑向控制的边缘。对社会整体安全

第三章　现代社会的理性化征服及其悖论：当代中国犯罪记录制度分析

的过分强调将会扼杀每个个体的自由空间。最终所得到的秩序与安全也仅仅是建立在噤若寒蝉、吹弹即破的虚假幻象之上的。我国当代犯罪记录制度在整体上呈现出"过于强调安全与秩序，过于忽视犯罪人权利保护"的畸形状态，这表现在以下三方面。

一、目的的置换：从"预防"步入"控制"

如前所述，犯罪记录制度设立的初衷乃是基于刑法的预防目的。消极的一般预防侧重于刑法的威慑功能；积极的一般预防则强调刑法的目的在于强化国民对法秩序的认同与遵守；特殊预防则是针对犯罪人个人所进行的预防。但是，伴随着风险社会的来临，国家对危机的管控史无前例地增强，使得原本的预防目的发生了扩张乃至变异。当代需要的是更加精细的司法制度和对社会进行更加周密的刑法测定。这就要求更早地介入犯罪、更全面地审视犯罪、更彻底地控制犯罪人。而将曾经犯过罪的这些所谓的"不安定因素"驱逐出社会，或者虽然不驱逐出社会但将他们安置在一个可掌控的领域内，以便将不可控因素转化为可控因素，并尽可能地减小可能出现的危害，就成了当代刑罚制度乃至整个社会制度的现实选择。

（一）单纯的惩罚难以满足当代社会的预防需要

在全球风险社会与信息社会来临的时代，对风险的提前管控与预防，对安全问题的格外关注与强烈诉求，都是现有以刑罚为制度载体的事后惩罚思维所难以解决的。传统的刑罚惩罚模式只是回答了对过去的犯罪行为进行归责的责任承担问题，[1]但对可能存在的风险进行提前性预防以更加周全地保护法益则无能为

---

[1] 参见许玉秀：《当代刑法思潮》，中国民主法制出版社2005年版，第390页。

力。在传统的事后惩罚式的刑罚适用下,对犯罪人的量刑只是格式化流水作业的一部分,并没有在应判处刑罚范围内、出于预防再次犯罪的目的对犯罪人的实际刑罚进行基于责任刑与预防刑的双重思考;也没有从再犯罪预防的视角评估刑罚执行完毕后、犯罪人即将重回社会之时,其社会危险性是否业已消除,刑罚的适用是否收获了应有效果;更没有针对刑罚执行完毕但仍存在高度社会危险性的犯罪人采取进一步的补强刑罚预防效果的制度安排。由于不考虑刑罚适用的实际需要,导致判处的刑罚往往仅能满足惩罚的目的,不能实现预防的效能;由于不关心刑罚适用的实际效果,造成刑罚执行完毕后对犯罪人的社会危险性缺乏相应的评估机制;由于不重视刑罚适用后的阶段,仅满足于刑罚的例行适用,使得有必要继续对其采取预防措施的犯罪人可以不受约束。这些在现有制度下无解的问题都迫使目前的刑罚制度必须进行根本性的转向。

无论刑罚理论如何赋予我国刑罚制度以特定功能或是解释其内含的制度机理,无论是惩罚与预防的二元论,抑或是彻底的预防一元论,在缺乏具体、实际的预防性制度安排,在仅仅满足于刑罚例行适用而不考虑执行完毕后犯罪人实际状况的前提下,通过刑罚惩罚实现犯罪预防的这一设想更多地只能停留在理论层面,仅具有象征意义,难以通过具体的制度予以贯彻落实。而在这个全球风险社会与信息社会来临的时代,对风险的提前管控与预防、对安全问题的格外关注与强烈诉求都是现有以刑罚制度为载体的事后惩罚思维所难以解决但又必须回应的问题。因此,我们应将预防理念注入目前的刑罚制度,填补缺失的犯罪预防理念,平衡单向的事后惩罚思维,更重要的是通过具体的制度安排将这一理念予以现实化,使承载着再犯罪预防理念的制度能够切实发挥其预防功效。最终,使"惩罚必

第三章　现代社会的理性化征服及其悖论：当代中国犯罪记录制度分析

须是属于事前被合法确定的"[1]这种事后惩罚式的单向被动思维，向着"管理不安全性的风险控制工具，并受到社会公共政策的外部策动"[2]这样一种基于预防目的适度提前的预防性思维转变，进而形成拥有现实的制度载体，得以实际贯彻的"惩罚+预防"双向思维。

(二) 当前的刑罚模式难以有效预防犯罪

虽然我国主流刑法理论对刑罚目的一直秉持着"惩罚与预防相结合"的二元论立场，但这种二元论刑罚模式下的预防机制实质上是一种以惩罚代替预防的"动机型预防"，旨在通过消除犯罪人再次犯罪的动机而实现预防犯罪的目的。这种"寄希望于"犯罪人不去再次犯罪的做法能否实现在很大程度上取决于犯罪人本人是否接受刑罚规训。这就使得本应严肃且对社会担负责任的刑罚在预防犯罪的效果上始终处于难以确知的状态。尤其是对于高风险犯罪和瘾癖性犯罪而言，这种预防能够起到多大程度的效果，令人怀疑。"刑罚存在的刺激并不必然产生人们的畏惧。再加上，相同的动机也并不必然会有相类似的行为反应，所以事实上，对于刑罚畏惧的结果也并不必然是对于犯罪行为的回避。因此，认为刑罚的存在必然可以有预防犯罪的功能，想法可能过于单纯。"[3]

采取刑事制裁"双轨制"的国家通常是将预防（尤其是特殊预防）功能交由保安处分承担，通过保安处分实现积极犯

---

[1] [德] 乌尔斯·金德霍伊泽尔:《安全刑法：风险社会的刑法危险》，刘国良编译，载《马克思主义与现实》2005 年第 3 期，第 39 页。
[2] 劳东燕:《公共政策与风险社会的刑法》，载《中国社会科学》2007 年第 3 期，第 129~136 页。
[3] 黄荣坚:《基础刑法学》，元照出版有限公司 2012 年版，第 31 页。

预防的功能，[1]如德国的保安监禁制度。刑罚则是作为惩罚与一般预防的工具。而采取刑事制裁"单轨制"的国家往往也会采取类似的预防性措施，如前述比利时刑法规定的法院处分制度。

反观我国，尽管在刑法之内规定了从业禁止和禁止令这两项实质意义上的保安处分制度，并由此形成了"隐性双轨制"；[2]尽管在《刑法》之外的《反恐怖主义法》中规定了具有保安处分性质的安置教育制度，[3]但是前者不仅保安处分性质本身仍存有争议，[4]而且制度架构的局限使得其适用范围明显偏窄、偏轻：从业禁止的适用范围仅限于因利用或违背职业义务而构成的犯罪，难以涵盖绝大部分高风险犯罪；禁止令则针对的是已经没有太大社会危险性的犯罪人，没能顾及具有高度社会危险性的犯罪人的预防问题。后者则由于独立于刑事法体系之外，且仅针对恐怖活动、极端主义犯罪，而并未能对现有刑罚体系产生影响。因此，部分具有保安处分性质的立法规定并不能扭转我国刑事制裁体系刑罚一元模式主导的局面，也不能填补现有制度下犯罪预防不足的缺憾。最重要的是，犯罪人员刑罚执行完毕后、回归社会之时的犯罪记录制度的缺失与不规范严重影响了我国刑罚的犯罪预防效果。

（三）控制：彻底的预防

在没有干预的情况下，社会的逻辑只会向着自身的需求狂

---

[1] 参见时延安：《劳动教养制度的终止与保安处分的法治化》，载《中国法学》2013年第1期，第175页。

[2] 参见时延安：《隐性双轨制：刑法中保安处分的教义学阐释》，载《法学研究》2013年第3期，第140页。

[3] 参见徐持：《〈反恐怖主义法〉中安置教育的性质辨析与制度构建》，载《法学杂志》2017年第2期，第21页。

[4] 参见童策：《刑法中从业禁止的性质及其适用》，载《华东政法大学学报》2016年第4期，第136页。

第三章 现代社会的理性化征服及其悖论：当代中国犯罪记录制度分析

飙突进，而这必然会造成社会的极端化乃至异化，对预防的强烈需求再次印证了这点。将曾经犯过罪的这些所谓的"不安定因素"驱逐出社会，或者即便不驱逐出社会但将他们安置在一个可掌控的领域内，以便将不可控因素转化为可控因素，并尽可能减小可能出现的危害，成了当代刑罚制度乃至整个社会制度的现实选择。在这样的视角下观察我们就会发现，犯罪记录制度也是这一控制架构的一环，犯罪记录制度的自我规训功能能够契合当代社会对风险预防、管控的强烈需求，而这一需求是旧有的黥刑制度和其他一系列司法制度所无法满足的。

制度的逻辑不因个人的意志而发生改变；当社会的发展需要某一制度发挥特定功能之时，社会就会假借某个个人、组织甚或是无意识的社会大众之手来创造出能够在客观上满足其需求的社会制度。黥刑制度的产生与消亡、刑罚制度的历史变迁、当代犯罪记录制度的出现，乃至未来犯罪记录制度的结构性变革，都是社会发展的逻辑结果。这并不是因为统治者或权力本身有什么缺陷或问题，而仅仅是因为权力机制出现了问题。《刑法》第 100 条规定的"前科报告制度"以及其他一系列正式、非正式的限制制度构成了当代的犯罪记录及其衍生制度，满足了权力控制的需要。犯罪记录制度原本主要是刑法上用以辅助刑罚中诸如累犯等相关制度实施的配套制度，但却在现代逐渐发展出了一套盘根错节、织密繁复的网格，将犯罪人牢牢地控制在精心构筑的牢笼之中，排除于社会之外。监狱制度与犯罪记录制度的相似之处远多于差别，两者实际上是共同服务于一个目的的、承前启后的、相互衔接的制度：先通过有形的、物理的、刑法规定的监狱制度对犯罪人进行隔离与预防，使其丧失再犯罪的可能,[1]再通过无形的、精神的、生发自社会的异化的犯罪记录进一步对有前科者进行排斥与驱逐、隔离与控制,最终实现"将隐患扼杀在摇篮中"的目的。

二、客体的更替：从"肉体"转向"信息"

在犯罪记录制度发展的过程中,其针对的客体先后经历了犯罪人的"肉体"、犯罪人的"犯罪信息"两个阶段。在中国古代的犯罪记录制度（即黥刑制度）中,统治者将犯罪人的"肉体"以及附着于其上的"人格"作为惩罚对象。其目的在于惩罚,手段则为示众。"惩罚—肉体—示众"形成了黥刑制度下的运作模式与制度逻辑。到了当代的犯罪记录制度,由于关注点开始集中于当代社会的犯罪预防与犯罪人的再犯罪问题,因此不再局限于对犯罪人肉体的惩罚与人格的羞辱。其抛弃了单纯的犯罪人的身体,转而以犯罪人的犯罪记录这一信息为对象,进而将这一信息符号化,以此来实现对犯罪人的控制与犯罪预防,并最终形成了"预防（异化为控制）—信息—隐蔽"的运作模式与制度逻辑。

（一）将"肉体"以及附着于其上的"人格"作为惩罚对象

中国古代起自夏商周三代、兴盛于宋代的刺配之法并最终消亡于清末立宪改革的黥刑制度,作为一种"类犯罪记录制度",也可谓刑罚层面的犯罪记录制度。如前所述,对于黥刑制度,我们可以从三方面加以理解,即作为"肉刑"的黥刑、作为"耻辱刑"的黥刑和作为"犯罪记录"的黥刑我国古代的犯

---

[1] 尽管理论上有观点认为包括徒刑在内的刑罚的目的在于教育与感化,但笔者认为,所谓的通过监狱进行教育、改造实际上是一种理想化的产物,犯罪人决定犯罪、是否再犯罪,基于的是一种理性的抉择与考量,而非单纯基于意识形态的知法守法。

第三章 现代社会的理性化征服及其悖论：当代中国犯罪记录制度分析

罪记录制度侧重的是肉体上的直接的、显性的惩罚与人格上的羞辱，犯罪人的肉体以及附着于其上的人格是这种犯罪记录制度的客体。

总之，在犯罪记录制度发展的第一个阶段，即中国古代的黥刑制度时期，其针对的客体是犯罪人的肉体本身，以及附着于其上的犯罪人人格。其目的在于惩罚，其手段则为示众。暴力可见的、直接针对犯罪人肉体和人格的惩罚是这一时期的犯罪记录制度（即黥刑制度）的主要特点。

（二）权力对象的符号化与预防目的的兴起

不再局限于对犯罪人肉体的惩罚与人格的羞辱，转而关注犯罪人的再犯罪问题，是当代犯罪记录制度的关键所在。它抛弃了单纯的犯罪人的身体，转而以犯罪人的犯罪记录这一信息为对象，并进而将这一信息符号化，以此来实现对犯罪人的控制与犯罪预防。在这一过程中，权力对象从有形的、有限的、无法被编码的一具具肉体格式化为一串串无形的、无限的、抽象为纯粹信息的犯罪记录；原本是作为黥刑制度下意识、附带形成的犯罪信息最终被整合、转化为国家进行社会控制的纽带与工具。犯罪人的犯罪事实一旦被化约为犯罪记录符号，这种符号就会脱离本体而独自存在于社会之中，并独立地作用于社会互动中的各方主体。尤其是犯罪记录这种具有道德意蕴的、包含负面评价的符号，极有可能受到来自社会制度、社会观念乃至人性等各方面的影响而形成隐性的"意蒂牢结"（ideology）式的权利剥夺。

当信息代替肉体，当物理性的犯罪人身体被符号化的犯罪记录所取代，通过信息机制的传播与控制将会史无前例地高效化。这种转变不仅受到了刑法预防目的转向的影响，也与整个社会愈发强烈的控制文化相关。因为，纯粹的事后惩罚无益于社会的安定有序。刑罚作为一种施加于人的痛苦,并非只是基于单纯的惩罚,它更应起到"以暴制暴"的效果,纯粹的惩罚只能满足心理上复仇的快感,但无济于已遭破坏的社会秩序,也难以避免危险再次发生。再加之单纯的惩罚往往与暴力流血相伴,非理性的惩罚目的与残酷暴力的惩罚手段的结合使得包括黥刑制度在内的古代刑罚制度终被历史淘汰。

当代刑法建立在预防目的之上,刑罚的实施以犯罪预防为导向。在全球风险社会与信息社会来临的时代,对风险的提前管控与预防、对安全问题的格外关注与强烈诉求都迫使整个社会弥漫着预防与控制的文化。[1]这似乎印证了福柯对"权力的微观物理学"的断言:"施加于肉体的权力不应被看作是一种所有权,而应被视为一种战略;它的支配效应不应被归因于'占有',而应被归因于调度、计谋、策略、技术、运作;人们应该从中破译出一个永远处于紧张状态和活动之中的关系网络,而不是读解出人们可能拥有的特权;它的模式应该是永恒的战斗,而不是进行某种交易的契约或对一块领土的政府。总之,这是一种被行使的而不是被占有的权力。"[2]

三、手段的进阶:从"示众"走向"隐蔽"

如前所述,从功能主义的角度看,我国古代的黥刑制度实际上具有了一定程度的犯罪记录意味,只不过其并非司法制度层面的,而是作为一种刑罚意义上的犯罪记录。黥刑对犯罪人面部或其他部位所进行的"标记"效果,客观上也发挥着记录、

---

[1] See David Garland, *The Culture of Control: Crime and Social Order in Contemporary Society*, Oxford University Press, 2001.

[2] [法]米歇尔·福柯:《规训与惩罚》(修订译本第4版),刘北成、杨远婴译,生活·读书·新知三联书店2012年版,第28页。

第三章　现代社会的理性化征服及其悖论：当代中国犯罪记录制度分析

标示犯罪人身份的作用。通过在犯罪人脸上黥字，显示其曾经的犯罪人身份，以这种具象化的、外显的方式记录、标示出犯罪人身份，从而预防其未来再次犯罪。因而，从这一角度出发，我们可以将黥刑理解为我国最早的犯罪记录制度。但是，随着启蒙运动掀起人文主义革命，[1]残酷与血腥的黥刑制度不再具有正当性基础，面临着退出历史舞台的命运。然而，制度的逻辑并非如此简单与单纯，对犯罪进行记录、标示的社会需求不会消失，只会以一种新的形式被其他制度所继承与代替，犯罪记录所具有的社会功能是其得以存在的正当性基础。只不过，它需要在规避有违人道的道德与法律风险、顺应当代社会的人文主义叙事的同时，转变对犯罪人的控制技术与手段，使其从"示众"走向"隐蔽"。

（一）从黥刑到犯罪记录：权力符号的隐而不显

黥刑制度是以一种显性可见的、暴力流血的、具象化的方式针对犯罪人身体的惩罚方式。尽管这一制度已被废除，但继承了黥刑制度的犯罪记录内核的、作为刑事司法制度的前科制度与犯罪记录制度却被引入了现代刑事司法制度。这是一套精致复杂的、充满技术化的、依然是针对犯罪人但却不再局限于其身体的权力运作机制，抛弃了单纯的犯罪人的身体，转而以犯罪人的犯罪记录这一信息为对象，并进而将这一信息符号化，以此来实现对犯罪人的控制与犯罪预防。作为一种公共景观的惩罚消失了，但这只是一种权力策略的调整。绞刑架、示众柱、断头台、鞭笞和裂尸刑轮等象征封建时代的酷刑制度逐渐退出了历史舞台。然而，具象化刑具的废止、示众场面的消失、肉体痛苦的消除只是表面的改变而已，惩罚不再是制造令犯人无

---

[1]　参见［以色列］尤瓦尔·赫拉利：《未来简史：从智人到智神》，林俊宏译，中信出版社2017年版，第199～211页。

法忍受的痛苦的技术,而是成了一种剥夺权利的技术。肉体的痛苦是直接和剧烈的,权利被剥夺所导致的痛苦是精神的、间接的,但却是深及灵魂的。惩罚"不再是通过公开处决中制造过度痛苦和公开羞辱的仪式游戏运用于肉体,而是运用于精神,更确切地说,运用于在一切人脑海中谨慎地但也是必然地和明显地传播着的表象和符号的游戏"。[1]

最终,这促成了一个司法克制与人道化的乌托邦:"夺走犯人的生命,但不让他有所感觉;剥夺囚犯的全部权利,但不造成痛苦;施加刑罚,但没有任何肉体痛苦。"[2]这种惩罚技术上的转变,从"示众"走向"隐蔽",消除外显的权力符号以使惩罚看起来更加人道化,实则是惩罚技术与手段的一次进阶,能够更加隐蔽而彻底地对犯罪人施加惩罚与控制,这也体现在当代的犯罪记录制度中。尽管作为刑罚的黥刑已消失在历史长河之中,但继承了黥刑的犯罪记录内核的、作为刑事司法制度的前科制度与犯罪记录制度却被引入了现代刑事司法制度。[3]而这一切正如惩罚技术的转变一样,并非源于启蒙理性的正义彰显,而仅仅是一种权力策略的调整。

(二)从规范性评价到非规范性评价:权力的进一步去中心化

犯罪记录制度在完成了第一步的转变(即从暴力的、残酷的、有形的、外显的"示众"模式转变为"温柔的""人道的"无形的、内隐的"隐蔽"模式)后,已经实现了对犯罪人的有效控制。但是权力的逻辑是向着不被遏制的极端化方向发展。

---

[1] [法]米歇尔·福柯:《规训与惩罚》(修订译本第4版),刘北成、杨远婴译,生活·读书·新知三联书店2012年版,第111页。

[2] [法]米歇尔·福柯:《规训与惩罚》(修订译本第4版),刘北成、杨远婴译,生活·读书·新知三联书店2012年版,第12页。

[3] 参见吴尚聪:《犯罪记录的双重属性及其使用限度——以个人信息为切入》,载《中国人民公安大学学报(社会科学版)》2019年第2期,第90~95页。

第三章 现代社会的理性化征服及其悖论:当代中国犯罪记录制度分析

因此,一方面为了实现对犯罪人的彻底控制,另一方面则是意在规避有违人道的指责风险,希望能够顺应当代社会的人文主义叙事,于是需要在惩罚的技术与手段层面再一次改革犯罪记录制度。改革的要点有两个:一是将国家层面的对犯罪记录的规范性评价尽可能地隐去;二是以国家层面的规范性评价来引导、唤起乃至扩大社会层面对犯罪人所带有的犯罪记录标签的抵制与排斥,以一种去中心化的方式,将对犯罪记录的控制从国家散布至社会各个成员,以此实现最大限度的犯罪控制。对此,主要有两方面内容:

第一,将国家层面的规范性评价限制在纵、横双向层面,在纵向上,表现为内容上的权利剥夺。对于实施犯罪行为的犯罪人本人而言,不仅国家机关、军队等领域设置了禁止性限制,使有犯罪记录者无法从事特定职业(如法官、教师、公务员),就连一般的户口迁移等日常生活事项(由于需要当地派出所开具无犯罪记录证明)也难以实现。国家层面的权利剥夺以一种制度化的方式限制着犯罪人重返社会后的正常生活。在横向上,来自国家层面的规范性评价则表现为范围上的株连效应。对于犯罪人的近亲属和其他家庭成员而言,前科制度(犯罪记录)的株连效应也延伸至此。学生档案、公务员政审、军队征兵、军警院校招生等方面都设置了各种限制,限制与犯罪人员有血亲关系但自己从未犯过罪的正常年轻人。仅仅由于与犯罪人具有客观上的身份关系,便导致本应仅仅被适用于犯罪人的前科制度(犯罪记录)悄悄地延伸到他们身上,使得他们的权利、资格在法律层面上遭受几乎不亚于对犯罪人本人的限制与剥夺,这是一种延长受害群体的二次伤害,反过来又是对犯罪人本人的再次惩罚。

第二,引导、唤起、扩大现有社会对犯罪记录的非规范性评价。由于国家已经对犯罪人员进行了资格上的禁止性限制，因此社会上的企业与用人单位无论是出于效仿还是基于自身考虑都会延续这一做法，甚至变本加厉。现实中存在着大量的非规范性评价机制，其数量只会远远多于国家层面的规范性评价。正是这些社会上的非规范性评价的存在与来自国家层面的规范性评价相结合，才使得犯罪人合法的权利受到了重重限制与剥夺，不可逆转地侵害到了犯罪人正当的合法权利，使其根本难以回归社会。更甚者，这些非规范性评价将伴随犯罪人终身，犯罪人将被迫永久背负犯罪标签。大量的用人单位私自设立"无犯罪记录"的入职标准就是一种典型的就业歧视。[1]由于现实中犯罪记录制度的不健全以及被滥用，用人单位肆意设立标准，或是直接明示拒绝雇用，或是以其他理由拒绝招募，导致犯罪人遭受到了广泛的就业歧视。而如果犯罪人难以谋求一份工作以解决温饱与生计，那么所谓的重返社会便将会成为一句空话。

因此，尽管血腥的黥刑消失了，但取而代之的是更加隐蔽的、更加复杂的、更加有效的犯罪记录制度。犯罪记录制度本身不仅没有发挥应有的功能与价值，反而发生了种种异化。它与设计时的初衷相背离，不仅没能发挥出作为刑罚实施的配套制度的作用，反而成了一种变相的刑罚，可谓"现代的黥刑"。异化后了的犯罪记录制度不仅是对犯罪人人格上的贬损，更是一套复杂的、精致的控制技术，并且是由国家层面的规范性评价引领着社会层面的非规范性评价一同进行的社会控制与排斥。这是理性的产物，是一种精致的控制技术，是一种"异化"了的犯罪记录制度。

---

[1] 参见《失足者的深度救赎》，载 http://news.sohu.com/s2005/05shizu.shtml，最后访问时间：2018年5月12日。

第四章
对我国犯罪记录制度的反思与批判：
以制度比较为切入

本书通过对犯罪记录所具有的双重属性的揭示，即一方面作为国家预防犯罪的工具，另一方面又作为犯罪人个人权利的个人信息，以及对二者内在张力与冲突的分析，论证了犯罪记录所具有的制度逻辑，即双元结构：以犯罪预防与权利保护为支撑。而要想获得一个稳固的制度结构，以支撑犯罪记录制度的长期发展，就需要处理好二者之间的利益平衡。

通过横向的历史维度之展开，本书梳理出了我国犯罪记录制度发展的三个阶段，即古代的作为准犯罪记录制度的黥刑制度、依据《刑法》第100条"前科报告制度"和实践中大量前科规范而逐渐形成的前科制度，以及目前正在积极推进的国家犯罪记录制度。在这三个阶段，犯罪记录所呈现的内在冲突不断升级、持续发酵并延续至今。这三个阶段的相继更替只是历史的明线，而暗线则是现代社会的理性化征服，及其自我导致的悖论。因此，这既是理性的功绩，也是理性的宿命。而这一切，早在开始之初就已被决定了。

通过纵向的社会维度分析我们可以了解到，我国当代犯罪记录制度被控制的文化所笼罩，犯罪记录制度呈现出变异的面貌，这集中表现在制度"目的""手段"与"客体"三方面：制度目的表现为以对犯罪人的控制为目的导向；制度手段表现为以隐性的、制度化与非制度化相结合的方式进行控制；制度客体则表现为将犯罪人的犯罪记录信息而非犯罪人本人作为控制对象。一言以蔽之，这是以犯罪人的犯罪记录信息作为控制对象，被冠以隐蔽、中性、公共安全之名的控制手段，最终实现对犯罪人的控制目的。这一系列变化表明，犯罪记录所具有的双重属性之冲突在当代中国正逐渐深化。

在此，需要对我国当前的犯罪记录制度进行反思，并采取必要的批判。犯罪记录制度会导致犯罪人受到来自国家的规范性评价和来自社会的非规范性评价，前者是制度性的权利剥夺，后者是隐性制度下的社会排斥，二者都会给犯罪人重新回归社会制造相当大的阻碍。因此，本章将首先通过与同为社会信用体系建设中的重要一环、同属负面标签评价机制的失信被执行人制度进行比较，挖掘犯罪记录制度的独有特性，以期通过制度对照完整呈现犯罪记录制度的全貌，并据此对犯罪记录制度的功能设计和具体的制度构造进行反思、展开批判。

第一节　制度比较：犯罪记录制度 VS 失信被执行人制度

犯罪记录制度与失信被执行人制度同属我国社会信用体系建设的两个重要子体系，也是破解目前"执行难"问题[1]的重要制度创新。即通过对特定行为（犯罪行为、失信行为）进行评价，并将这一行为产生的记录（犯罪记录、失信记录）纳入社会信用体系，实现数据的共享与评价的连带，最终促成我国社会信用体系的建立。

然而，二者虽有着相同的使命，却有着不同的命运。与犯罪记录制度的处境不同，失信被执行人制度近年来在实践中得到了长足发展，起到了积极效果。从 2009 年最高人民法院建立

---

[1] 参见《周强：坚决打赢"基本解决执行难"这场硬仗》，载 http://www.court.gov.cn/zixun-xiangqing-27741.html，最后访问时间：2018 年 6 月 4 日。

了全国法院被执行人信息查询平台,到2013年最高人民法院正式公布《失信被执行人规定》,我国已建立起了全国性的失信被执行人制度。失信被执行人制度首先源于失信被执行人名单制度,最初的设想是通过公开失信被执行人的信息督促其为了名誉或商誉而履行相应义务,但由于这种公开并不能给执行人造成实质性影响,因此后续又逐渐发展出了附随其上的失信被执行人信用惩戒机制,以实质性的资格限制与惩罚,形成强有力的监督、警示与惩戒机制。目前的失信被执行人制度实际上由失信被执行人名单公开制度和失信被执行人信用惩戒机制两部分构成,二者相互配合,共同推动失信被执行人制度的有效实施。[1]

正所谓,"以铜为鉴,可以正衣冠;以史为鉴,可以知兴替;以人为鉴,可以明得失"。[2]比较的目的在于展现事物的差别。犯罪记录制度和失信被执行人制度作为分属不同领域、针对不同情形的两类制度,既有共性,也有差别。存在共性使得二者具有了可比性;而差别的显著则能够使我们"以制度为鉴",通过比较发掘犯罪记录制度的独有特性,深化对该制度的理解,反思制度本身的合理性。

一、比较的基础:负面标签评价机制

比较的基础在于被比较的事物之间首先具有联系,倘若被比较的双方风马牛不相及,那么由于可比性的缺失,所谓的比较也就失去了意义。犯罪记录制度与失信被执行人制度的共同基础在于,二者都属于因前行为的瑕疵(犯罪与失信)被贴上

---

[1] 参见肖建国、黄忠顺:《失信被执行人信用惩戒机制的构建》,载《新华月报》2016年第23期,第77~78页。

[2] (后晋)刘昫等:《旧唐书·魏征传》,中华书局1975年版,第2555页。

"标签",导致负面评价产生后移,进而波及法定的规范性评价结束后,使得正常的权利受到限制。换言之,二者都系"负面标签评价机制",即由于先前的行为被贴上"负面标签"而使得后续的活动受到限制。犯罪记录的存在使得刑罚已经执行完毕理应正常回归社会的犯罪人由于背负犯罪标签而被认为人身危险性高,有可能再次实施犯罪,甚至被视为潜在的犯罪人,进而被社会继续驱逐与排斥,[1]应有的权利受到限制,回归社会的愿望难以实现。失信被执行人则由于不履行本应承担的民事义务而在社会上受到(如借款、购房、乘坐飞机、任职资格等)种种限制。

二、制度目的:预防未然之罪 VS 履行已然之债

相对于共性,二者的不同点更为显著,除了在法律规范层面,犯罪记录制度涉及刑事犯罪,失信被执行人制度关涉民事债务外,二者在制度目的和采取手段层面均存在显著差别。在制度目的层面,犯罪记录制度旨在预防未然犯罪,失信被执行人制度则是为了履行已然之债。

(一)犯罪记录制度:预防未然之罪

犯罪记录制度的建立,除了基于现代化国家对社会管理创新的现实需求外,在法律层面,则是源于刑法目的中的预防理论。犯罪行为造成的危害常常是极为严重的,无论如何惩罚都难以对其造成的损害加以弥补。而报应理论并不能阻止犯罪的发生,更不能有效解决由犯罪带来的问题,单纯的惩罚与报复仅仅会在社会心理方面给人以深刻印象,满足复仇的欲望与快感,

---

[1] See Michael Pinard, "Reflections and Perspectives on Reentry and Collateral Consequences", *Journal of Criminal Law and Criminology*, Vol. 100, 2010, pp. 1213~1216.

第四章 对我国犯罪记录制度的反思与批判：以制度比较为切入

但却脱离了刑法本应承载的任务，即辅助性地保护法益。[1]此时，旨在防患于未然、预防犯罪行为发生、避免造成难以弥补的危害的预防理论应运而生。预防理论建立在理性人和自由意志的假设基础上，[2]其认为人能够趋利避害，人们遵从法律乃是因为违背法律所付出的"成本"远大于从中获得的利益。而这一"成本"（也即所遭受的惩罚）不仅包括来自国家的、直接的规范性评价，还包括一系列来自社会的、间接的非规范性评价，如羞辱、社会驱逐、就业歧视。[3]就犯罪记录制度而言，一方面，犯罪记录引起的非规范性评价可以延续对犯罪人的规训与威慑，施加刑罚之外的限制，从而进一步补强刑罚的预防效果；另一方面，通过记录、使用甚至一定程度地公开犯罪记录，被打上犯罪标签的人再次实施犯罪的机会将会减少，因为其过去的犯罪经历将会使得人们对其更加警惕，这在一些特殊类型的犯罪（如性犯罪）领域将会收获更好的预防效果。

（二）失信被执行人制度：履行已然之债

失信被执行人制度则是针对实践中长期存在的、非常棘手的"执行难"问题，对"有履行能力而拒不履行生效法律文书确定义务的"被执行人[4]，通过建立全国性的"黑名单"制度，采取多部门联合惩戒的方式，在消费、出境、招投标和贷款置业等领域对失信被执行人施加不同程度的法律限制，实现"一处失信，处处受限"，以此迫使其主动履行应承担的法律义

---

[1] 参见［德］克劳斯·罗克辛：《德国刑法学总论》（第1卷），王世洲译，法律出版社2005年版，第38页。
[2] 参见林山田：《刑罚学》，台湾商务印书馆1983年版，第52页。
[3] See Dan Markel, "The Justice of Amnesty? Towardsa Theory of Retributivismin Recovering States", *University of Toronto Law Journal*, Vol. 49, 1999, p. 389.
[4] 《失信被执行人规定》第1条第1项。

务，从而打赢"基本解决执行难"这场硬仗，[1]推动我国社会信用体系建设的宏观布局。作为失信被执行人制度建立的法律基础，《失信被执行人规定》明确规定，"为促使被执行人自觉履行生效法律文书确定的义务，推进社会信用体系建设，根据《中华人民共和国民事诉讼法》的规定；结合人民法院工作实际，制定本规定。"这一规定确定失信被执行人制度的目的乃是促使法律确定的生效文书得以被履行、执行能够顺利开展、社会信用得到切实维护。

三、采取手段：权利剥夺 VS 信用惩戒

在采取手段层面，犯罪记录制度可以被归纳为权利的剥夺与资格的丧失，而失信被执行人制度则可被概括为基于信用惩戒的一系列限制措施。以下，本书将对犯罪记录制度与失信被执行人制度采取的具体措施加以对比。

（一）犯罪记录制度：权利剥夺

表 4-1 对于犯罪人的评价体系

	规范性评价 （国家）	非规范性评价 （社会）	
犯罪行为引起的刑罚 （事中评价）	犯罪记录引起的后移效应（事后追加评价）		
刑罚	权利剥夺	就业歧视	社会驱逐等

---

[1] 参见《周强：坚决打赢"基本解决执行难"这场硬仗》，载 http://www.court.gov.cn/zixun-xiangqing-27741.html，最后访问时间：2018 年 4 月 16 日。

第四章 对我国犯罪记录制度的反思与批判：以制度比较为切入

续表

规范性评价 （国家）		非规范性评价 （社会）
主刑； 附加刑	1. 直接针对犯罪人本人的：不得录用为公务员[1]；不得担任法官[2]；不得担任检察官[3]；不得担任人民警察[4]；不予颁发律师执业证书[5]；不得担任公证员[6]；不得担任慈善组织的负责人[7]；不得取得教师资格，已经取得教师资格的，丧失教师资格[8]；不得担任公司的董事、监事、高级管理人员[9]；不得担任商业银行的董事、高级管理人员[10]；不得担任证券交易所的负责人[11]；不得担任证券公司的董事、监事、高级管理人员[12]；不得担任公开募集基金的基金管理人的董事、监事、高级管理人员和其他从业人员[13]；不得担任拍卖师[14]；不得担任企业破产中的管理人[15]；不得担任期货交易所的负	用人单位要求开具"无犯罪记录证明"	歧视、侮辱、排斥、隐性的社会驱逐

[1]《公务员法》第 26 条。
[2]《法官法》第 13 条。
[3]《检察官法》第 13 条。
[4]《人民警察法》第 26 条。
[5]《律师法》第 7 条。
[6]《公证法》第 20 条。
[7]《慈善法》第 16 条。
[8]《教师法》第 14 条。
[9]《公司法》第 178 条。
[10]《商业银行法》第 27 条。
[11]《证券法》第 103 条。
[12]《证券法》第 124 条。
[13]《证券投资基金法》第 15 条。
[14]《拍卖法》第 15 条。
[15]《企业破产法》第 24 条。

续表

规范性评价 （国家）	非规范性评价 （社会）
责人、财务会计人员[1]；不得担任保安员[2]；不得担任外国企业常驻代表机构的首席代表、代表[3]；不得担任基金会的理事长、副理事长或者秘书长[4]；不得担任法定代表人[5]；不得担任人民陪审员[6]；不得担任书记员[7]；不得担任知识产权法院技术调查官[8]。 2. 扩大化的惩罚——间接影响犯罪人近亲属及其家庭成员的："直系亲属、关系密切的旁系亲属被判处刑罚者"[9]。	

(二) 失信被执行人制度：信用惩戒

目前，我国已初步建立失信被执行人名单公开制度，而作为配套的失信被执行人信用惩戒机制则刚刚起步。虽然《失信被执行人规定》第8条已经明确规定，"在政府采购、招标投标、行政审批、政府扶持、融资信贷、市场准入、资质认定等方面，对失信被执行人予以信用惩戒"，对失信被执行人的信用惩戒作出了初步探索。但由于最高人民法院的规范性文件无法

---

[1]《期货交易管理条例》第9条。
[2]《保安服务管理条例》第17条。
[3]《外国企业常驻代表机构登记管理条例》第12条。
[4]《基金会管理条例》第23条。
[5]《企业法人法定代表人登记管理规定》（已失效）第4条。
[6]《人民陪审员制度改革试点工作实施办法》第4条。
[7]《人民法院书记员管理办法（试行）》第4条。
[8]《知识产权法院技术调查官选任工作指导意见（试行）》第6条。
[9]《高中毕业生家庭情况调查表》《关于军队院校招收普通中学高中毕业生和军队接收普通高等学校毕业生政治条件的规定》《关于颁发〈征兵政治审查工作规定〉的通知》。

第四章 对我国犯罪记录制度的反思与批判：以制度比较为切入

要求其他政府部门予以配合，而跨部门沟通磋商的难度与成本又较高，因此该规定实际上仅起到了纲领性作用，现实中的执行难问题仍然未能得到有效解决。鉴于此，2016年9月25日中共中央办公厅、国务院办公厅印发了《关于加快推进失信被执行人信用监督、警示和惩戒机制建设的意见》，以中央文件的方式，为扫除部门之间可能的隔阂、建立多部门共同联合的失信被执行人惩戒机制提供了强有力的政策依据，也为将来相关法律的出台埋下了伏笔。[1] 该意见共列出了8个方面34项限制性规定，代表了目前失信被执行人惩戒机制的主要类型和未来的发展方向：

表4-2

从事特定行业或项目限制	1. 设立金融类公司限制。 2. 发行债券限制。 3. 合格投资者额度限制。 4. 股权激励限制。 5. 股票发行或挂牌转让限制。 6. 设立社会组织限制。 7. 参与政府投资项目或主要使用财政性资金项目限制。
政府支持或补贴限制	1. 获取政府补贴限制。 2. 获得政策支持限制。
任职资格限制	1. 担任国企高管限制。 2. 担任事业单位法定代表人限制。 3. 担任金融机构高管限制。 4. 担任社会组织负责人限制。 5. 招录（聘）为公务人员限制。

---

[1] 参见肖建国、黄忠顺：《失信被执行人信用惩戒机制的构建》，载《新华月报》2016年第23期，第77~78页。

续表

	6. 入党或党员的特别限制。 7. 担任党代表、人大代表和政协委员限制。 8. 入伍服役限制。
准入资格限制	1. 海关认证限制。 2. 从事药品、食品等行业限制。 3. 房地产、建筑企业资质限制。
荣誉和授信限制	1. 授予文明城市、文明村镇、文明单位、文明家庭、道德模范、慈善类奖项限制。 2. 律师和律师事务所荣誉限制。 3. 授信限制。
特殊市场交易限制	1. 从事不动产交易、国有资产交易限制。 2. 使用国有林地限制。 3. 使用草原限制。 4. 其他国有自然资源利用限制。
限制高消费及有关消费	1. 乘坐火车、飞机限制。 2. 住宿宾馆饭店限制。 3. 高消费旅游限制。 4. 子女就读高收费学校限制。 5. 购买具有现金价值保险限制。 6. 新建、扩建、高档装修房屋等限制。
出境限制	限制失信被执行人出境。

第二节 制度特性：当前我国犯罪记录制度的独有特性

通过前述与失信被执行人制度的比较我们可以发现，目前我国的犯罪记录制度具有以下四个方面的特性：其一，就内容而言，表现为由犯罪记录引起的规范性与非规范性评价造成犯罪人应有的权利被不当剥夺，而且是被永久性剥夺；其二，就范围来说，表现为犯罪记录给犯罪人带来的不利评价株连至犯

第四章　对我国犯罪记录制度的反思与批判：以制度比较为切入

罪人的家庭和近亲属等无辜者；其三，犯罪记录导致的负面评价带有深厚的道德伦理性，犯罪人的人格受到质疑、贬损乃至歧视，犯罪人难以真正有效融入与回归社会；其四，就制度设计的目的与采取的手段而言，二者缺乏相互关联，犯罪记录制度下的权利剥夺与资格限制等手段实际上并不能起到犯罪记录制度本身所欲追求的预防犯罪目的。

一、永久性：内容上的权利剥夺

与失信被执行人制度以权利限制为主要内容的信用惩戒不同，犯罪记录导致的一系列后移效应是实实在在的永久性的权利剥夺，不可被恢复。《失信被执行人规定》第10条列举了7项可以删除信息的行为，其中便包括"被执行人已履行生效法律文书确定的义务或人民法院已执行完毕的"。这表明，建立失信被执行人制度的目的不是惩罚，而是督促；其方式不是剥夺，而是限制。一旦义务履行完毕，先前的惩罚机制便告终结。犯罪记录制度则不然，其实质上已成为基于先前犯罪行为而施加的二次惩罚机制，并且是一种隐蔽的、难以被察觉的、永久性的惩罚。犯罪记录原本是关于犯罪事实及其刑事判决的客观记载，在客观上体现为司法统计数据库。而前科则是对犯罪记录的一种规范性评价，属于前罪刑罚的后遗性效果之一，是对刑罚改造后果的观察与评价制度。但在现实中，犯罪记录制度却不断被滥用，不仅没能实现应有的犯罪预防目的，反而逐渐走向异化，使对犯罪人应有权利的剥夺肆无忌惮。这种权利剥夺可以从规范性评价与非规范性评价两个层面展开。[1]

---

[1] 据我国学者的研究，犯罪记录的评价模式包含规范性评价和非规范性评价两种，前者表现为"刑法规范—实施犯罪行为—规范性评价"，后者表现为"规范性评价—犯罪人—非规范性评价"。

犯罪记录的制度逻辑：双元结构与利益衡量

（一）规范性评价：制度性的权利剥夺

一方面，基于犯罪记录引发的规范性评价中的权利剥夺，不仅涉及面广泛，而且没有限定禁止期限。前述列举的当前法律中有 23 项直接针对犯罪人本人的权利剥夺条款，构成了一套权利剥夺的严密法网，其直接和间接涵盖的范围非常广泛，不仅包括公职人员，还包括特定行业与领域。此外，这些权利剥夺都是无期限的，即法律明令不得担任……且没有截止日期或时间限制。这就意味着犯罪人将永远丧失获得这些资格的可能，相应的权利将被永久性剥夺。

而且，当前制度性的权利剥夺逐渐形成了一种针对犯罪记录的"圈地运动"。各类设定主体往往是带着一种"领地意识"在制定具体的前科规范。立法主体视野中的有犯罪记录者，往往并不是促进回归社会的群犯罪记录制度的体系化建构体，而是其立法领域的"不稳定群体"。为了确保自己立法领域的安全和稳定，立法者往往希望最大限度地将有犯罪记录者从自己的领域隔离出去。因此，立法者必然尽可能地扩张前科规范的适用范围、适用内容和适用期间，通过前科规范建立屏障，使有犯罪记录者无法进入该立法指向的领域。由此，我国前科规范体系形成了一种另类的"圈地运动"效应，[1]立法主体每制定一个前科规范都相当于针对有犯罪记录者建立了一个"禁入区"，而这些"禁入区"目前呈现出迅速的扩张态势，有犯罪记录者被从越来越多的领域驱逐出去。工业革命所推动的"圈地运动"，尽管将农民从土地上驱逐，改变了传统的手工纺织业，但是却以另一种全新的生产方式向社会提供新的工作领域，因此并没有消减而是更新、扩大了整个社会的工作领域，进而从

---

[1] 参见［阿根廷］安德鲁斯·迪米特里厄：《政治经济学，生态学和新圈地运动：交叉、挑战及批判传播学》，俞平译，载《新闻大学》2012 年第 5 期，第 72~80 页。

第四章 对我国犯罪记录制度的反思与批判：以制度比较为切入

整体上促进了经济的转型和社会的发展。[1]而前科规范领域的"圈地运动"则不同。这完全不是基于社会发展自生自发的制度逻辑，而是人为划定的、用以限制社会特定群体相应权利的歧视制度。于整个社会而言，这种针对犯罪人前科规范的所谓的"圈地运动"并不是必然的，也不会给整个社会带来任何福祉。实际上，不仅限于前科规范立法领域，在任何问题的解决层面，如果每一个社区、每一个行业领域、每一个行政机关都想确保自己的绝对安全，只采取粗暴的驱赶方式而不试图解决问题，那么只会造成问题的进一步恶化。通过数据我们可以发现，"驱逐效应"累积所带来的社会问题已经达到了相当严重的程度。2016年我国的失业人口约为3172万人，[2]而以现有的犯罪率，不到30年的时间，有犯罪记录者就将达到这一数字。鉴于前科规范的限制，有犯罪记录者将有相当数量成为就业困难人群。而就业问题将导致有犯罪记录者的物质生活难以得到保障、流动性增大、对他们的控制力减弱。加之犯罪记录将伴随一生，这就使得有犯罪记录者看不到重归社会的希望，客观上只会进一步促使其再次实施犯罪。

（二）非规范性评价：隐性的社会排斥

另一方面，除了法定的权利剥夺外，现实中还存在着大量非规范性评价机制，正是这些非规范性评价机制使得犯罪人合法的权利受到了不应有的剥夺，进一步侵害了犯罪人正当的合法权利，使其难以回归社会。更甚者，这些非规范性评价将伴随犯罪人终身，犯罪人将被迫永久背负犯罪标签。因此，相较

---

[1] 参见黄少安、谢冬水：《"圈地运动"的历史进步性及其经济学解释》，载《当代财经》2010年第12期，第11~18页。

[2] 参见国家统计局：《中华人民共和国2016年国民经济和社会发展统计公报》，载 http://www.stats.gov.cn/tjsj/zxfb/201702/t20170228_1467424.html，最后访问时间：2017年3月20日。

于无论如何总有一个期限的刑罚,伴随犯罪人终身的犯罪记录引起的非规范性评价无疑更为可怕。人生在世难免犯错,即便是犯了罪大恶极的错误,只要改过自新,社会理应重新接纳。在我国,法律针对犯罪嫌疑人、被告人设置了诸多促使其改过自新的机会与制度安排:实施犯罪时可以中止;犯罪后可以自首;量刑时可以从宽;执行时可以减刑、假释。但对曾经犯过罪重返社会的人,法律却缺乏这样的鼓励机制。"罪犯需要保护,正常人需要保护,为什么前科者就不需要保护?实际上,前科者就像疾病恢复期的人一样,虽不是危重病人,但他只有在医生、护士的关心、帮助下,才能真正恢复健康。所以,给前科者一个机会,当前科者想回头时,法律同样应当给他一条回头路,这才叫公正合理。"[1]

二、连带性:范围上的株连效应

与失信被执行人制度仅针对失信被执行人本人不同,犯罪记录制度超出了罪责自负原理的范畴,将惩罚延伸向了犯罪人的近亲属及其家庭成员,使得原本只应针对犯罪人本人的权利限制衍生出了连带责任的效果。

(一) 连坐制度、连带责任与激励机制

连坐制度是我国古代一项历史悠久、曾发挥重要作用的刑事司法制度,其实质是一种基于特定关系的刑事连带责任。连坐制度起源于法家,而最早将其制度化的是法家代表人物商鞅。自商鞅起,国家开始全面制度化地在亲属、邻里、官员之间推行这种"一损俱损"的连带性集体惩罚制度。[2]在清末修律

---

[1] 房清侠:《前科消灭制度研究》,载《法学研究》2001年第4期,第88页。

[2] 参见《史记·卷六八·商君列传第八》。

第四章　对我国犯罪记录制度的反思与批判：以制度比较为切入

时，其仍然被一定程度地保留了下来，[1]可见其顽强的制度生命力。

从经济学的视角来看，连坐制度本质上是一种"基于效用的连带责任"。[2]连坐制度与保甲制度虽然都立基于广义上的连带责任，但二者有着明显的差别。保甲制度实质上是一种"基于信息的连带责任"，其源于特定群体之间能够以较低成本进行相互监督的这样一种特殊地位（封闭村落间的邻里），因而其制度目的在于事后对违法犯罪信息的发现，通过赋予村民以刑事连带责任，来激励相互之间的监督、检举与揭发。而连坐制度则是基于血亲身份这样一种天然而又纯粹的高度利害关系，它是刑罚在范围层面对犯罪人的进一步威慑，是以刑罚制裁面的扩大来强化刑罚本身的严厉性，从而加重对犯罪人的威慑，以此来实现在事前对违法犯罪行为进行威慑性预防。

法律是一种制度激励的手段，它通过"设定行为规则""改变个人偏好""协调社会预期"这三个方面来"诱导"而非"强制"人们遵守法律。一项能够长期有效的法律或是其他规则必然是符合"激励相容约束"的，即"法律的可实施性必须以个人追求效用最大化为前提"。[3]换言之，遵守法律应当是每个人的理性选择，在人们实现自身利益最大化的过程中，法律自然而然地得到了遵守。借用古典经济学家亚当·斯密的名言："每一个人，不需要自己关心社会福利，他也不知道自己怎么去推

---

[1] 1906年，"谕令凌迟、枭首、戮尸三项永远删除……至缘坐各条，除知情者仍治罪外，余悉宽免。其刺字等项，亦概行革除。旨下，中外称颂焉"。参见《清史稿·卷一四三·志第一一八·刑法志二》。

[2] 参见张维迎、邓峰：《信息、激励与连带责任——对中国古代连坐、保甲制度的法和经济学解释》，载《中国社会科学》2003年第3期，第108~110页。

[3] 参见张维迎、邓峰：《信息、激励与连带责任——对中国古代连坐、保甲制度的法和经济学解释》，载《中国社会科学》2003年第3期，第108~110页。

动社会的福利,他只关心自己,追求他自己的福利就可以了。但是他在追求自己福利的过程中,会有一只看不见的手,让他的努力转变为对公用事业的推动。这只看不见的手,会让他的自私自利推动社会福利的改进。"[1]而作为"基于效用的连带责任"的连坐制度,同样也符合法律的激励相容约束原理。首先,它将犯罪人本人以外的亲属纳入刑罚制裁范畴,作为对犯罪人所处刑罚的扩大化适用对象,在横向上强化所判处的刑罚本身的严厉性,对原有罪责自负的规则进行了重新设定。其次,由于犯罪的成本被进一步加重,刑罚的适用不再局限于犯罪人本人,而是扩大到犯罪人的亲属。这将对犯罪人的动机与偏好产生影响,进而可能收获阻却犯罪、预防犯罪的效果。最后,每个人都预期别人不会犯罪,而且每个人都预期别人同样也会预期自己不会犯罪。正是在这样一种正向的相互预期之下,每个人的最优选择都将是不犯罪。这就达到了博弈均衡的结果。[2]

(二) 连坐制度的当代延续:前科株连制度

尽管基于犯罪的刑罚责任的"连坐"已经随着历史一同消亡,但基于犯罪记录的非刑罚责任的"连坐"却依然延续至今。这就是当代建立在犯罪记录制度基础上的前科株连制度。实践中,与犯罪记录紧密相关的前科株连效应普遍存在。具体体现为对犯罪人的近亲属及其家庭成员在入学、就业、入伍、入党、政审等领域施加的或明示或隐秘的权利剥夺与资格丧失。而这种本不应存在的连带责任的依据,仅仅是极为纯粹的天然身份、

---

[1] [英] 亚当·斯密:《国富论》,谢祖钧译,中华书局2012年版,第402页。

[2] 参见张维迎:《产权、政府与信誉》,生活·读书·新知三联书店2001年版,第45页。

第四章 对我国犯罪记录制度的反思与批判：以制度比较为切入

血缘关系。学生入学领域的《高中毕业生家庭情况调查表》《关于军队院校招收普通中学高中毕业生和军队接收普通高等学校毕业生政治条件的规定》，公共服务职业领域的《公安机关人民警察录用办法》《关于颁发〈征兵政治审查工作规定〉的通知》都不同程度地排除了"直系亲属、关系密切的旁系亲属被判处刑罚者"。甚至连2000年《铁路专运乘务人员轮换制度实施办法》都规定"轮换乘务厨师""轮换列车员、餐车服务员""轮换检车员、车电员、发电车乘务员"这三类铁路专运乘务人员的任职资格必须满足"本人和直系亲属政治历史清楚，未受过刑事处罚"。[1]尽管其中有些文件已经被废止，但它们曾经长期存在于我国法治之下，作用于无数个犯罪人家庭，且依然有许多被延续至今。

作为一项法律传统与社会习惯，连坐制以制度规范和道德评价等多种形式在我国漫长的历史中占据重要地位，其所蕴含的民意基础、制度惯性与社会认同一直延续至今，或直接或间接地塑造了当前基于犯罪记录的前科株连责任制。[2]进入现代社会，前科株连制度仍然以各种形式存在着，其中有着多方面的深刻原因。其中，现实层面的国家基于风险防控与犯罪预防的追求、社会公众基于自身安全利益的担忧是前科株连制度得以延续至今的最重要因素。因此，前科株连制度作为实现犯罪预防的激励机制仍然是其存在至今的主要原因。

（三）基于犯罪记录的前科株连存在过度防卫的倾向

不可否认，连坐责任作为一种强化型责任，在加重法律的

---

[1] 2000年《铁路专运乘务人员轮换制度实施办法》。
[2] 参见范恩君：《伦理视域中的道教"承负说"》，载《中国道教》2005年第2期，第37~38页；王营绪：《各行其道与并行不悖——"亲属相隐"与"族诛连坐"的初步探讨》，载《内蒙古农业大学学报（社会科学版）》2007年第1期，第309页。

严厉程度从而保证法律的有效实施层面,确实能够起到积极效果。正如学者所言:"在早期国家的控制能力低下以及信息严重不对称的情况下,连坐和保甲制度属于一种强有力的激励方式。在'小政府'的前提下,连带责任有效地利用了分散化的信息,对维护国家的大一统以及社会稳定起到了重要作用。"[1]然而,随着现代法治国家的建立以及市场经济与信息社会的不断加深,传统的基于身份和血缘的连带责任已经难以为继。保甲制度对人身的禁锢,迫使人身依附于特定土地的做法显然已经不适合强调信息交流、劳动分工、人身流动的高度结构化的现代社会;亲属连坐制度的扩张责任将无辜第三人纳入责任范围,更是有违人道主义和现代法治精神。

尽管通过加重犯罪成本能够引导犯罪人预期,在一定程度上起到犯罪预防的效果,但这种做法仅仅是从社会治理结构的角度出发,关注的只是社会控制的层面,是对于社会防卫的过度强调,忽视了同样重要的社会价值——正当权利。而这也同样是法律需要严格保护、应当认真对待的价值。客观地讲,犯罪人的犯罪行为已经给近亲属和其他家庭成员带来了诸多道德阴影和社会压力,而前科株连效应又进一步加剧了犯罪行为对犯罪人近亲属和其他家庭成员的负面影响,使得犯罪人的近亲属和其他家庭成员在权利限制和资格剥夺的程度上已经近乎犯罪人本人,形成了极为严重的权益限制和人格歧视。这种隐藏在该制度中貌似理性的非理性随着社会的进步而愈发凸显。

三、社会评价的道德伦理性:犯罪人难以真正回归社会

尽管在现代社会信用是一笔重要的无形资产,但失信行为

---

[1] 张维迎、邓峰:《信息、激励与连带责任——对中国古代连坐、保甲制度的法和经济学解释》,载《中国社会科学》2003年第3期,第99页。

第四章　对我国犯罪记录制度的反思与批判：以制度比较为切入

相较于犯罪行为明显轻缓得多。在社会的普遍观感中，失信欠债并非无可救药或罪大恶极的行为，尤其是在市场经济方兴未艾、法治建设任重道远的我国更是如此。[1]与之相比，犯罪足以将一个人永远钉在"耻辱柱"上，受到来自社会的道德遣责与伦理压迫。如果说前述的永久性表现为显性的权利剥夺，那么此处所谓的社会评价的道德伦理性，则是通过社会制度、观念、人性形成隐性的"意蒂牢结"（ideology）式的权利剥夺。

（一）从"针对犯罪行为的法律评价"转向"针对犯罪人的道德伦理评价"

当本是客观记录犯罪人特定犯罪行为与犯罪事实的中立性犯罪记录信息被异化为对犯罪人本人的整体性、概括性道德伦理评价之时，评价的对象便从"犯罪行为"变成了"犯罪人"；评价标准便从"法律"变成了"道德伦理"；最终的评价结果则从"合法与非法"的法律问题变成了"好人与坏人"的是非对错问题。经过这一道德化过程的洗礼，犯罪人被贴上"坏人"的标签也就丝毫不令人惊讶了。

尽管犯罪实际上存在着自然犯与法定犯两种类型，对于触犯了基于人伦道德和长久以来共享的价值基础的自然犯（如犯故意杀人罪、放火罪、强奸罪、盗窃罪等的犯罪人），我们有理由严厉地加以指责，质疑其最基本的人性。但在社会形势迅速发展、市场经济不断破旧立新、各种制度也尚未健全的我国，实践先行于制度的情形相对普遍。此时，社会上存在着大量灰色地带，"昨日非法、今日合法"的情形时有发生，最典型的莫过于1997年《刑法》颁布之前的"投机倒把罪"。在市场经济被正名以前，一些正常的经济行为被套上了"投机倒把"的恶

---

[1] 参见苏力：《市场经济形成中的犯罪违法现象——法律社会学的思考》，载《中外法学》1994年第6期，第19页。

名。但随着我国正式拥抱市场经济，这些昔日的犯罪行为成了最正常不过的市场经济行为。"昨日合法，今日非法"的情形也不罕见。基于市场经济和行政规范的法定犯愈加普遍和频繁，普通人对此往往难以及时认知，进而对这些法定犯产生违法性认识错误。传统的"不知法者不免责"的刑法教义与法定犯时代下的责任主义发生了冲突。[1]此时，如果仍对因违法性认识错误而实施了法定犯的行为人进行严厉的苛责，甚至给予道德伦理上的负面评价，显然并不合时宜。

对于故意犯罪而言，行为人明知其行为必然或很可能造成危害社会的严重后果，但仍然积极追求这一结果的发生，因此足见其对刑法规范的蔑视与不遵从。但对过失犯罪来说，行为人往往是不希望或是排斥危害结果发生的，只是因为疏忽大意，相信结果不会发生，或者过于自信，轻信自己能够避免结果的发生。因此，在过失犯罪中，行为人对刑法规范赋予的义务是认真对待的，是愿意接受刑法规范赋予的责任的，这与故意犯罪中行为人的主观恶性存在本质区别。因此，尽管最终造成了危害社会的严重后果，但行为人主观上的危害性其实并不严重，至少不能被归为社会通常意义上的"坏人"。

然而，这些似乎仍不足以化解、抵消传统观念对犯罪和犯罪人的超越法律限度的道德伦理评价。刑法源于社会伦理，植根于人的报复心理，天然且不可避免地带有深刻的伦理性。[2]犯罪自古便被视为社会毒瘤，犯罪人也被认为是人格有缺陷的报复社会者，"犯罪人"不仅仅是客观上的"危险者"，还是理

---

[1] 参见车浩：《法定犯时代的违法性认识错误》，载《清华法学》2015年第4期，第22~46页。

[2] 参见[美]小奥利弗·温德尔·霍姆斯：《普通法》，冉昊、姚中秋译，中国政法大学出版社2006年版，第2~4、35~38页。

第四章　对我国犯罪记录制度的反思与批判：以制度比较为切入

应受到谴责与批判的"坏人"，"犯罪分子都是穷凶极恶者"这一朴素但顽强的观念始终潜藏在人们心中。[1]这些观念深刻地根植于我们的文化，并通过"模因"[2]在社会群体之间相互传播、影响和强化，最终固化成为我们意识形态的一部分。此时，虽然犯罪人已经接受过刑罚处罚，理应像一个正常人一样回归社会，但在这样的"意蒂牢结"（ideology）面前，其处境可想而知。由于对犯罪的恐惧与仇视、对犯罪人的厌恶与鄙视，我们的社会正在逐渐将犯罪人"妖魔化"，即将犯罪人视为难以被理解的、不可能被理解的、更不需要被理解的社会"异类"。换言之，"他和我们不同"。

（二）犯罪记录的"道德档案化"

"这是一个将建筑、园艺策略和医学策略结合起来的实践——即通过切除既不适合想象中的完美现实，也无法被改造以适合这种完美现实的当前现实要素，以服务于人为社会秩序的建造。在一个鼓吹具有史无前例的能力能通过在理性基础上重组人类事务以提高人类生存条件的社会里，种族主义却确信有某个人类种群无论经过多大的努力也无法融入理性秩序中去。在一个不断突破科学、技术和文化应用上的限制著称的社会，种族主义却宣称某个种群的人存在着某些无法消除或矫正的缺陷——这使得他们可以超越于改革实践的界限，并且会这样一直延续下去。在一个宣称有着强大的训导和文化改向能力的社会，种

---

[1] See David Garland, *The Culture of Control: Crime and Social Order in Contemporary Society*, Oxford University Press, 2001, p.42.

[2] Meme，可以理解为"文化基因"，为进化论学者理查德·道金斯在《自私的基因》中所创，用来解释社会规范的传播过程，即使彼此不熟悉的陌生人，一个想法、行为或风格也会以意料不到的方式从一个人传到另一个人。参见［英］理查德·道金斯：《自私的基因》（40周年增订版），卢允中等译，中信出版社2019年版，第218~232页。

族主义却分离出某一种群的人,任何争论或者教育手段都无法触及(因此也无法有效地教化)他们,并因而必定会保持他们永久的异质性。"[1]在英国社会学家齐格蒙特·鲍曼这段关于异类恐惧症、种族主义与纳粹大屠杀的论述中,种族主义将犹太人视为一种无法被教化、改造、同化的社会异类,最终只能将其驱逐,甚至是肉体清除。而这种"异类恐惧症"的心理,同样支配着现代社会对犯罪分子的态度。正是基于这样一种"异类恐惧症"的心理,我们对犯罪人的厌恶超出了应有的法律框架内的评价,而逐渐附加了大量的道德伦理评价,再结合实践中林立的前科规范,使得犯罪记录这一法律层面内的中立性信息逐渐呈现"道德档案化"趋势。

本书在第一章论述犯罪记录的功能之时论证了犯罪记录制度作为现代社会综合治理的基础性信息的作用。实践中的做法是将犯罪记录作为体现行为人个人信用的征信指标,与违法、违规记录一道列入社会信用体系。然而,随着实践中对于此类做法的不加限制与逐步升级,目前存在着征信扩大化、犯罪记录道德档案化的风险,即将犯罪记录、违法记录与燃放烟花爆竹、个人开专车、子女回家看望父母等一系列道德行为进行捆绑,一并塞入社会信用这个"箩筐"之中。[2]目前,犯罪记录、违法记录、违章记录、失信记录等一系列失范信息,甚至是一些不道德行为,都被纳入了对个人的信用评价。这些"失范"行为是否可以等同于"失信"并不是个一目了然的问题。这种大包大揽、将所有失范信息捆绑在一起的做法不仅使得社会信用体

---

[1] [英]齐格蒙·鲍曼:《现代性与大屠杀》,杨渝东、史建华译,彭刚校,译林出版社2011年版,第87~88页。

[2] 参见傅蔚冈:《"征信"扩大化,或变身"道德档案"》,载《华夏时报》2016年4月18日。

系建设超出了道德诚信约束的制度初衷，成了国家加强法律实施的隐性抓手，同时还导致法律层面的犯罪记录与道德领域的守信、子女回家看望父母等相互挂钩，从而给有犯罪记录者在法律之外又平添了一份道德评价，这又进一步强化了犯罪记录的"道德档案化"趋势。

此外，实践中最典型的、最普遍的、最不可避免的就是就业歧视。绝大多数雇主都倾向于拒绝雇用有犯罪记录者。这种现象在美国就很普遍。美国学者曾专门就犯罪记录对求职就业的影响展开研究，发现犯罪记录对就业具有巨大的阻碍作用。[1]在我国，这种局面仍在加剧。根据公安部等12部门联合出台的《关于改进和规范公安派出所出具证明工作的意见》，尽管公安派出所已经不再依个人申请开具无犯罪记录证明，除非因办理出国（境）需要可申请查询本人的犯罪记录。但如果是用人单位申请则仍然接收并允许查询。由于实践中单位几乎不可能主动去公安派出所查询，往往仍是要求求职者自己主动查询并提交，因此在缺乏配套措施的情况下，公安部停止办理个人申请引发了一些问题与不便。[2]

四、非关联性：目的与手段之间的关联性缺失

不同于失信被执行人制度中的信用惩戒的针对性，我国目前基于犯罪记录创设的大量前科规范实际上缺乏对特定犯罪人所实施的特定犯罪的针对性预防，更多地表现为一种对犯罪的

---

[1] 并且，其研究发现，犯罪记录给黑人求职者制造的阻碍要大于其给白人求职者制造的阻碍。See Devah Pager, "The Mark of a Criminal Record", *American Journal of Sociology*, Vol. 108, 2003, pp. 937~942.

[2] 参见《公安部新规，无犯罪记录证明，越改越劳民?》，载 https://www.zhihu.com/question/36071293，最后访问时间：2018年5月11日。

恐慌、对犯罪人的一概排斥，作为目的的针对特定犯罪人的犯罪预防与作为手段的广泛权利限制之间缺乏关联性。

（一）针对特定犯罪人的犯罪预防目的与广泛的权利限制手段之间缺乏关联性

通过比较我们可以发现，在失信被执行人制度中，作为手段的各种限制高消费的做法，与作为目的的履行已然之债之间具有内在关联性。换言之，通过限制失信被执行人进行各种高消费行为，是能够达到使其履行法律文书确定的法律义务这一目的的。因此，失信被执行人制度的存在具有作为督促失信被执行人履行应尽的还款义务的必要性。然而，反观犯罪记录制度，大量前科规范的无序增长使得针对犯罪记录者施加的权利限制急剧扩张，犯罪人很可能会因仅仅实施了某一特定类型的犯罪而受到来自诸多领域的禁止性限制。最终，这将导致犯罪记录制度所欲追求的犯罪预防功能不仅因缺乏预防的针对性而难以有效落实，而且过度的、无目的的权利限制也会进一步造成犯罪人的权利受到不应有的减损。通常而言，犯罪人实施了某一特定类型的犯罪，只能说明其对特定类型的法规范缺乏必要的规范意识，因此需要在前科规范中针对这一类型的犯罪人采取一定的禁止性措施，避免其再次犯罪。然而，这并不意味着需要对犯罪人采取全方位的、涉及各领域、各行业的禁止性权利限制。这种做法实际上是认为，"一旦他犯过罪，他就很可能还会再犯罪，而且更可能实施各种类型的犯罪"。本质上，这仍然是将"犯罪人"与"坏人"画等号。因而，作为目的的针对特定犯罪人的犯罪预防与作为手段的广泛权利限制之间存在着不当联结与错位挂钩，二者之间缺乏必要的关联性与对应性。而这种关联性与对应性的缺失将导致针对犯罪人采取的资格限制与权利剥夺，在实际中并不能达到预防未然犯罪的设计初衷。

第四章　对我国犯罪记录制度的反思与批判：以制度比较为切入

（二）非关联性：以盗窃罪为例的说明

通过举例也许能更好地说明这一问题。例如，犯罪人之前由于盗窃而入罪，刑罚执行完毕后，其理应像一个正常人那样回归社会。但由于犯罪记录的存在，以及据此产生的大量前科规范设定的禁止性权利限制，曾经的犯罪人虽然已经回归社会，但却被限制入伍参军、进入公务员队伍或是从事特定行业，如教师、执业医师。然而，这些限制措施实际上未必能预防其再次实施盗窃行为，同样也未必能预防其实施其他类型犯罪。犯罪人原本违反的是对他人财产权的保护规范，因而其真正需要被矫正、预防的，乃是对财产的不当贪婪、对他人财产权利的冷淡漠视和对刑法保护的财产秩序的不予遵守。对此，具有针对性的前科规范应当将权利限制限定在对他人或集体的财产负有管控职责的领域，如禁止其担任公司的董事、监事和高级管理人员，[1]以及慈善组织的负责人，[2]或是禁止其从事会计工作。[3]不过，之所以说是"未必"，乃是因为刑罚所具有的预防效果在一定程度上能够使得犯罪人基于趋利避害的顾虑而不敢再犯。但这种惩罚与预防缺乏针对性，并非基于特定目的、针对特定行为所设，更多地是为了预防而预防、为了惩罚而惩罚。因此，其实际效果必因针对性的缺乏而大打折扣。不仅如此，对犯罪人采取的种种权利限制与剥夺以及使这种限制与剥夺连带其下一代人的做法反而会诱发（甚至"逼迫"）原本通过刑罚已经改造和教育完毕的犯罪人再次萌生犯罪的动机，重

---

[1] 参见《保险法》第82条、《广告法》第69条、《证券法》第103条。
[2] 参见《慈善法》第16条。
[3] 参见《会计法》第38条。

新走上犯罪的道路。[1]

　　这种手段与目的的无关联性乃至相互背离使得人们不禁反思目前的犯罪记录制度到底具有何种意义，而真正的犯罪记录制度又该发挥怎样的功能。

第三节　制度功能的质疑：犯罪记录制度应当发挥何种功能

　　通过与同为"负面标签评价机制"的失信被执行人制度进行比较我们可以发现，犯罪记录制度带有强烈的惩罚色彩，尽管这种惩罚乃是出于预防目的，并非以刑罚的面目施加的惩罚，但由于片面强调通过犯罪记录对犯罪人进行惩罚和预防，忽视了对犯罪人应有权利的保护，尤其是考虑到犯罪人在刑罚执行完毕后理应像一个正常人那样回归社会，不应再被视为"危险者"和"坏人"处处设防设限，这就使得犯罪记录制度已经从单纯的管理、预防制度逐渐沦为惩罚的工具，对犯罪人采取的种种措施已超过了正常的预防范畴，带有强烈的惩罚意味，自始至终没能完全体现对犯罪人应有权利的保护。因此，为了能从根本上矫正这种片面的唯预防论观念，我们有必要正本清源，回溯犯罪记录制度的功能设计，重新思考犯罪记录制度应当承担何种功能，在社会管理中应该发挥何种作用。

---

[1] 据学者在福建省监狱局进行的调研，再犯罪的刑满释放人员中，59.2%的人无法找到工作，而仅有4%的人通过政府帮助找到了工作。由无业带来的经济压力使侵财类犯罪在再犯罪的类型中居于榜首。参见欧渊华、陈晓斌、陈名俊：《福建省刑满释放人员重新犯罪问题研究》，载《福建公安高等专科学校学报》2007年第3期，第52页。

第四章 对我国犯罪记录制度的反思与批判：以制度比较为切入

一、对当前模式暨异化的惩罚模式之批判

犯罪记录制度不能成为延续刑罚的"二次惩罚"机制。这不仅违背了罪刑法定原则的实质精神，还背离了犯罪记录制度的设立初衷。同时，在没有赋予犯罪人与之对应的救济途径的前提下，这样的惩罚极不合理。因此，当前的惩罚模式是犯罪记录制度的一种异化表现，理应受到批判。

（一）有违罪刑法定原则的实质精神

根据罪刑法定原则的经典表述，"法无明文规定不为罪，法无明文规定不处罚"，不仅何种行为受到刑罚处罚应当由刑法事先加以规定，而且刑罚的种类及其严厉程度也只能由刑法作出规定。尽管有人可能会发出质疑，认为基于犯罪记录的前科规范虽然会对犯罪人造成不利影响，但这种"负面评价"不等于"刑罚"：来自国家的规范性评价被基本限定为资格剥夺与权利限制两种模式，而来自社会的非规范性评价不仅本身就不是由国家以强制力作出的，而且这种非规范性评价本身也只是一种无形的歧视与排斥，诸如就业歧视等。简言之，前科规范引发的两种评价与我国《刑法》规定的刑罚不仅相去甚远，而且是在正式的刑罚执行完毕之后才开始生效的，因此不受罪刑法定原则的约束。

尽管上述分析貌似合理，但其实际上只是注意到了问题的表象，关注的仅仅是法律的形式解释，缺乏对法律所要传达的精神的实质理解。罪刑法定原则的实质精神应当是对国家权力的适度限制，以及对公民正当权利的严格保障。从实质上看，基于犯罪记录的大量前科规范同样会对犯罪人的权利造成重大不利影响，使其在刑罚执行完毕之后依然背负沉重的负担，严重阻碍其正常回归社会。对于大量犯罪人而言，犯罪记录带给

犯罪人的限制甚至可能比刑罚更加严厉。在实践中大量存在的轻型犯罪中，犯罪人被判处的刑罚可能大多是管制、拘役等，就刑罚内容本身而言其实并不算严重。但伴随而来的犯罪记录以及立基于此的大量前科规范限制则将会给犯罪人刑罚执行完毕后的正常生活带来巨大的不便。尤其是考虑到这种权利剥夺与限制将会伴随其一生，同时还会连带其子女，对于犯罪人而言，这种来自前科规范的限制相较于被判处的刑罚无疑显得更为严厉。

此外，恰恰正是因为基于犯罪记录引发的前科规范限制是在刑罚执行完毕后继续作用于本应已被改造成功、教育完毕的犯罪人，所以这种"不似刑罚但胜似刑罚"的负面评价的存在显得更加不合理。因此，如果否认这种所谓的"负面评价"的实质惩罚性质，放任由犯罪记录引发的负面评价继续发挥实质意义上的惩罚作用，那么这种"变相的刑罚"就是对罪刑法定原则实质精神的违背，更是与法治精神相抵牾。

(二) 悖离犯罪记录制度的设立初衷

犯罪记录制度的设立初衷乃是作为国家管理社会的信息工具，通过对犯罪人的犯罪记录信息进行收集、统计、管理与使用，为刑事司法和社会管理提供数据支持，最终实现包括犯罪预防在内的社会现代化治理目的。因此，在制度定位上，犯罪记录制度不应承担对犯罪人进行惩罚的功能。对犯罪人的制裁与惩罚应当由刑罚实现。这样一种制度设计，其实本就为我国所确立：对构成刑事犯罪的行为人，经由被判处的刑罚对其进行制裁，从而实现改造与教育的目的；在刑罚执行完毕后、回归社会之时，再通过犯罪记录制度对行为人的犯罪记录信息进行归档、整理与使用，从而实现犯罪预防与社会管理的目的，并通过基于犯罪记录的前科规范对行为人的权利与资格进行一定程度的、有针对性的限制，进一步强化犯罪预防的功能。因此，为了区分和明确刑罚制度与犯罪记录制度之间的不同功能与角色分配，防止犯罪记录制度沦为实质意义上的刑罚，在实践中发挥"二次惩罚"机制的作用，应当限制以犯罪预防为目的而对犯罪人进行的权利限制与剥夺，将其置于可控和适度的范围之内，同时兼顾对犯罪人正当权利的保护。否则，只会为了预防而无限制地加重对犯罪人的权利限制程度，犯罪记录制度最终将彻底沦为惩罚的工具。然而，实践中，大量无序扩张的前科规范为犯罪记录制度"开疆拓土"，使其异化为永久的权利剥夺与范围上的株连责任，这就背离了犯罪记录制度的设立初衷。

（三）缺乏与之对应的救济手段

由于犯罪记录的存在会引发针对犯罪人的来自国家的规范性评价和来自社会的非规范性评价，而这两种评价所具有的权利剥夺的永久性、处罚范围上的连带性、社会评价的道德伦理性和目的与手段之间的非关联性将对犯罪人的权利产生极大的限制，严重阻碍其正常回归社会。因此，对于由犯罪记录引发的针对犯罪人的权利限制，理应赋予犯罪人或其受影响的亲属相应的救济途径。然而，现实中，面对此等严重的不利性评价，犯罪人不仅缺乏与之对应的救济手段，更是根本无法避免。基于犯罪记录的权利限制与刑罚不同，刑罚是犯罪人因犯罪行为本就要承受的，而基于犯罪记录产生的权利限制则是在刑罚之外另行追加的，是对一个已经接受过刑罚教育、改造、应当回归社会的正常人的延续性权利限制，且这种限制不像刑罚那样有着明确的时间限制，而是表现为永久性的权利剥夺；也不像刑罚那样是显性的、制度化的限制，而往往是社会上隐性的、非规范化的歧视与排斥。因此，倘若将犯罪记录制度确立为惩罚模式，定位为针对犯罪人在刑罚执行完毕之后的二次惩罚机制，则会导致权利受到限制的犯罪人因缺乏相应的救济手段而在面对失控的惩罚时束手无策。

二、对设计初衷暨一元的预防模式之反思

传统观点侧重犯罪记录预防犯罪的作用，这也是犯罪记录制度的设立初衷。然而，在现代社会，将一元的预防目的论作为犯罪记录制度的制度功能是否合理、会造成怎样的后果则是一个需要反思的问题。

（一）犯罪记录的犯罪预防功能

一元化的预防论始终占据着针对犯罪记录制度目的讨论的中心地位，这得益于犯罪记录所具有的犯罪预防功效。在古代，犯罪记录是被直接"标示"出来的。或是通过在犯罪人身上刺字涂墨，[1] 或是通过毁伤身体。前者如中国古代的黥刑，后者如西方中世纪的"颈手枷"（poillory）[2]。此时，这种原始的、早期的"犯罪记录"除了施加肉体上的痛苦与人格上的侮辱之外，实际上还承担着一种威慑目的，追求的是一种预防效果。一方面，借助对犯罪人施加的惩罚传播刑罚之严厉与痛苦，起到针对社会群体的一般预防效果；另一方面，通过具象化的、显性的形式标示出犯罪记录者，将其与社会群体区隔开来，借助社会群体对犯罪的厌恶和对犯罪人的歧视，将其"社会化隔离"，并向社会其他成员传递信号，表明某人就是犯罪人，而犯罪人都是应当受到谴责的"坏人"，应避免与其接触或者小心接

---

[1] 参见杨鸿雁：《中国古代耻辱刑考略》，载《法学研究》2005年第1期，第129页。

[2] 根据《元照英美法词典》的"pillory 颈手枷"词条，古时将罪犯的颈与手枷住示众的刑罚，可任由众人嘲笑甚至投掷臭蛋、碎片。1837年被废止。

第四章　对我国犯罪记录制度的反思与批判：以制度比较为切入

触，从而实现针对犯罪人的特殊预防。进入现代社会，得益于信息技术的突飞猛进，信息化管理成为可能，犯罪记录的形式也从直接作用于肉体的"刺字""涂墨"与"烙印"变成了记录"犯罪信息"。犯罪记录不再像古代那样残酷而充满血腥，没有身体上的痛苦，也无挥之不去的烙印，取而代之的则是犯罪信息、指纹、DNA资料数据库以及与犯罪人人身密切相关的各类信息。虽然看似去除了残酷性，充满了人道主义精神，但对犯罪人的预防、驱逐与控制却并未有丝毫减损。这一过程虽是以人道为名，但却充满着理性的逻辑。在现代社会，借助于信息技术、大数据和算法等手段，"通过信息的控制"变得更加彻底、隐蔽与有效，甚至通过与其他能够表征行为人信用资质的信息相结合，使得犯罪记录所蕴含的潜力被进一步激发。在当代社会，其已不再局限于传统的犯罪预防，而是逐渐扩张功能适用领域，将犯罪记录用于更加广泛的社会管理，最典型的是犯罪记录开始被纳入社会信用体系，作为表明行为人具有较高失信风险的信用信息，成为社会综合治理的基础性信息的一部分。

(二) 犯罪记录的过度防卫化倾向

但是，这种立基于社会防卫论的观点过于强调社会安定的一面，过于追求对社会秩序的维护，从而一方面夸大了犯罪记录制度对于犯罪预防的实际功效，另一方面又忽视了在预防犯罪的过程中对犯罪人正当权利的必要保护。而这两点又是相互印证、互相强化的。

"夸大功效"之处在于，具有犯罪记录者，也即曾经的犯罪人，这样一个身份、这样一种经历并不意味着其必然有着更高的再犯可能性，或者其人身危险性就必然高于一般人。这仅是一个统计上的概率与理论上的推测，是就整个犯罪人这类群体而言的，对每个具体而又独特的个体并没有实质意义，不能因此就断定每一个具体的犯罪人都倾向于再犯罪，都具有高于一般人的人身危险性。更何况，这样一个概率还并非一个大的概率，这样的一个理论也仅仅是理论。此外，讽刺而又自相矛盾的是，按照传统刑罚理论的逻辑，对犯罪人依据其行为的社会危害性以及再犯可能所判处的刑罚，在顺利执行完毕后，理应能够起到改造和教育的效果，犯罪人的人身危险性和再犯可能性不仅不会高于一般人，反而应当大幅降低，与正常人无异。因此，在现有刑罚理论下，对于刑罚执行完毕、已经回归社会的前犯罪人（即如今的有犯罪记录者）再施加过多的基于犯罪预防的权利限制，不仅无助于实际的犯罪预防，还将导致自相矛盾。"忽视保护"之处在于，从实质上看，由犯罪记录引发的前科规范限制同样会对有犯罪记录者的权利产生重大不利影响，其造成的影响既深远又难以估量。尤其是考虑到这种权利限制有着不同于刑罚的内容上的永久性和范围上的连带性，在很多时候，这种基于犯罪记录的权利限制可能比刑罚本身对犯罪人造成的影响还要大。

因此，尽管犯罪记录制度确实能够提高刑事司法系统的运作效率，能够辅助刑事司法制度之贯彻落实，能够基于数据统计实现犯罪预防与社会管理，但纯粹只注重社会防卫而轻视犯罪人权利保护的过度防卫倾向值得反思。

三、对预防犯罪与权利保护二元论之提倡

如前所述，犯罪记录本质上属于个人信息的一部分，是一种经由国家建构的"具有公共属性的个人信息"。这就意味着，现代社会中犯罪记录信息不可能完全私人化，不可能完全由信息主体个人掌控，而是具有公共属性的一面，应当承担一定程

第四章　对我国犯罪记录制度的反思与批判：以制度比较为切入

度的社会功能。由于犯罪记录信息兼具个人性与社会性的双重属性，既有着对犯罪人个人权利保护的一面，也有着承担公共职责、发挥犯罪预防公共属性的一面，这就使得我们不可能完全基于个人信息保护的目的而否定犯罪记录制度的犯罪预防功能，同时也意味着不能一味强调犯罪预防的国家本位而忽视对犯罪人应有权利的必要关照。因此，首先需要明确的是，异化的惩罚模式不应成为犯罪记录制度的设立初衷，犯罪记录制度不能成为延续刑罚的"二次惩罚"机制。"犯罪人犯罪以后，法律已令其承担与所犯罪行轻重相适应的刑事责任，这是正义的体现，但让一个已经刑罚执行完毕的人在合法的情况下继续承受该项犯罪所带来的种种报复则有失公正。我们不能把曾经犯过的罪，永远当作现实束缚的理由，如若此，把罪犯改造成新人不就成了一句笑话了？"[1]其次，一元的犯罪预防模式也不能成为主导犯罪记录制度建设的唯一方案。否则，犯罪记录制度所能起到的提高刑事司法系统运作效率、辅助刑事司法制度之贯彻落实、基于数据统计的犯罪预防与社会管理等作用都将会因为缺乏对作为信息主体的有犯罪记录者应有权利的重视、纯粹只注重社会防卫而轻视犯罪人权利保护而走向过度防卫的错误。

据此，基于犯罪预防而对犯罪人施加的权利限制必须要尽可能适度，应当被限定在预防犯罪所必要的限度内，对犯罪记录的利用也要明确使用边界，对犯罪记录所应承载的功能更要正本清源。在笔者看来，由于在犯罪记录制度当中，犯罪预防的国家立场始终占据主导地位，一元的预防功能论始终是主流，这就需要国家更加着力提倡对犯罪人正当权利的保护，以期扭转目前过于失衡的利益格局。即要求在未来的犯罪记录制度设

---

[1] 房清侠：《前科消灭制度研究》，载《法学研究》2001年第4期，第88页。

计当中，从制度内核上进行根本性的转变，实现从一元的预防犯罪论向预防犯罪与权利保护二元论转变。应当将对个人信息保护的考量纳入犯罪记录制度，将犯罪预防与权利保护同时作为犯罪记录制度的制度功能，不仅采取平衡保护、同时兼顾的态度，而且通过实现两种利益的动态选择、利益衡量与相互制约，寻求两种利益的平衡点，从而最大限度地实现犯罪记录制度的犯罪预防与权利保障功能。

第四节　制度构造的迷思：犯罪记录的制度设计应当如何取舍

目前的犯罪记录制度设计呈现出了许多似是而非、自相矛盾的地方：制度设计的初衷是实现犯罪预防的目的，但在实践中，制度所起到的作用却往往会突破预防应有的限度；制度设计不可谓没有考虑到犯罪人权利保障的面向，但在现实的制度运作中又往往对其加以形式化考量，没有给予应有的重视，没能遵循制度设计时的理念。上述两种矛盾之处集中体现在三个方面：其一，前科规范的创设层面。我国目前创设了大量针对犯罪记录的禁止性前科规范，但这些前科规范的创设是否真的都有必要、能否实现犯罪预防的目的却不得而知。即便可以，但这种通过限制犯罪人权利来实现犯罪预防目的的做法是否符合权利限制的均衡性要求也仍存疑问。其二，犯罪记录的使用层面。在确立了犯罪记录制度作为国家工具的地位这一前提后，需要明确的是犯罪记录制度的使用边界问题。规范的国家层面的犯罪记录制度的出现将会导致过往的前科规范被重新激活，将会放大其对犯罪人权利的限制，而如果不划定犯罪记录的合理使用边界，则将会造成对犯罪人权利的不当限制。然而，目前的犯罪记录制度却并没有为此作出合理界定。其三，在经历了前科规范的创设和犯罪记录的使用阶段之后，如何"结束"某一犯罪记录、为其画上一个句点是必须要考虑的问题。对此，当前存在着"犯罪记录封存制度"和"前科消灭制度"两种对立主张。前者要求在一定期限后封存犯罪记录，之后不得再被查询使用，以确保犯罪人的个人信息权得到保障；后者则提出，通过将未成年人犯罪和轻罪不计入犯罪记录，彻底"消灭"犯罪记录。对于这两种思路到底应如何取舍，学界存在争议。

一、大量前科规范的创设是否合法？有无必要？是否均衡？

前科规范与犯罪记录的关系是内在一体的，前科规范是基于犯罪记录、针对有犯罪记录者设定的禁止性规范。如前所述，在我国，前科规范体系形成了一种另类的"圈地运动"效应，[1]立法主体分别在自己的领域划定了针对有犯罪记录但早已回归社会的正常人的禁止性规范。这些前科规范实际上相当于针对有犯罪记录者建立了一个"禁入区"。目前，这样的趋势愈演愈烈。由于欠缺法律的统一规制，各个层级、不同领域的立法主体都以保持自身领域的"纯洁性"为由，自行创设了大量的针对有犯罪记录者的禁止性规范。有犯罪记录者被从越来越多的领域驱逐，进而形成了一个针对犯罪人群体的权利剥夺与资格限制的禁止性规范网络。

由此便引出了一个问题：大量前科规范的设定是否满足合法性要求？因为，我国《立法法》为剥夺和限制公民权利的规

---

[1] 参见［阿根廷］安德鲁斯·迪米特里厄：《政治经济学，生态学和新圈地运动：交叉、挑战及批判传播学》，俞平译，载《新闻大学》2012年第5期，第72~80页。

范性文件的制定设立了严格的规则限制，尤其是对于实践中占据多数的部门规章而言，其针对公民的权利限制不得超越法律和行政法规已经确立的内容和划定的范围。而我国如此众多的前科规范是否都禁得起合法性审查，是一个需要谨慎对待的问题。

此外，即便具备合法性，这些前科规范的创设是否都有必要？换言之，这些前科规范的设定能否实现其本欲实现的，同时也是整个犯罪记录制度所追求的制度目的——犯罪预防？

最后，即便确有必要，这些前科规范的设定能够起到犯罪预防的目的，那么这些设定是否实现了评价均衡？在追求犯罪预防的同时，会不会因此过度侵犯犯罪记录者的应有权利？尤其考虑到下文将论述的隐忧，即犯罪记录制度建立后可能引发前科规范"潜力"的全部释放，寻找这一问题的答案显得越发迫切。

（一）数目巨大：我国前科规范体系的现状考察

根据笔者的统计，从最早规定前科规范的1991年，[1]到本书写作的2019年底，在这近三十年的时间里，我国现有前科规范的数量巨大，且不同层级、不同领域的规范性文件都有所涉及，形成了一套严密的针对犯罪人的禁止性权利限制体系。笔者根据法律、行政法规、部门规章和地方性法规四种分类，对从1991年至2019年新增的前科规范进行统计。需要说明的是，有些法律虽然几经修改，但涉及的前科规范早在修订之前便已存在。这时，笔者将按照该部法律最初的公布时间计算。反之，

---

[1] 1991年《国家地震局公司管理暂行规定》第15条第2款："凡有下列情形之一的人员不得担任企业法人的法定代表人：因违法经营被吊销营业执照未满五年的原法定代表人；因经营管理不善宣告破产未满三年的原法定代表；刑满释放或解除劳教未满三年者；被司法机关立案调查尚未结案的；国家法律、法规和政策规定不能担任企业领导职务的。"

第四章 对我国犯罪记录制度的反思与批判：以制度比较为切入

如果涉及的前科规范是在后续修订中才被规定，即修改过程中新增前科规范性条文的，此时年份以该条文公布时间为准。此外，本部分只是按照年份对前科规范的数量进行统计，对于具体的前科规范内容之整理，由于篇幅过于巨大，笔者将其放在了文章附录部分。

表 4-3

年份\新增规范性文件	法律	行政法规	部门规章	地方性法规	总数	加权分数[1]（5/3/1）
合计	36	34	113	96	294	
2019 年	0	0	5	13	18	18
2018 年	1	0	11	10	22	26
2017 年	0	0	5	9	14	14
2016 年	5	0	7	8	20	40
2015 年	2	1	3	7	13	23
2014 年	0	1	5	4	10	12
2013 年	0	1	3	4	8	12
2012 年	0	2	1	3	6	10
2011 年	1	1	6	1	9	15
2010 年	0	0	1	9	2	12	14

---

[1] 纯粹的数字并不能实际反映前科规范不断扩张的影响范围。因为，规定在法律层级的前科规范条文，虽然在统计学意义上与规定在地方性法规中的前科规范条文没有差别，但法律的涉及范围、影响幅度显然远远大于地方性法规。此时，如果仍然只是从数目角度一视同仁，显然忽视了前科规范之间的影响力差别。同理，行政法规与部门规章、法律和行政法规之间都存在这样的问题。因此，笔者根据影响力的差别，在数目统计之外另外进行加权分数，将法律以 5 分计，行政法规以 3 分计，部门规章和地方性法规均为 1 分。

续表

年份\新增规范性文件	法律	行政法规	部门规章	地方性法规	总数	加权分数[1]（5/3/1）
2009年	3	3	3	1	10	26
2008年	1	2	2	0	6	13
2007年	0	3	7	1	11	17
2006年	3	1	7	3	14	28
2005年	2	2	6	1	11	23
2004年	1	1	7	6	15	21
2003年	3	4	4	2	13	33
2002年	3	1	3	2	9	23
2001年	0	1	2	4	7	9
2000年	0	0	2	4	6	6
1999年	1	3	2	2	8	18
1998年	2	3	2	2	9	23
1997年	0	1	3	2	6	8
1996年	2	0	4	0	6	14
1995年	4	2	2	4	12	32
1994年	0	0	1	1	2	2
1993年	3	0	0	0	3	15
1992年	0	0	0	0	0	0
1991年	0	0	1	0	1	1

对我国庞大的前科规范体系进行观察可以基于两种视角，即纵向的法律位阶视角与横向的法律领域视角。从纵向的法律位阶视角进行观察，我们可以发现，这套前科规范体系中的法

第四章 对我国犯罪记录制度的反思与批判：以制度比较为切入

律层级完整、细密，从上至下涉及我国法律规范的各个层面，包括法律、行政法规、地方性法规、部门规章和地方性规章；从横向的法律领域视角观察，我们可以发现，这套前科规范体系的数量庞大、涵盖面广，涉及我国法律规范的各个方面、社会生活的各个领域。虽然这两种视角都是对这套针对犯罪人的权利限制体系的片面性观察，但将二者结合起来能够对我国针对犯罪人的前科规范体系形成一个较为全面与深入的透视。具体而言，从纵向的法律位阶来看，在法律层面，规定前科规范的法律文件有36部，涉及法律条文42条；行政法规层面，规定前科规范的行政法规有34部，涉及条文42条；地方性法规层面，规定前科规范的文件有96部，涉及条文125条；部门规章层面，规定前科规范的部门规章有113部，涉及条文133条。就横向的法律规范领域而言，有针对主体的法律规范，包括《法官法》《检察官法》《公务员法》《人民陪审员法》《律师法》《人民警察法》《教师法》《医师执业注册管理办法》《导游管理办法》《新闻记者证管理办法》；也有针对行为的法律规范，如《对外贸易法》《广告法》《证券法》《保险法》《政府采购法实施条例》《中外合作办学条例》；还有些是针对特定事项的规定，如《外国人在中华人民共和国收养子女登记办法》《外国律师事务所驻华代表机构管理条例》《国家自然科学基金条例》。

总之，我国现有前科规范体系形成了一个数量巨大、纵横交错、包罗各类事项、涉及诸多领域的网状结构。在这样一张细密的、严密的权利限制网络之下，即便已经受过刑事处罚，有犯罪记录者也仍要受到各方面的约束与限制，这不禁让人思考，大量前科规范的创设有无必要？以这种权利限制的方式来对曾经的犯罪人实施预防，手段与目的之间是否均衡？更令人关注的是，目前这种前科规范并没有停止扩张的迹象，也无减缓的趋势,而是继续呈现出无序扩张的态势。

(二)无序扩张:我国前科规范体系的趋势分析

通过对我国现有前科规范体系进行观察我们可以发现,我国规定了前科规范的规范性文件之数量呈现逐年递增的趋势,保持着每年平均 1 部的增长态势。基于对近三十年的增长趋势的梳理,我们可以将其归纳为三个阶段。

第一阶段是 1991 年到 2001 年这一时期,属于平稳增长阶段。从我国第一部规定了前科规范的规范性文件(即 1991 年《国家地震局公司管理暂行规定》)起,我国前科规范的数量缓慢增长,虽然有几年增长达到了两位数,但基本上一直处于个位数的增长水平。而用以体现前科规范影响力的加权分数计算也表明,虽然这一时期出现了 1995 年至 1999 年这个前科规范影响力的小高峰,并在 1995 年出现了规范文件数量和影响力的大幅突破,但这一阶段的增幅仍然显得波动性较大,无法与之后两个阶段的长期、大幅增长相比。

第二阶段是 2002 年到 2014 年这一时期,属于加速增长阶段。在进入 2003 年后,我国前科规范的增幅开始呈现较大的上升趋势,从过往个位数的年增幅扩大到 10 部以上的年增幅:在 2003 年,新增的包含前科规范的规范性文件共有 13 部,其中法律 3 部、行政法规 4 部、部门规章 4 部、地方性法规 2 部;在 2004 年,新增的包含前科规范的规范性文件共有 15 部,其中法律 1 部、行政法规 1 部、部门规章 7 部、地方性法规 6 部;在 2005 年,新增的包含前科规范的规范性文件共有 11 部,其中法律 2 部、行政法规 2 部、部门规章 6 部、地方性法规 1 部;在 2006 年,新增的包含前科规范的规范性文件共有 14 部,其中法律 3 部、行政法规 1 部、部门规章 7 部、地方性法规 3 部;在 2007 年,新增的包含前科规范的规范性文件共有 11 部,其中行

第四章 对我国犯罪记录制度的反思与批判：以制度比较为切入

政法规 3 部、部门规章 7 部、地方性法规 1 部；在 2008 年，新增的包含前科规范的规范性文件共有 6 部，其中法律 1 部、行政法规 2 部、部门规章 2 部；在 2009 年，新增的包含前科规范的规范性文件共有 10 部，其中法律 3 部、行政法规 3 部、部门规章 3 部、地方性法规 1 部；在 2010 年，新增的包含前科规范的规范性文件共有 12 部，其中行政法规 1 部、部门规章 9 部、地方性法规 2 部；在 2011 年，新增的包含前科规范的规范性文件共有 9 部，其中法律 1 部、行政法规 1 部、部门规章 6 部、地方性法规 1 部；在 2012 年，新增的包含前科规范的规范性文件共有 6 部，其中行政法规 2 部、部门规章 1 部、地方性法规 3 部；在 2013 年，新增的包含前科规范的规范性文件共有 8 部，其中行政法规 1 部、部门规章 3 部、地方性法规 4 部；在 2014 年，新增的包含前科规范的规范性文件共有 10 部，其中行政法规 1 部、部门规章 5 部、地方性法规 4 部。反映前科规范影响力的加权分数计算也表明，前科规范在这一时期较之于前一阶段更加具有影响力。

第三阶段是 2015 年至今，属于急速扩张阶段。2015 年后，我国前科规范又迎来了一次增幅提升，从之前的年增幅十几部规范性文件扩大到了年平均 20 部，并在 2018 年达到了迄今为止最多的 22 部。这一阶段的显著特点是部门与地方政府包含前科规范的规范性文件急剧增加。除了 2004 年的 13 部、2006 年的 10 部和 2010 年的 11 部外，在此之前的年份中，部门规章与地方性法规之和从没有超过 10 部。而在此之后，即从 2015 年起算，每年部门规章与地方性法规之和都突破了 10 部，并逐渐增加到了 20 部。具体来说，在 2015 年，新增的包含前科规范的规范性文件共有 13 部，其中法律 2 部、行政法规 1 部、部门规章 7 部、地方性法规 3 部；在 2016 年，新增的包含前科规范的规范性文件共有 20 部，其中法律有 5 部之多、行政法规 0 部、部门规章 7 部、地方性法规 8 部；在 2017 年，新增的包含前科规范的规范性文件共有 14 部，其中法律和行政法规层面并未增加，部门规章 5 部、地方性法规 9 部；在 2018 年，新增的包含前科规范的规范性文件共有 22 部，其中法律 1 部、部门规章 11 部、地方性法规 10 部；在 2019 年，新增的包含前科规范的规范性文件共有 18 部，其中法律和行政法规均未增加，但部门规章有 5 部、地方性法规有 13 部。加权分数计算也表明这一时期前科规范的影响力得到了进一步扩张。

（三）野蛮生长：我国前科规范体系的合法性危机

在"数量巨大"和"无序扩张"的背景下，我国前科规范体系呈现出了"野蛮生长"的态势：越来越多的前科规范被制定出来。《立法法》第 91 条规定，部门规章的定位在于执行法律和行政法规，其内容不得超越法律和行政法规确立的事项。"……没有法律或者国务院的行政法规、决定、命令的依据，部门规章不得设定减损公民、法人和其他组织权利或者增加其义务的规范，不得增加本部门的权力或者减少本部门的法定职责。"[1]然而，通过对我国现有前科规范体系的梳理我们可以发现，有相当多的部门规章并未严格遵循其参照的法律和行政法规中关于限制犯罪记录者权利的规定，而是不同程度地提升了权利限制的程度、扩大了权利限制的范围，甚至凭空增添了针对犯罪记录者的权利限制，因而违反了《立法法》第 80 条关于部门规章设立的基本规则。具体而言，包括以下 9 部部门规章。

---

[1]《立法法》第 91 条第 2 款。

第四章 对我国犯罪记录制度的反思与批判：以制度比较为切入

表 4-4

发布部门	文件名称	条款	限制事项	针对的犯罪记录者
国家市场监督管理局	《专利代理师资格考试办法》	第23条	不得参加专利代理师资格考试	因故意犯罪受过刑事处罚，自刑罚执行完毕之日起未满三年
交通运输部	《民用航空器飞行机械员合格审定规则》	第63.31条	不得申请颁发飞行机械员执照	5年内有犯罪记录者
司法部	《国家统一法律职业资格考试实施办法》	第10条	不得报名参加国家统一法律职业资格考试	因故意犯罪受过刑事处罚的
交通运输部	《城市公共汽车和电车客运管理规定》	第27条	不得应聘城市公共汽电车客运的驾驶员、乘务员	乘务员：无暴力犯罪记录；驾驶员：无暴力犯罪记录，且无交通肇事犯罪、危险驾驶犯罪记录。
交通运输部	《出租汽车驾驶员从业资格管理规定》	第10条	不得申请参加出租汽车驾驶员从业资格考试	无交通肇事犯罪、危险驾驶犯罪、暴力犯罪记录
交通运输部、工业和信息化部、公安部、商务部、工商总局、质检总局、国家网信办	《网络预约出租汽车经营服务管理暂行办法》	第14条	不得从事网约车服务的驾驶员	无交通肇事犯罪、危险驾驶犯罪、暴力犯罪记录

续表

发布部门	文件名称	条款	限制事项	针对的犯罪记录者
新闻出版总署	《新闻记者证管理办法》	第10条	不能获得新闻记者证	受过刑事处罚者
原国家广播电影电视总局	《广播电视编辑记者、播音员主持人资格管理暂行规定》	第9条	不得报名参加广播电视编辑记者、播音员主持人资格考试	因故意犯罪受过刑事处罚的

这9部部门规章的问题在于,其针对犯罪记录者设置的前科规范限制,缺乏法律和行政法规依据。对于凭空增设针对犯罪记录者的权利限制的情形,以交通运输部发布的《城市公共汽车和电车客运管理规定》和《出租汽车驾驶员从业资格管理规定》为例。我国法律并未在公共交通领域设置相关前科规范限制;在行政法规领域虽有一例,但却是2012年实施的《校车安全管理条例》,其规定"校车驾驶人应当依照本条例的规定取得校车驾驶资格。取得校车驾驶资格应当符合下列条件:……(五)无犯罪记录"。[1]因此,交通运输部制定的《城市公共汽车和电车客运管理规定》和《出租汽车驾驶员从业资格管理规定》针对犯罪记录者的前科规范限制并无法律或行政法规依据,因此不具备合法性。此外,超越限度加重权利限制程度的,以2019年交通运输部修正实施《通用航空经营许可管理规定》为例。1998年,国务院颁布实施《企业法人法定代表人登记管理规定》。该规定对企业法定代表人的任职资格进行了严格而细致

---

[1] 2012年《校车安全管理条例》第23条。

第四章 对我国犯罪记录制度的反思与批判：以制度比较为切入

的规定，其中对于犯罪记录者，设置了三种类型的前科限制。[1]尽管较早地规定了前科规范，但这些前科规范都有着严格的时间期限，即分别为执行期满5年内、3年内、5年内。在此期间后，犯罪记录者不再受到该前科规范的限制。然而，交通运输部于2019年颁布实施的《通用航空经营许可管理规定》却突破了这一界限，对企业的法定代表人设置了终身性的前科规范限制。该规定第11条第2款明确："对重大、特别重大生产安全事故负有责任的，终身不得担任通用航空企业法定代表人。"[2]这种针对犯罪记录者的终身性权利限制显然违背了作为上位法的《企业法人法定代表人登记管理规定》的规定。因为，对重大、特别重大生产安全事故负有责任的个人，依照国务院制定的《企业法人法定代表人登记管理规定》第4条的规定，对其进行的权利限制期限为刑罚执行期满3年内。而按照交通运输部制定的《通用航空经营许可管理规定》第11条的规定，该类犯罪记录者担任通用航空企业法定代表人的权利将受到终身限制。这种部门规章将行政法规规定的原本具有明确时间期限限制的前科规范加重升格为终身限制的做法，同样违背了《立法法》第91条"没有法律或者国务院的行政法规、决定、命令的依据，部门规章不得设定减损公民、法人和其他组织权利或者增加其义务的规范，不得增加本部门的权力或者减少本部门的法定职责"的规定。上述其他几部部门规章同样存在着

---

[1]《企业法人法定代表人登记管理规定》第4条规定："有下列情形之一的，不得担任法定代表人，企业登记机关不予核准登记：……（四）因犯有贿赂罪、侵犯财产罪或者破坏社会主义市场经济秩序罪，被判处刑罚，执行期满未逾五年的；因犯有其他罪，被判处刑罚，执行期满未逾三年的；或者因犯罪被判处剥夺政治权利，执行期满未逾五年的。"

[2] 2019年《通用航空经营许可管理规定》（已失效）第11条，2020年该规定修正删除该内容。

合法性缺失问题。

需要说明的是，笔者的梳理只是针对部门规章，旨在揭示我国前科规范体系存在的合法性危机，并不致力于全面、细致地检视我国现存所有前科规范的合法性问题。因此，对于地方性法规和数量更加庞大的地方性规章，笔者无意也无力进行分析。但可以想见，其中必定存在相当数量的缺乏合法性依据的前科规范。

二、犯罪记录的使用边界如何划定？

犯罪记录制度的建立，对于犯罪人而言将会是一把"双刃剑"。一方面，在国家犯罪记录制度之下，犯罪人的犯罪记录信息将会被国家集中收集、存储、保管与使用，这对于犯罪记录的规范化使用具有重大积极意义，犯罪人的犯罪记录信息不再有被随意泄露的风险，犯罪人的权利将会得到相当程度的保障；另一方面，犯罪记录制度将会充分发挥犯罪记录的犯罪预防价值，现实中的一些法律规避做法将会无所遁形，这将会使得前科规范的潜力被全部释放出来。因此，在明确了建立国家统一的犯罪记录制度这一前提后，我们需要进一步思考的是，未来对于犯罪记录的使用，其边界何在。

（一）犯罪记录制度建立后的潜在效果：可能引发前科规范"潜力"的全部释放

前科规范与犯罪记录制度在制度逻辑上是一体的，在功能上则互为依托。前科规范体系是嵌入在整个犯罪记录制度之中的，前科规范和犯罪记录制度存在着密不可分、互为依托的内在联系。一方面，前科规范以犯罪记录为评价对象，犯罪记录是前科规范设定和适用的基础，没有犯罪记录制度提供的犯罪记录信息数据库和查询规则，前科规范只能流于形式；另一方

第四章　对我国犯罪记录制度的反思与批判：以制度比较为切入

面，犯罪记录通过前科规范实现其制度功能。犯罪预防是犯罪记录制度的基本功能，而通过前科规范为有犯罪记录者设定不利法律地位，减少有犯罪记录者再次犯罪的犯罪资源和犯罪机会，依然是犯罪记录制度实现犯罪预防的主要方式。

我国当前前科规范虽然数量众多，但限于缺乏具体犯罪记录查询途径和验证途径，前科规范的适用效果并不明显，许多前科规范规定的内容在现实生活中并不能被落实，甚至存在大量利用伪造的无犯罪记录证明规避前科规范的情形。[1]然而，犯罪记录制度一旦建立，犯罪记录的查证将实现有法可依、有章可循，伪造或隐瞒犯罪记录将变得极为困难，犯罪记录信息的利用效率必然大幅提升，这是犯罪记录制度的优势与价值所在。

但与此同时，我们也必须注意到，借由犯罪记录制度的建立，现有前科规范的"能量"也将得到全部释放，前科规范体系无序扩张所引发的"驱逐效应"将会更加显著，有犯罪记录者回归社会的阻碍会进一步加强，这必然直接影响犯罪记录制度实现的积极社会效果。此外，更值得注意的是，在大数据时代，信息的重要性与价值愈发凸显，犯罪记录作为社会的基础性信息，合理规范利用能收获积极的社会效益。但在网络社会的背景之下，信息储存、传输的便利以及范围和期间无限扩张特性一旦同前科规范无序扩张的趋势相结合，必然会引发严重的数据风险，给个体信息安全、公共信息安全甚至国家信息安全带来巨大威胁。

（二）划定犯罪记录使用边界的原则

尽管如上所述，犯罪记录制度建立后可能引发我国现有前

---

[1] 参见徐荔：《帮同事伪造无犯罪记录证明换来有期徒刑10个月》，载《上海法治报》2012年11月16日。

科规范"潜力"的全部释放。但我们不能因噎废食,就此否定犯罪记录制度的价值。应当在明确建立国家统一的犯罪记录制度这一前提下,进一步思考如何为犯罪记录的使用划定合理边界。对犯罪记录的使用需要兼顾犯罪记录中的个人性与社会性、基于犯罪记录个人信息与公共信息的双重属性,通过利益平衡与比例原则,谨慎地划定犯罪记录的使用边界。当前犯罪记录制度的评价体系,一是基于犯罪记录引起的规范性评价,即前述各个法律规定的权利剥夺与资格限制等前科规范,二是基于国家的规范性评价进一步引发的社会的非规范性评价,其中的核心问题是就业歧视。因此,要为犯罪记录的使用划定一个合理的边界,践行犯罪人权利保护理念,实现对犯罪人权利的保障,赋予犯罪人对于其自身犯罪记录的个人信息权,推动犯罪记录制度朝着预防犯罪与权利保护的二元理念革新,就需要从限缩国家对犯罪记录的滥用和减轻社会基于犯罪记录的歧视两方面入手,针对犯罪记录设置相应的使用期限与使用范围,规定相应的使用程序,以此来限制对犯罪记录的过度使用。因此,对犯罪记录的使用必然采取的是"限制使用"模式。犯罪记录的使用不能是无期限的,这就进一步涉及特定犯罪人的犯罪记录的使用"终结"问题,即在使用期限届满后,如何处理这一犯罪记录?是将其封存,还是彻底地消灭?这便引出了下一个问题。

三、犯罪记录,封存还是消灭?

基于对犯罪人权利保障的关注,以及对犯罪记录制度建立后可能引发前科规范效果充分释放的担忧,我国在构建犯罪记录制度时有必要采取"限制使用"模式,针对犯罪记录的使用设置法定限制,即对犯罪记录的使用不能是无期限的、无限制的，作为犯罪人个人信息的犯罪记录不能永远作为国家的公共信息用以预防犯罪。这不仅是从权利主义角度考虑，也是从功利主义角度分析的结果：从权利主义的角度出发呼吁对犯罪人权利的保障不言自明，而从功利主义考虑，无限制地、无期限地使用犯罪人的犯罪记录所造成的危险，必将在某个临界点超过通过使用犯罪记录所获得的犯罪预防的积极效果。因此，在犯罪记录的创设阶段、使用阶段之后，必然需要一个"结束"犯罪记录的制度。而这涉及学界目前存在的两种主张：一种是"犯罪记录封存制度"。有学者主张封存犯罪人的犯罪记录，即犯罪记录在一定期限后不得继续作为国家预防犯罪的工具的一部分被使用，而是将其作为犯罪人的个人信息的一部分加以权利保障。另一种是"前科消灭制度"。有学者主张将犯罪记录予以彻底"消灭"，这种情形主要针对未成年犯罪人和轻罪犯罪。[1]

（一）犯罪记录无法消灭，也不应消灭

正如前文所论述，犯罪记录作为一种客观信息，只是对客观存在的犯罪事实的记载，这一事实本身以及作为信息留存的记录无法被"消除"，而且也不应被"消除"。因为，只要法律法规对犯罪记录的评价机制没有得到修正，那么在犯罪记录存在的情况下，作为犯罪记录评价结论的前科就会依然存在，而且不会被消灭。具体而言，犯罪记录之所以不应被"消除"，有着以下四方面原因：其一，刑法中的累犯、毒品再犯量刑制度规定的适用需要相关犯罪记录的辅助。我国《刑法》规定的累犯和毒品再犯制度，可以被视为一种前科效应对再次犯罪的特殊刑罚反应，二者的适用都要以明确刑事诉讼被告人之前的犯

---

[1] 参见张丽丽：《从"封存"到"消灭"——未成年人轻罪犯罪记录封存制度之解读与评价》，载《法律科学（西北政法大学学报）》2013年第2期，第56~62页；李健：《论前科消灭制度及其构建》，吉林大学2012年博士学位论文，第1~136页。

罪事实为前提。虽然目前公安机关内部的全国违法犯罪人员信息库可以在一定程度上满足查证犯罪事实的需求，然而当下的违法犯罪人员信息库依然存在较多不足，登记错误时有发生，[1]却没有明确的纠错机制。实践中甚至存在社会公众被错误认定犯罪记录十余年都无法改正，最后只能向法院起诉请求更正的情形。[2]同时，由于全国违法犯罪人员信息库完全由作为侦查机关的公安机关掌控，不具有中立性，使得刑事诉讼中被告人、辩护人一方处于完全被动的地位，连法院也无法查证侦查机关提供信息的真实有效性，因此存在较明显的弊端。其二，刑事诉讼中量刑规范化"前科"情节的适用也需要依据相关犯罪记录。最高人民法院于2021年修订的《关于常见犯罪的量刑指导意见（试行）》第3条第16项规定："对于有前科的，综合考虑前科的性质、时间间隔长短、次数、处罚轻重等情况，可以增加基准刑的10%以下。……"由此，我国明确了累犯和再犯以外的前科在量刑中的重要价值。然而，上述前科在查证属实时，同样面临公安机关内部封闭系统的固有弊端。其三，刑法前科报告制度的适用也需要犯罪记录的支撑。现行《刑法》第100条规定了"前科报告制度"，然而该规定却饱受学界批评，认为该规定"流于形式"造成了法条的"空置"，[3]除了缺乏不报告不利后果的监督性规定以外，该法条本身亦不具有可操作性。行为人如何报告？以何种规范形式？显然不能仅停留在"口头报告"，而缺乏国家犯罪记录制度导致《刑法》第100条无法得到有效适用。其四，国际刑事司法协助的落实也要依靠

---

〔1〕 参见张磊：《我啥时能摘掉犯罪人员帽子？》，载《新晚报》2010年7月9日。
〔2〕 参见韩雪枫：《湖南男子莫名背负"抢劫罪"11年》，载《新京报》2016年6月24日。
〔3〕 应培礼：《论刑满释放人员回归社会的制度排斥》，载《法学》2014年第5期，第132~138页。

第四章 对我国犯罪记录制度的反思与批判：以制度比较为切入

犯罪记录。犯罪记录、情报的相互提供与法律资料的互相交流是国际刑事司法协助的重要内容。随着我国国际化进程的加深，我国同其他国家的刑事司法协助也日益增多，而相互提供犯罪记录是国际刑事司法协助的重要内容。然而，由于我国缺乏统一的犯罪记录制度，导致在实践中提供犯罪记录呈现出混乱的状态。当其他国家按照相关条约向我国发出请求时，很有可能遭遇无法提供信息和犯罪记录，甚至提供错误的信息和犯罪记录的尴尬场面。因此，对上述四种现有制度的完善需要犯罪记录制度提供大量的数据支持，而在这些情形下对犯罪记录的使用并没有超过必要限度，也并非对犯罪人员的歧视，也就不存在过度使用的嫌疑了。据此，犯罪记录的意义绝不应被否定，不存在"消除"犯罪记录的必要。

（二）所谓的"前科消灭"实际上是犯罪记录封存制度的"误导性"提法

目前，所谓的"前科消灭"制度，实际上针对的是未成年犯罪人或轻罪的犯罪记录，主要依据的是《刑事诉讼法》第286条关于未成年人轻罪犯罪记录封存制度的规定。该条指出："犯罪的时候不满十八周岁，被判处五年有期徒刑以下刑罚的，应当对相关犯罪记录予以封存。犯罪记录被封存的，不得向任何单位和个人提供，但司法机关为办案需要或者有关单位根据国家规定进行查询的除外。依法进行查询的单位，应当对被封存的犯罪记录的情况予以保密。"主张"前科消灭"的学者认为，现有《刑事诉讼法》第286条规定的未成年人轻罪犯罪记录封存制度存在着相当程度的局限性，不仅适用范围过窄、适用规则没有明晰，而且在效果上仍然无法避免未成年犯罪人在回归社会后受到不应有的限制与歧视。据此，这些学者主张应当将现有的"封存制度"升级为"消灭制度"，成为"未成年人犯罪记录消灭制度"：不仅未成年犯罪人实施的犯罪不再局限于轻罪，而是扩大到一般犯罪，只有实施了严重的八类犯罪除外，而且规定未成年犯罪人不受升学、就业歧视。[1]然而，究其本质而言，这并非严格意义上的"犯罪记录消灭"。此时，未成年犯罪人的犯罪记录实际上并未被消除，只是被采取了严格的封存措施，犯罪记录仍然存在于相关犯罪记录数据库。在上述四种法律规定的情形下，未成年犯罪人的犯罪记录仍然需要被使用。尽管此时的使用是完全合法的、非歧视性的。因此，可以看出，这一所谓的"未成年人犯罪记录消灭制度"针对的并不是犯罪记录，而是意在消除由犯罪记录引起的来自国家的规范性评价与来自社会的非规范性评价。如上所述，犯罪记录本身不仅不能被消灭，而且也不应该被消灭。真正需要避免的，是由犯罪记录引起的前科规范与评价的无序扩张，而这也是无法消灭的，只能通过犯罪记录封存制度尽可能地避免。

然而，这种对犯罪记录封存制度的错误理解，将实属犯罪记录封存制度的内容冠以"前科消灭"的提法，不仅无助于对犯罪记录封存制度应有内容的理解与制度构建，反而会造成实践中的错误做法。例如，实践中存在的让人啼笑皆非的颁发"前科消灭证明""无罪证明"的做法，[2]不仅根本无助于未成年犯罪人正常回归社会，反而会使得未成年犯罪人所背负的犯罪标签被不断放大，难以消除。尽管上面写着"无犯罪记录"几个大字，但对于社会一般公众来说，人们更关心的是其中的暗示、潜台词——他曾经犯过罪。至于之后表现如何、是否已

---

[1] 参见张丽丽：《从"封存"到"消灭"——未成年人轻罪犯罪记录封存制度之解读与评价》，载《法律科学（西北政法大学学报）》2013年第2期，第59~62页。

[2] 参见赵仁伟：《乐陵："前科消灭"失足少年回归无"痕"》，载《新华每日电讯》2009年3月11日。

被宽恕都已不再重要。这些看似意在保护未成年犯罪人、实则使其更加难以被社会接纳的做法,在很大程度上是基于对所谓的"前科消灭"理论的错误理解,单纯地认为只要"消灭前科"问题就会迎刃而解,采取的做法也是"简单、粗暴、直接"的,其并没有理解犯罪记录标签效果的特殊性,也没有理解基于犯罪记录负面标签评价效果的规范性评价与非规范性评价的复杂性,更没有理解犯罪记录封存制度的存在意义。

(三)犯罪记录封存制度的意义

据此,我国在犯罪记录系统的建构过程中,有必要引入犯罪记录封存机制,实现对前科规范无序扩张的有效控制。犯罪记录封存制度虽然可以抑制前科规范的适用范围和适用期间,但并不会减弱犯罪记录制度的犯罪预防基本功能。前科规范适用范围的缩小,可以确保有犯罪记录者在确实可能诱发、帮助其再次犯罪的领域受到法律的禁止或限制,但同时也可以使社会为有犯罪记录者保留一定的接纳空间,避免彻底堵死其回归社会的途径,进而再次犯罪。而前科适用期间的缩短,避免了当前大部分前科规范的永久性,给有犯罪记录者完全回归社会的希望和具体可期待期间。而此期间实际上亦是对有犯罪记录者的"考验期",一旦其在前科规范适用期间再次犯罪,其将在更长的期间内(甚至终身)无法获得无犯罪记录证明。有犯罪记录为了避免长期乃至终身的不利法律地位,在"考验期"亦会更审慎地对待自己的行为,从而实现加强犯罪预防的目的。因此,面对前科规范的无序扩张,我国有必要建立犯罪记录封存制度,从而引入前科规范的消灭机制,确保对犯罪信息的使用在合理的限度之内,避免前科规范对有犯罪记录者施以过于严苛的永久性否定评价。

第五章
以权利制衡权力：权利保护理念的注入与个人信息权理论的引入

基于上述对犯罪记录制度应当发挥何种功能的反思与检讨，本书明确了犯罪记录制度未来应当承载预防犯罪和保护权利这两方面的功能。通过将权利保护的理念注入犯罪记录制度，"中和"一元的预防犯罪观念，并借助相应的具体制度安排贯彻该理念的落实，最终实现对犯罪人应有权利的保护，促进其顺利回归社会。而能够担负起这一"管道""中介"和"桥梁"作用的，唯有"个人信息权"。个人信息权具有相比于隐私权概念更周延、保护更全面、更符合当前大数据时代发展需要的特性。这些因素决定了有必要以个人信息权取代传统的隐私权，发挥个人信息权既能满足公民对自身个人信息的控制与保护，同时又能兼顾大数据时代对个人信息加以利用的现实需求。此外，2016年颁布的《网络安全法》大面积地以个人信息取代隐私概念；2020年颁布的《民法典》在第1034条明确规定了对个人信息的保护，并将其与第1032条规定的隐私权相区分，这些都表明了个人信息权在未来所具有的制度潜力。[1]

通过确认犯罪记录在本质上属于个人信息的一部分，犯罪人对其享有个人信息权，只是基于现代社会信息化管理的需要，个人信息在现代社会呈现出个人性与社会性共存的面貌，个人

---

[1] 参见张新宝：《从隐私到个人信息：利益再衡量的理论与制度安排》，载《中国法学》2015年第3期，第49页。

第五章 以权利制衡权力：权利保护理念的注入与个人信息权理论的引入

信息不得不予以部分让渡。但犯罪记录本质上属于个人信息这一点没有变化。犯罪记录制度中犯罪人权利保护问题的最终解决，也要回到犯罪记录属于个人信息这一逻辑前提与权利本源上来，实现"犯罪记录的个人性回归"。因此，为了使犯罪记录制度达到应有的犯罪预防目的，同时兼顾对犯罪人正当权利的维护，以使其能够顺利回归社会，充分发挥数据信息所具有的社会治理价值，有必要对我国《刑法》中的前科报告制度进行改造，使其能够适应当下信息社会的发展需要，符合国家治理体系和治理能力现代化的基本目标，一方面实现犯罪预防的制度目的，另一方面兼顾对犯罪人应有权利的保护。而要实现这样的制度目的，单纯的前科报告制度已经无法完成，必须摆脱既有前科制度与理论研究的束缚，从"犯罪预防""权利保护"和"社会治理"三重目的出发，统合现有分散的犯罪记录数据库，构建完善的国家犯罪记录制度。

第一节 宏观层面：制度功能上注入权利保护理念

基于上文对于犯罪记录制度功能的分析，当前异化的惩罚模式已迷失在过度防卫的迷雾中，手段与目的相背离，原本的制度定位发生扭曲，沦为了针对犯罪人的惩罚工具，错误地理解了犯罪记录的制度目的；传统的预防一元论虽然秉持犯罪预防理念，但却忽视了对犯罪人应有权利的保护，从而使得预防的尺度在没有对于犯罪人的权利保护理念制衡的情况下被无限扩张，不仅可能间接影响到犯罪预防的实际效果，还可能因无法使犯罪人顺利回归社会而引发新一轮冲突与对立。只有以预防犯罪与权利保护二元论为基础的制度功能构建，才能够平衡国家与犯罪人、预防犯罪与权利保护之间的紧张关系，协调好犯罪记录制度中双元结构的利益平衡。

一、权利保护理念对犯罪预防理念的制约

因此，要推进犯罪记录制度的与时俱进与理论革新，更好地发挥其犯罪预防的效果，同时兼顾对犯罪人的权利保护，就必须将权利保护的理念注入犯罪记录制度，作为支撑犯罪记录制度的另一功能，与原有的预防犯罪功能形成二元结构，以对于犯罪人的权利保护理念制约基于犯罪记录的犯罪预防理念，避免国家工具属性扩张，实现犯罪记录制度从一元论向二元论的功能转变。通过分析我们可以发现，权利保护理念可以从以下四个方面制约基于犯罪记录的犯罪预防理念。

（一）目的制约

在犯罪记录制度中，对于犯罪人的权利保护理念将会在目的层面对犯罪预防理念形成制约。这是因为，犯罪记录制度并非针对犯罪人的二次惩罚机制，其不仅不以"惩罚"为目的，也并非以单一的"预防"为指导。犯罪记录制度应当是基于犯罪预防、犯罪人权利保障和社会综合管理之三重目的而设置的现代社会基础性信息管理制度。其针对犯罪人的权利限制只能是基于犯罪预防目的，且必须被限定在犯罪预防所必要的限度之内。

（二）限度制约

在犯罪记录制度中，对于犯罪人的权利保护理念将会在限度层面对犯罪预防理念形成制约。这是因为，即便基于犯罪预防目的对曾经的犯罪人采取权利限制措施，也应当将这种权利限制限定在必要的范围之内。即便是出于对公共利益的考量而使用犯罪人的犯罪记录信息，也应当将这种使用限定在合理的尺度之下。换言之，对于曾经的犯罪人的权利限制和对于犯

记录信息的使用,都不能是无期限、无边界、无制约的,而应当以满足犯罪预防之实际需要为限,且同时兼顾犯罪人权利保障所设置的必要边界。

(三) 均衡性制约

在犯罪记录制度中,对于犯罪人的权利保护理念将会在均衡性层面对犯罪预防理念形成制约。这是因为,基于犯罪记录产生的对犯罪人的权利限制和对犯罪记录信息的使用,不仅应以预防犯罪为必要限制,而且还要满足适度与均衡的要求,即不能以预防犯罪的名目强迫曾经的犯罪人做过多的牺牲、受到不应有的权利限制,手段与目的应均衡且合乎比例。换言之,必要的合理限度只是前提与底线,在符合了这一条件后,还要进一步满足均衡性的要求,使犯罪预防理念受到来自权利保护理念的均衡性制约。

(四) 范围制约

在犯罪记录制度中,对于犯罪人的权利保护理念将会在范围层面对犯罪预防理念形成制约。这是因为,犯罪记录中的权利保护理念,尽管是针对犯罪人本人的,但由于实践中存在着将前科规范扩张适用于犯罪记录者的亲属、实施前科株连责任的扭曲现象,这就使得原本是针对犯罪人的权利保护理念也有必要扩大适用范围,将与犯罪无关但却与犯罪人本人有亲属血缘关系的第三人也纳入保护。这就要求基于犯罪记录产生的前科规范限制只能针对犯罪人本人,而不得扩大适用对象,以或明或暗的形式将犯罪人的亲属也纳入限制范围。

总而言之,"一个法治国不仅应当通过刑法来保护个人,而且在刑法面前也应当保护个人。也就是说,法律制度不仅必须提供适当的方法和手段来预防犯罪,而且必须限制刑罚力的干涉,从而不会使公民毫无保护地受到'荒蛮国家'的任意或者过分对待"。[1]因此，有必要在犯罪记录制度的构建过程中，以权利保护的理念对犯罪预防的理念进行适度的制约，这不仅会使犯罪人的正当权利受到保护，还将会使所欲追求的犯罪预防效果更加显著。

二、权利保护理念与犯罪预防理念的协调平衡

犯罪记录制度中的对于犯罪人的权利保护理念尽管与犯罪预防理念存在着一定程度的张力，将其引入进犯罪记录制度可以对过于强势的犯罪预防理念形成制约，但这并不意味着二者的关系就是相互对立甚至是对抗性的。相反，犯罪记录制度中的权利保护理念与犯罪预防理念之间存在着二元开放性平衡，二者背后所体现的"个人利益"与"公共利益"存在内在契合。

（一）犯罪记录制度中的权利保护理念与犯罪预防理念存在着二元开放性平衡

即便对于犯罪人的权利保护理念会在一定程度上制约基于犯罪记录的犯罪预防功效，使得国家对犯罪记录的利用受到一定程度的限制，进而可能会给社会秩序造成某些潜在的冲击。然而，这种看似的"牺牲"，即以公共利益的牺牲来换取个人权利的保障，实则是两种早已失衡的利益的再协调与再平衡——这种平衡不再是过去单一的、静态的一元封闭性秩序，而是动态的、在对立冲突中不断磨合与重塑的二元开放性平衡。这种再平衡是对曾经过于扩张和强势的国家本位观和国家工具属性的纠偏，同时也是对始终处于弱势地位、在刑罚之外继续承受二次惩罚的"迷途羔羊"的适当保护。换言之，犯罪记录制度的犯罪预防功能将不会发生改变，始终处于核心地位，只是在

---

[1] [德] 克劳斯·罗克辛：《德国刑法学总论》（第1卷），王世洲译，法律出版社2005年版，第77页。

此之外,同时引入权利保护的功能,从外部来平衡、推动原有的犯罪预防功能更有效、更合理地发挥。因此,只有将犯罪记录制度定位为具有"作为犯罪预防的国家工具"和"作为犯罪人权利保护的个人信息",在其功能设置上同时兼顾犯罪预防与权利保护,在利益衡量上协调好国家公共利益维护与个人私人权利保护之间的平衡,才能真正发挥、落实犯罪记录制度的双重功能。

(二)"公共利益"与"个人利益"的内在契合是权利保护理念与犯罪预防理念得以平衡的根本

对于犯罪人权利保护的追求,其背后是对个人利益的尊重;对于犯罪预防的强调,则体现了对于公共利益的维护。因此,犯罪记录制度中的权利保护理念与犯罪预防理念之争,其背后实际上是公共利益与个人利益如何协调平衡的问题。公共利益与个人利益的关系始终是法学界一个难以定分止争的问题。然而,有一点是可以确定的,公共利益与个人利益并非泾渭分明,无法截然区分,二者在本质上是一致的,二者的冲突在一定程度上能够得到协调与平衡。正因如此,才使得犯罪记录制度中看似对立的权利保护理念与犯罪预防理念能够得到协调平衡。对"公共"内涵的解读,学界普遍存在两种观点。其一,将"公共"限定为"特定地域内的多数人"。该主张由德国学者罗厚德在1884年发表的《公共利益与行政法的公共诉讼》中首次提出。该观点认为,公共利益的主体以地区或空间为划分,特定地域内的多数人利益便可以形成公共利益。因此,"公共"所指代的就是特定地域的多数人。[1]其二,"不特定的多数人"。该观点由德国学者纽曼在1886年发表的《在公私法中关于税捐

---

[1] 参见陈新民:《德国公法学基础理论》(上),山东人民出版社2001年版,第184页。

制度、公益征收之公益的区别》中提出。这一观点认为，从主观视角来看，公共利益不以地域或阶级为划分，而应当以利益效果的范围来判断，只要特定利益存在着大多数的不确定的利益主体，就可以形成公共利益，因此"公共"所指代的是"不特定的大多数人"。[1]由于"特定地域内的多数人"观点并不能很好地阐释人们在跨地域时享受利益的问题，因此"不特定的多数人"的观点成了目前大陆法系的通说，并被英美法系所普遍采纳。[2]通过观察便会发现，两种观点都从宏观叙事的角度解读了"公共"的含义，尽管都未能给出不同视阈下对"多数人"的确定标准，但无一例外地明确了"多数人"是公共的核心。而所谓的"多数人"，正是由一个个社会个体所构成的。"多数人—公共利益—犯罪预防"与"社会个体—个体利益—权利保护"这两种看似对立的逻辑，正是在"多数人"与"社会个体"之间存在着利益契合这一点上达成了共识。因此，在犯罪记录制度的构建过程中，公共利益导向的犯罪预防理念与个体利益导向的权利保护理念二者之间存在着紧密的联系与利益关联，能够在兼顾两种理念的同时实现利益的协调与平衡。

第二节 中观层面：制度构造上引入个人信息权理论

目前的犯罪记录制度缺乏对国家权力的制衡，导致国家基于预防犯罪的需要过度使用犯罪记录，直接的规范性评价与间接的非规范性评价的双重评价相结合，会对犯罪人的应有权利

---

[1] 参见胡鸿高：《论公共利益的法律界定——从要素解释的路径》，载《中国法学》2008年第4期，第56~67页。

[2] 参见[美]E.R.克鲁斯克、B.M.杰克逊：《公共政策词典》，唐理斌等译，上海远东出版社1992年版，第30页。

第五章　以权利制衡权力：权利保护理念的注入与个人信息权理论的引入

造成极大的不当限制，不仅可能使刑法预防犯罪的效果落空，还有可能因过度的限制导致犯罪人无法顺利回归社会，从而激发新的冲突与对立。因此，需要在犯罪记录制度的功能定位上同时兼顾犯罪预防与权利保护的双重利益平衡，这就有必要引入个人信息权理论，以此来提供犯罪人对于自身犯罪记录的个人权利。

个人信息权是一项新型权利，它不同于传统的侧重消极意义保护的隐私权，也在现代社会独立于一般人格权。其保护的核心，可以归结为保护信息主体对自身信息的控制权。个人信息权的实质也在于个人对其自身信息享有控制权。明确犯罪记录属于个人信息，犯罪人对其自身的犯罪记录享有个人信息权，能够控制其使用；只是基于国家现代化管理的需要，以及以信息交流为支撑结构的现代社会的运作模式，个人将其自身的部分信息让渡给了国家，允许国家基于公共利益的目的、在一定的限度之内使用该信息。但即便如此，这一信息的本性仍属于个人信息这一点不会发生改变，因此国家对于该信息的使用应当存有边界、具有限度。

通过这样一种基于利益衡量的制度设计，以权利制衡权力，以犯罪人对于自身犯罪记录这一个人信息的控制权来平衡国家基于管理与预防犯罪的需要对犯罪记录这一重要资源的过度使用，实现相互之间的利益平衡，促成犯罪记录制度双重功能的真正实现。在这一制度设计中，通过将个人信息权这一"抓手"与"楔子"融入犯罪记录制度体系，一方面作为具体的制度设计实现对犯罪人权利的保护，另一方面也象征与宣誓了犯罪记录制度中的权利保护理念。

一、正本清源：犯罪记录的个人信息本性

在反思目前的犯罪记录被国家滥用的现象时，有必要正本清源，重新思考犯罪记录及其作为个人信息的一种特殊类型的意义。而在此之前，需要先对个人信息与个人信息权目前的理论发展进行简短的综述。

（一）从"个人信息"到"个人信息权"

从对"个人信息"的承认，到"个人信息权"的确立，其间经历了一个漫长的过程。通常意义上的个人信息，可以说是一个宽泛而又包罗万象的概念，个人的身份信息、个人的家庭信息、个人的财产信息以及新近被确立的个人的活动信息[1]等可以直接或间接归属于个人的信息都属于这一范畴。它们或者与个人的身份有关，或者与个人的活动相连，又或者反映个人的财产状况、生理状况。总之，他们都聚焦于社会中的某一个体，并体现其独立的身份属性。可以说，在现代这样一个网络与信息社会，人与人之间的接触首先不是通过面对面的交流，而是通过各种信息的传递与展示。甚至，在某种程度上可以认为，在现代社会中，在个人不断创造着信息的同时，信息也在不停地形塑着个人。正是公民的各种信息汇聚在一起，并被传递给社会中的其他人，才塑造了被人们所了解的"那个人"。进而，信息不仅是构成现代社会中个人的基本要素，还是支撑整个现代社会正常运转的基石性力量。

尽管个人信息对于公民自身是非常重要的，个人的主体性

---

[1] 2017年《关于办理侵犯公民个人信息刑事案件适用法律若干问题的解释》第1条规定："刑法第二百五十三条之一规定的'公民个人信息'，是指……能够单独或者与其他信息结合识别特定自然人身份或者反映特定自然人活动情况的各种信息，包括……行踪轨迹等。"

第五章 以权利制衡权力：权利保护理念的注入与个人信息权理论的引入

构成又难以与其个人信息相分离，但是个人信息对于公民自身而言到底意味着什么（是其隐私的一部分，还是其人格的扩展，甚至于是其财产的另一表现载体）却没有定论。用法律的眼光来审视这一疑问，或者说用法律规范的语言表达，则这实际上牵涉到一个关于"公民个人信息"的"权利属性"的问题，即公民个人对于自身信息所享有的权利，是一种隐私权，还是人格权，抑或者是财产权，甚至是一种新型独立的权利。我国于2017年3月15日颁布的《民法总则》突出体现了对公民个人信息的重视。该法在第110条"民事主体权利"之外，另行规定了第111条，专门确立了"个人信息受法律保护"。从这一体系上的变化，我们可以看出立法者对公民个人信息的定位发生了改变，即公民的个人信息不再从属于传统的隐私权和人格权保护，而是享有独立的法律地位，具有独特的法律保护模式。尽管如此，原《民法总则》第111条关于公民个人信息保护的规定仍然存有不足。该条仅仅规定公民的个人信息受到法律保护，但却未明确公民个人信息的法律性质。因此，针对公民个人信息的权利属性之争仍将继续，并因法律这一"留白"之举而进一步扩大。然而，目前普遍认为，公民对于自身的个人信息享有的权利，应当是一种新型的"个人信息权"。[1]个人信息权是指，个人以其自身信息为权利客体，对其自身信息所享有的与信息有关的权利。在权利内容上，个人信息权兼具人格权与财产权的性质。由于其脱胎自权利主体自身，具有强烈的人格权意味；又由于在目前的大数据时代，个人信息已不再仅仅是单纯消极性的防御权利，而是能够用作商业用途的积极性权

---

[1] 参见杨立新：《个人信息：法益抑或民事权利——对〈民法总则〉第111条规定的"个人信息"之解读》，载《法学论坛》2018年第1期；程啸：《论大数据时代的个人数据权利》，载《中国社会科学》2018年第3期。

利,这使得现代意义上的个人信息权又具有了财产权的一面。个人信息权这种积极使用并许可他人使用和消极防御他人侵害的双重属性,使得其区别于传统意义上的人格权和财产权,成了一种新型的权利,并逐渐被我国法律所认可。

(二) 犯罪记录的个人信息本性

犯罪记录,在本质上属于公民的个人信息。对此,我们可以从"内容构成"和"本质要素"两方面加以理解。在内容构成上,虽然犯罪记录的产生离不开国家,但其仍属于犯罪人的个人信息。犯罪记录作为一种复合型的个人信息集合,其所涉信息在本质上都属于犯罪人的个人信息,或是其本身所具备的(如姓名、性别、年龄),或是基于其自身行为而成(如所犯事由)。即便涉及定罪和量刑的信息是基于国家制定的法律评价,但这仍是源于犯罪人的行为、是对犯罪人行为进行规范性评价的结果,因此是附属于犯罪人的犯罪行为的一种规范性评价,是一种延伸意义上的个人信息。而在本质要素上,犯罪记录作为一项信息集合,具备个人信息所必需的"可识别性"要素。可识别性要求,只有当特定信息能够识别出特定的个人时,该信息才属于法律意义上的个人信息。尽管个人信息的概念几经扩张,从狭义的可识别性信息,即仅包括能够单独、直接识别出个人的"直接型可识别信息",到广义的可识别信息,即还包括能够与其他信息结合后具有可识别性的"间接型可识别信息",再到如今将可能涉及公民人身、财产安全的信息一并囊括的扩张的个人信息概念,其中最为核心的要素始终是"可识别性"。犯罪记录作为个人信息的集合,其中包括犯罪人的姓名、性别、年龄、所犯事由、判处刑罚等基本信息,而这些信息(或单独或结合)能够识别出具体的犯罪人,因此具备个人信息的可识别性要素。

第五章 以权利制衡权力:权利保护理念的注入与个人信息权理论的引入

二、权利让渡:信息时代个人信息的双重属性

犯罪记录在本质上属于个人信息,犯罪人对其自身的犯罪记录这一信息享有个人信息权。然而,在现代社会,纯粹的个人权利并不存在,权利让渡是普遍的事实与必然的选择。犯罪人对个人信息权必须要进行一定程度的割舍,以此来满足国家现代化管理的需要。国家基于公共政策的需要对犯罪人的部分信息予以管理、利用,从而建构出关于犯罪人的犯罪记录和以此为基础的犯罪记录制度。

(一)个人信息的分割与增容

现代社会建立在以社会契约为理解模型的权利让渡基础之上。基于现代意义上国家的产生与国家现代化管理的需要,个人必然需要将自己的部分权利让渡给国家,以使其能够更好、更有效率地行使相应职能,从而保障整个社会的正常运转,进而使得社会成员能够自由、安宁地生活。在这一过程中,国家以众人授权的形式得以组建,并不断从公民手中汲取越来越多的权利以扩充自己;而每个公民尽管失去了部分权利与绝对的自由,但却换来了社会整体的安宁与有序,而这对于社会中的每一位个体来说都是无比需要的,这正是所谓的"妥协的智慧"。政治哲学家霍布斯与洛克都曾论述过国家(政治社会)的起源与形成过程。前者认为,在国家的形成过程中,公民让渡的是权利;而后者认为,公民让渡的是权力。这种差异的形成是因为二者的视角不同。洛氏是从国家的原初形态意义上出发,强调的是最初的国家源于公民将自身的权力让渡和赋予给国家,是就权利本源而言;霍氏则是在国家的继生形态意义上强调现

代国家如何在其产生以后继续通过二次权力与权利的交换运作。[1]

这种国家与公民互动的社会契约模式一直延续至今，但其中的"连接点"，也即公民让渡给国家的权利，却从曾经的政治权、自由权，扩展到了信息时代下的个人信息权。如同个人自由与权利不单单只是个人的事情，而是兼具社会性的一面，在行使的过程中必然需要某些妥协与折中一样，[2]作为个人权利一部分的个人信息也是如此。个人信息将自身的一部分分割出来，集中到国家与社会手中，在这一过程中，个人信息也就从纯粹的"个人"信息扩张为了兼具公共属性的面向，个人信息在分割的同时自身也实现了性质上的转变与内容上的增容。如果只是把个人信息视为绝对的私权而没有任何的折中与妥协，那么基于"互利""协作"的现代社会将难以正常运转。因此，个人信息尽管是天然的个人权利，但同时也是社会的产物，兼具个人性与社会性，并在二者之间求取平衡。在个人信息中，个人性的一面表现在，个人信息天然是属于公民个人的权利，公民仅仅是将其部分让渡给国家，而让渡的目的也是更好地维护和行使自身权利，这是处理个人信息保护与国家使用的基本前提；社会性的一面表现为，个人并不是独立的个体，而是社会的一员，其权利的使用必然要考虑到社会整体目标与利益的实现。基于社会管理的需要，以及自身利益的考量，个人将一部分个人信息让渡给国家使用，在这个意义上个人信息也就具有了社会性的一面。

---

[1] 参见[英]霍布斯：《利维坦》，黎思复、黎廷弼译，商务印书馆2017年版，第128~132页；[英]约翰·洛克：《政府论》，杨思派译，中国社会科学出版社2009年版，第205~221页。

[2] 参见[英]约翰·斯图亚特·密尔：《论自由》，顾肃译，译林出版社2010年版，第79页。

第五章 以权利制衡权力：权利保护理念的注入与个人信息权理论的引入

(二) 犯罪记录的国家建构

源自公民的个人信息部分地让渡给国家后，通过国家的管理与利用，使得原有的信息脱离作为信息主体的个人，而成为国家管理社会、预防犯罪的重要资源与工具。尽管犯罪记录在本质上是由性质上属于个人的众多信息集合而成的，但正是由于国家基于预防犯罪这一特定公共政策的考量而将这些原本的个人信息提取并赋予新的意涵与社会效果，最终"建构"出目前的犯罪记录及其制度，以使其发挥犯罪预防的功能。因此，犯罪记录的产生离不开国家，正是国家基于社会管理的需要对犯罪人的相关信息进行登记、管理与统计，才有了所谓的犯罪记录这一集合性信息。在这个意义上，犯罪记录是由国家"建构"出来的，已经不同于纯粹的个人信息。现实中，2012年最高人民法院、最高人民检察院、公安部、国家安全部、司法部联合颁布的《犯罪记录制度意见》标志着我国犯罪记录制度建设的正式开始。该文件明确提出，建立犯罪人员犯罪记录制度，对犯罪人员信息进行合理登记和有效管理，不仅能够起到预防犯罪、指导刑事政策制定的功能，同时也有助于维护犯罪人应有权利，以便其顺利回归社会。这表明，我国已经意识到了建立犯罪记录制度的意义，并正确地认识到犯罪记录制度所应发挥的功能。根据该意见的表述，我国犯罪记录制度的设计初衷，一方面是满足犯罪预防的需要，另一方面是保障犯罪人的合法权利。尽管在后来的实践中我国犯罪记录制度的定位发生了改变，制度本身也在扩张性的预防目的思想下发生了异化，但不可否认的是，犯罪记录制度中的犯罪预防与权利保障应属题中之意。此外，该文件还规定，犯罪人信息登记机关需要录入的信息包括犯罪人的基本信息、所犯罪行、判处刑罚、公诉机关和检察机关的名称、判决书编号等。这些信息构成了目前我国犯罪记录制度中每位犯罪人的犯罪记录。

三、比例原则：划定国家对犯罪记录的使用边界

在明确了犯罪记录的个人信息本性与后天的国家建构性之后，要想求取二者之间的平衡，扭转目前由国家权力的扩张导致的对犯罪记录的过度使用，在处理作为个人信息的犯罪记录时做到谨慎与克制，使得预防犯罪的目的与采取的手段符合比例，就需要以比例原则作为分析工具，对犯罪记录的处理和利用进行实质判断。比例原则可以说是公法领域的帝王条款，其旨在通过行政行为中的手段与目的之关联性考察，检视行政行为是否具备正当性和合宪性。[1]比例原则具体包括三个子原则，即适当性原则、必要性原则和衡量性原则。通过对比例原则的三个具体子原则的检视，我们可以对国家使用犯罪记录的边界进行合理划定。

（一）适当性原则

适当性原则要求，国家采取的限制手段与所欲追求的目的必须相适宜，具有合目的性。因为，只有能够达到国家预期目的的限制性行为才是有必要做出的行为。反之，如果与国家预期的目的不相符，则这样的限制不仅是无根据的，同时也是无意义的。例如，如果我们的目的是灭火，而采取的手段则是用大炮进行轰击，则这种做法显然无助于目的的实现，此时手段行为会因不符合比例原则中的适当性原则而不被认可。还有更加复杂的情形，对于如何减少腐败犯罪的发生，如果一味地加重刑罚的惩处力度，尽管有可能会因犯罪成本的上升而在一定程度上实现威慑犯罪人的效果，但这种合目的性并非直接，

---

[1] 参见刘权：《目的正当性与比例原则的重构》，载《中国法学》2014年第4期，第133~150页。

第五章　以权利制衡权力：权利保护理念的注入与个人信息权理论的引入

不具有抑制腐败犯罪的直接针对性，而且也没有打准贪污腐败分子的"七寸"：是被判处 5 年还是 7 年不是关键，有没有可能被发现才是问题的关键。因而这种做法必然大打折扣。更加适当的做法则是通过加大司法投入，提高腐败犯罪的侦破率，以"犯罪必被抓"的逻辑来代替"犯罪受严惩"的逻辑则能够对腐败犯罪起到更好的预防效果。

对于犯罪记录制度而言，其建立除了是因应现代化国家对社会管理创新的现实需求外，在法律层面则是源于刑法目的中的预防理论。犯罪行为造成的危害常常是极为严重的，即便如何惩罚也都难以对其造成的损害加以弥补。而报应理论并不能阻止犯罪的发生，更不能有效解决由犯罪带来的问题，其事后惩罚的思维不仅无益于减少现实中危害性极为严重的犯罪，其单纯的惩罚也脱离了刑法本应承载的辅助性保护法益的任务。[1]此时，旨在防患于未然，预防犯罪行为发生，避免造成难以弥补的危害的预防理论应运而生。预防理论建立在理性人和自由意志的假设基础上，[2]其认为人能够趋利避害，为了避免受到刑罚的惩罚而不去实施犯罪。通过记录、使用甚至一定程度地公开犯罪记录，被打上犯罪标签的人再次实施犯罪的机会将会减少，因为其过去的犯罪经历将会使得人们对其更加警惕，这对于一些特殊类型的犯罪将会起到更好的预防效果。但是，犯罪记录的犯罪预防功能也存在着局限，不能无限放大犯罪记录的犯罪预防功能，进而导致对犯罪记录这一资源的过度使用。例如，如果犯罪人之前由于盗窃而入罪，刑罚执行完毕后由于犯罪记录的存在而禁止其入伍、参军、进入公务员队伍，这些限

---

〔1〕 参见 [德] 克劳斯·罗克辛：《德国刑法学总论》（第 1 卷），王世洲译，法律出版社 2005 年版，第 38 页。

〔2〕 参见林山田：《刑罚学》，台湾商务印书馆 1983 年版，第 52 页。

制措施实际上未必能起到预防其再次实施盗窃行为的效果,同样也未必能预防其实施其他类型犯罪。之所以说是"未必",乃是因为刑罚的预防效果在一定程度上能够使得犯罪人基于趋利避害的顾虑而不敢再犯。然而,这种惩罚与预防的实施没有针对性,并非基于特定目的、针对特定行为所设,更多的是为了预防而预防,或者说是一种"概括性预防"。由于缺乏预防上的针对性,实际的预防效果就只能依靠笼统、抽象的法律符号来阻却犯罪发生,因此,其最终的效果值得怀疑。不仅如此,对犯罪人采取的种种限制与剥夺措施并连带至其下一代家庭成员的发展,反而会促使甚至是"逼迫"原本通过刑罚已经改造和教育完毕的犯罪人,由于难以融入社会、感到被社会抛弃与孤立而再次萌生犯罪的动机。因此,在适当性层面,必须要坚持犯罪记录制度能够实现犯罪预防的效果,不偏不倚。

(二) 必要性原则

必要性原则要求限制手段和方式对于该目的的达成而言必须是必要的,且只能是必要的,不能有多余,即国家所采用的手段应当是可实现预期目的的手段中伤害最小的。例如,经典的例子是用大炮打蚊子,尽管使用大炮确实能够达到消灭蚊子的目的,但其作为手段所带来的附加因素则是难以承受的。因为大炮之下受到摧毁的可能不仅仅只是蚊子,还有其他一些不应受此牵连的事物。过度的外部性使得这种手段即便能够实现预期的目的,也应被排除在选择之外。再比如,如果为了实现最为彻底的犯罪预防,在不考虑其他任何因素的情况下,对于所有犯罪,无论轻重,一律判处死刑,可能是这种逻辑下最为"理性"的选择。但是,这种极端的做法显然不可能被接受。因为,对于所欲达成的目的(即犯罪预防)而言,一律判处死刑过于残酷,其给整个社会造成的损害过于严重,其为了实现目

第五章　以权利制衡权力：权利保护理念的注入与个人信息权理论的引入

的所付出的代价过于高昂，因而严重违背了比例选择中的必要性原则要求。

犯罪记录制度为达到犯罪预防的目的，对犯罪记录信息进行录入、管理与利用：通过建立犯罪人员信息库，[1]采取信息化的方式对既有的犯罪人员进行管理，并对犯罪记录进行数据分析，制定有针对性的刑事政策；向社会提供有限制的查询服务，[2]确保用人单位与特定群体的知悉权，以进行特定目的的防范；规定基于犯罪记录产生的限制性措施，如不得录用为公务员[3]、不得担任法官[4]、不得担任检察官[5]、不得担任人民警察[6]、不予颁发律师执业证书[7]，以此类限制性措施消除犯罪人再次犯罪的可能。然而，在现实中，这些限制性措施被严重滥用，已经从"权利限制"升格为"权利剥夺"，对犯罪记录的利用逐渐走向异化。基于犯罪记录引起的事实上的权利剥夺，不仅涉及面广泛，而且没有限定禁止期限。这就意味着，犯罪人将永远丧失获得这些资格的可能，相应的权利会被永久性剥夺。这就违背了必要性原则规定的损害最小要求，使得对犯罪记录的利用伤害到了作为权利人的犯罪人本人。此外，实践中还存在着大量依据身份、血缘关系而产生的"连带责任"，如学生入学领域的《高中毕业生家庭情况调查表》《关

---

[1] 根据《犯罪记录制度意见》的规定，由公安机关、国家安全机关、人民检察院、司法行政机关分别建立犯罪人员信息库，并实现互联互通，待条件成熟后建立全国统一的犯罪信息库。
[2] 根据《犯罪记录制度意见》的规定，上述机关在向社会提供犯罪信息查询服务时，应当严格依照法律法规关于升学、入伍、就业等资格、条件的规定进行。
[3]《公务员法》第26条。
[4]《法官法》第13条。
[5]《检察官法》第13条。
[6]《人民警察法》第26条。
[7]《律师法》第7条。

于军队院校招收普通中学高中毕业生和军队接收普通高等学校毕业生政治条件的规定》,公共服务职业领域的《关于颁发〈征兵政治审查工作规定〉的通知》等都不同程度地排除了"直系亲属、关系密切的旁系亲属被判处刑罚者"。从保护犯罪人权利的视角出发,犯罪人在刑罚执行完毕后仍继续承担的污名化遭遇与不公正对待,在很大程度上源于犯罪记录的存在。正是由于犯罪人所实施的犯罪行为、被判处刑罚的事实以及在刑罚执行完毕后终其一生所背负的犯罪记录,彻底地改变并重塑了以犯罪人为中心的社会关系:曾经稳固而又正常的社会关系被打破,建立在犯罪、刑罚与犯罪记录基础上的新的社会关系被强加赋予。如前所述,现有《刑法》第 100 条的前科报告制度在赋予犯罪人主动告知义务的目的被趋利避害心理和社会现实架空的同时,却又完成了两次制度"飞跃":第一次是从最初设想的形式化的"信息传递机制"最终演变为实际发挥着实质意义上的"犯罪预防机制";第二次是从"犯罪预防机制"沦为"犯罪惩罚机制"。

(三) 衡量性原则

衡量性原则要求手段相对于所要保护的法益具有均衡性与合比例性。也就是说,即便某一行为能够促成预期目的的实现,即在满足了适当性要求的同时也尽可能做到了伤害最小,但如果相对于其所欲追求的目的,其手段仍然不具有均衡性、不能达到合比例性、不能使得目的行为获得的收益大于手段行为所付出的成本,则也应被排除在选择之外。[1]这就是比例选择中的衡量性要求。由于犯罪记录引起的权利剥夺与株连责任实际上已经突破了必要性原则所规定的最小伤害要求,因此对于衡

---

[1] 参见张翔:《刑法体系的合宪性调控——以"李斯特鸿沟"为视角》,载《法学研究》2016 年第 4 期,第 58 页。

量性原则要求的进一步的均衡与合比例更是难以实现。犯罪记录制度导致前科评价被肆意滥用，除了本应受到的刑罚处罚外，犯罪记录产生的后移效应使得犯罪人在刑罚执行完毕后遭遇了"二次处罚"。这种评价包括国家层面的和社会层面的。对于国家层面的规范性评价而言，一方面，基于犯罪记录引发的规范性评价中的权利剥夺，不仅涉及面广泛，而且没有限定禁止期限；另一方面，除了纵向上的针对犯罪人本人的权利剥夺之外，横向上的株连责任（即这种剥夺延伸到了犯罪人的近亲属及其家庭，使本应无辜的家庭与子女背负沉重的罪责）也同样过于严苛。对于来自社会的非规范性评价而言，除了法定的权利剥夺外，现实中还存在着大量的非规范性评价机制，正是这些非规范性评价机制使得有犯罪记录者的合法权利受到了不应有的剥夺，使其难以回归社会。此外，施加给有犯罪记录者的种种措施已经突破了预防的范畴，带有强烈的惩罚意味，实际上已经沦为对犯罪人的"二次惩罚"。这就突破了犯罪记录承载的预防功能所划定的界限与设定的比例，造成了失衡的局面。

四、"犯罪记录的个人性回归"：重拾犯罪记录中被遗忘的个人性

尽管我国在《犯罪记录制度意见》中明确规定，犯罪记录制度的建立，需要同时达到犯罪预防与犯罪人权利保护两方面功能。但在实践中，对犯罪预防的强调完全压制了对犯罪人保护的需求，犯罪记录制度沦为了纯粹的国家针对犯罪人的管理工具，始终未能体现对犯罪人应有权利的保护。这就要求重新强调犯罪记录的个人信息本性，强调犯罪记录当中的个人性，强调犯罪人对其自身的犯罪记录享有个人信息权，用犯罪记录中的个人性制衡社会性的过度扩张，以个人性弥补由单纯社会

性导致的权利剥夺。重拾犯罪记录中被遗忘的个人性,实现从"作为个人信息的犯罪记录"到"作为国家管理工具的犯罪记录"再到"作为国家管理与个人信息同一的犯罪记录"的转变。

(一)从"权力"到"权利":犯罪记录的个人性回归

个人信息在现代社会呈现出个人性与社会性两相交织的局面,既不再是纯粹属于个人的"私人信息",也没有滑向完全由国家掌控的"国家信息"的另一极,而是以信息主体的个人权利为基础构建起的兼具个人性与社会性的公共性信息。作为个人信息中具体而又敏感的一类信息,犯罪记录亦是如此。在犯罪记录制度中,个人性的一面表现为,犯罪记录是一种"作为个人信息的犯罪记录",属于犯罪人的个人信息,犯罪人对自身的犯罪记录信息享有权利。社会性的一面表现在,犯罪记录同时又是"作为国家管理工具的犯罪记录",属于国家的公共信息。在目前的犯罪记录制度中,犯罪记录的社会性一面被过度强调,犯罪记录有沦为国家社会管理与犯罪预防工具的风险,个人性的一面被隐退乃至被驱逐,犯罪人的正当权利受到了不应有的剥夺与限制,犯罪记录本应具有和需要平衡的个人性与社会性、个人权利与国家工具的利益关系被打破。尽管基于现代化社会管理的需要,公民将自身的个人信息部分让渡给了国家,但在使用与处理犯罪记录的过程中,国家必须要保持谨慎与克制,在通过犯罪记录预防犯罪的同时也要兼顾对犯罪人的权利保护,划定使用边界,实现利益的冲突平衡。因此,我国有必要在未来建构犯罪记录制度时,通过一系列制度安排来平衡两种利益,在实现犯罪预防的同时,兼顾对犯罪人的权利保护。有必要就对犯罪记录的使用设立一个合理的期限,在该期限内,犯罪记录更

第五章 以权利制衡权力:权利保护理念的注入与个人信息权理论的引入

多的属于公共信息,犯罪记录制度更多地承载预防犯罪的功能。有权机关基于公共利益的需要可以使用犯罪记录,但在超过该期限后,犯罪记录的个人性将回归,犯罪记录制度将更多地注重对犯罪人的权利保护,犯罪记录将不再能够被查询与使用,从而切断犯罪记录被传播和利用的可能,以此避免国家对犯罪记录的无期限滥用。

(二)从"混乱"到"统一":建立统一的国家犯罪记录制度

犯罪记录导致的前科评价被肆意滥用,一方面是因为国家与社会对于前科规范的创设呈现出无序扩张的局面,形形色色、分门别类的各种禁止性前科规范织就了一张巨大的网络,牢牢地将本已执行完毕刑罚回归社会但仍保有犯罪记录的合法公民排除在外;另一方面,这也在很大程度上是由于犯罪记录被轻易、大量、无限制地投放向了社会。对此,存在着商业利益的诱惑。因为在大数据时代,信息数据的价值被深度挖掘与无限凸显。犯罪记录与其他个人信息一样,具有巨大的潜在商业价值。在域外许多国家和地区,基于犯罪记录的商业性犯罪背景调查产业早已形成,商业机构大肆收集和购买公众的犯罪记录信息,向用人单位提供付费的犯罪记录信息背景调查服务。[1]同时,这也与政出多门、目前的犯罪记录数据库分布建立而未能统一有关。根据《犯罪记录制度意见》的规定,犯罪人员信息库应由公安机关、国家安全机关、人民检察院、司法行政机关分别建立,并实现互联互通。该规定还要求,上述机关在向社会提供犯罪信息查询服务时,应当严格依照法律法规关于升学、入伍、就业等资格、条件的规定。然而,在实践中,各部门不仅将这些信息视为自己的重要资源而拒绝与其他部门共享,

---

[1] See Leslie Walker, *Police Records for Anyone's Viewing Pleasure*, WASH. POST, May 23, 2002, at El.

由于法律规定较为笼统与模糊，上述机关在提供查询服务时甚至难以做到标准统一，未能做到对犯罪人权利的有效保护。2012年《犯罪记录制度意见》施行已逾十年，现在已经具备了意见所说的"待条件成熟后建立全国统一的犯罪信息库"的时刻，已经到了从整个国家的高度出发，从国家的信息化战略与全面依法治国出发，整合目前分散的各个犯罪记录数据库，建立国家统一的犯罪记录数据库，并在此基础上制定能够兼顾预防犯罪与保护犯罪人应有权利的国家犯罪记录制度的时刻。

第三节　微观层面：基于利益衡量的一体化制度设计

在具体的制度设计层面，需要兼顾犯罪记录中的个人性与社会性、犯罪记录制度作为个人信息与公共信息的双重属性，通过利益平衡与比例原则，在具体的制度设计中处理好预防犯罪与权利保护的双重使命。当前犯罪记录制度对于犯罪人的评价体系，一是由犯罪记录引起规范性评价，即前述各个法律规定的权利剥夺与资格限制；二是由国家的规范性评价引起的社会的非规范性评价，其中核心问题是就业歧视。要实现对于犯罪人的权利保护理念，赋予犯罪人对其自身犯罪记录的个人信息权，推动犯罪记录制度朝着预防犯罪与权利保护的二元理念革新，我国需要采取一体化的制度设计，在犯罪记录的产生、利用、传播、保障、制裁阶段均进行基于利益衡量的、一体化的制度设计。

具体而言，在前科规范的创设阶段，遵循前科规范的创设法定原则、预防必要性原则和评价均衡原则，对目前大量没有设置必要的前科规范进行统一的规范化审查，去除不必要、不能实现犯罪预防目的、过于剥夺犯罪人权利的禁止性前科规范；

第五章 以权利制衡权力：权利保护理念的注入与个人信息权理论的引入

在犯罪记录的使用阶段，应当限缩国家对犯罪记录的滥用，避免国家对犯罪记录的过度使用，将国家的使用限定在一个合理的限度内；在犯罪记录传播向社会的阶段，要减轻社会对犯罪记录的歧视，尽可能通过一系列制度安排减少和避免来自社会的非规范性评价给犯罪人重返社会制造的阻力；在制度保障阶段，应当引入被遗忘权，为犯罪记录使用和传播阶段的制度提供进一步的制度保障，通过引入被遗忘权来进一步保障犯罪人的权利，使其犯罪记录信息在被泄露时具有相应的救济途径，以此保障犯罪人的合法权利；在违反犯罪记录制度的制裁阶段，要构建违反犯罪记录制度的制裁规则体系，区分非法泄露他人犯罪记录和非法滥用犯罪记录两种行为。在这五项具体的制度设计上，第一、第二项针对的是国家的规范性评价，通过确立前科规范创设的基本原则和限缩国家对犯罪记录的滥用，在一定程度上遏制来自国家的规范性评价对犯罪人权利的不当限制；第三、第四项针对的是社会的非规范性评价，通过减轻社会给予犯罪记录的歧视，以及引入被遗忘权制度来使犯罪人能够有途径保障自己的犯罪记录信息不被暴露于社会之中，最大限度地减轻来自社会的非规范性评价对犯罪人应有权利的不当限制；第五项则是同时兼顾国家与社会层面对犯罪记录的犯罪活动，通过刑事措施严惩非法利用他人的犯罪记录信息、严重侵犯犯罪人权利的行为。

一、对规范性评价的源头治理：确立前科规范创设的基本原则

前科是对犯罪记录的规范性评价。如果说在犯罪事实产生后，刑罚是刑事责任的直接后果，那么前科就可以被理解为是刑事责任的后移效果。尽管不同于直接剥夺犯罪人权利的刑罚规范，但前科规范的存在同样会对犯罪人的权利施加相应的限

制。尽管这是出于犯罪预防的目的,旨在降低具有犯罪记录者的再犯罪可能,但这同样使得已经接受过刑罚改造与教育的犯罪人难以正常回归社会。这无疑在实质上扩充了刑罚的范围。因此,同样的规范性质与类似的法律效果使得前科规范同刑罚规范一样,不仅设定同样应以犯罪事实和刑事责任为基础,而且前科规范的创设也应当遵循相应的基本原则。

为了避免前科规范创设的混乱与无序给犯罪人的应有权利蒙上巨大阴影,尤其是考虑到我国即将建立的国家犯罪记录制度的出现将会使过往因法律不健全导致的规避前科规范的做法无所遁形,现有前科规范的潜力将被完全释放,这使得我国在建立国家犯罪记录制度之时有必要先确立前科规范的基本原则,以此指导、规范我国的前科规范的创设。本书认为,前科规范的创设,需要同时遵循三个基本原则,即创设法定原则、预防必要性原则和评价均衡原则。

(一)创设法定原则

我国《立法法》第8条规定了法律保留的11种事项,其中第5项"对公民政治权利的剥夺、限制人身自由的强制措施和处罚",以及"有关犯罪和刑罚""司法制度"等,属于法律的严格保留事项,只能由法律加以规定。《立法法》第12条规定,除此以外,尚未规定法律的,全国人大及其常委会可以授权国务院以行政法规的形式先行确立。《立法法》第82条规定,地方性法规除了不能规定该法第11条确立的法律保留事项外,可以在不与法律、行政法规相抵触的情况下设定包括前科规范在内的各类限制公民权利的规范。《立法法》第91条规定,部门规章的定位在于执行法律和行政法规,其内容不得超越法律和行政法规确立的事项。第93条规定,地方政府规章对公民权利的限制,只能在法律、行政法规和地方性法规已经确立的范围

第五章 以权利制衡权力：权利保护理念的注入与个人信息权理论的引入

之内进行。据此，我们可以归纳出我国规范性文件限制公民权利的四层规则：其一，对公民政治权利的剥夺，以及限制人身自由的强制措施和处罚的设定，只能由法律进行；其二，对于公民其他权利的剥夺和限制，可以由行政法规先行设定；其三，部门规章和地方性法规均可以对公民的权利进行限制，或者加重其义务负担，但必须是在既有法律和行政法规确立的范围和限度之内；其四，地方政府规章对公民的权利进行限制，或者加重其义务负担，必须是在法律、行政法规和地方性法规这三重限度和范围之内设定。

如前所述，我国前科规范体系呈现出"数量巨大""无序扩张""野蛮生长"三方面样态，其中以部门规章为典型的合法性危机是我国当前前科规范体系面临的突出问题。在法律、行政法规、部门规章和地方性法规构成的 315 部涉及前科规范的规范性文件当中，部门规章就有 133 部，占总数的 42.2%。然而，通过对我国现有前科规范体系进行梳理我们可以发现，其中有一些部门规章实际上并未严格遵循其参照的法律和行政法规中关于限制犯罪记录者权利的规定，而是不同程度地加重了权利限制的程度、扩大了权利限制的范围，甚至是凭空增添了针对犯罪记录者的权利限制，因而违反了《立法法》第 91 条关于部门规章设立的基本规则，存在合法性缺失问题。

因此，一方面，对于现有这些于法无据的前科规范限制，有必要及时采取措施加以整治，或者是以新增法律或行政法规的形式，通过创设上位法，赋予其合法性，或者是采取审查备案等方式予以改正、撤销、废止；另一方面，也是更为重要的，我国在今后创设前科规范时，必须严格遵循创设法定原则：法律即便可以不加限制地创设前科规范，但仍必须经过民意机关的慎重考虑；行政法规虽然可以不经法律而先行创设前科规范限制，但不能创设法律保留的事项；部门规章创设的前科规范限制，只能是在法律和行政法规确立的前科规范限制范围之内；地方性法规创设的前科规范限制，同样也需要在法律和行政法规确立的前科规范限制范围之内；地方性规章创设的前科规范限制，则需要在法律、行政法规以及地方性法规确立的前科规范限制范围之内。

(二) 预防必要性原则

就规范性质而言，前科规范和刑罚规范一样，都表现为一种否定性评价的不利负担。就法律效果来说，前科规范与刑罚规范类似，都会限制乃至剥夺犯罪人的权利。只是较之于直接施加制裁的刑罚规范而言，前科规范的效果更加平缓、中性、隐性——即便如此，仍改变不了由前科规范引发的刑罚后移效应所具有的限制及剥夺犯罪人权利的本质；更加隐性、中性的性质反而使其效果更难被察觉，给有犯罪记录者造成的影响也更深远。前科规范是刑事责任的延伸和后移，其所带来的不利负担远超民事责任和一般的行政责任，甚至在现实中有逐渐演变为"二次惩罚机制"的趋势，即以"预防"之名行"惩罚"之实。所谓的预防措施早已超出了本应有的限度，沦为了针对犯罪人合法权利、在刑罚执行完毕后继续进行的惩罚措施。因此，对前科规范的创设就不能不更加慎重与克制，只有在确实有必要为有犯罪记录者设定不利法律地位，且也没有对有犯罪记录者负担更小的其他替代性举措之时才可以设立相应的前科规范。同时，必须要消除对犯罪人的"概括性歧视"，只能依据其特定的人身危险性设置有针对性的限制措施。实践中，我国大量的前科规范并无设定的必要，特别是许多一般性前科规范，显然可以大幅缩小适用的范围。这表现在两方面：一种是"作为整个有犯罪记录者的设定不存在预防必要性"，即在该情形下

第五章 以权利制衡权力：权利保护理念的注入与个人信息权理论的引入

根本没有设置犯罪记录的必要；另一种是"作为特定犯罪记录主体的设定不存在预防必要性"，即在此种情形下针对特定犯罪记录设置一定的前科规范尽管有必要，但实际设置的前科规范却缺乏针对性，不能起到犯罪预防作用。

第一种情形（即"作为整个犯罪记录主体的设定不存在预防必要性"）又包括两种类型：其一，对于被判处缓刑等较轻犯罪的犯罪主体，以及没有造成极其严重后果的过失犯罪的犯罪主体，由于其社会危害性往往并不大，通常也不具备较高的再犯可能性，因此从犯罪预防的角度考虑，没有必要在判处刑罚之外进一步将其纳入犯罪记录制度并施加进一步的限制。其二，对于定罪但是免予刑事处罚的犯罪主体，由于国家已经通过法定程序认定其犯罪情节轻微、人身危险性低，不具有社会危害性和再犯可能性，已经表明对其不需要适用刑罚，因此更没有理由将其作为犯罪记录主体、视为前科规范的适用对象。我国前科规范体系中存在的大量以"被追究刑事责任"为对象的前科规范，显然是一种有违刑法谦抑性的非必要设定。

在第二种情形（即"作为特定犯罪记录主体的设定不存在预防必要性"）下，只有当犯罪人所犯的罪行可能使其具有高于一般人的人身危险性时才有必要对其加以一定的限制。而且，这种限制必须是具体的、直接的、与所从事领域有关的。前科规范的设定以犯罪预防为目的，旨在降低有犯罪记录者的再犯可能性，许多针对特定领域的前科规范，应只适用于特定性质的有犯罪记录者，并无必要扩张适用于全部有犯罪记录者。例如，2015年颁布的《人身保险公司保险条款和保险费率管理办法》第41条规定："保险公司指定的法律责任人应当符合下列条件：……（七）未受过刑事处罚；……"该条实际上并无必要。盲目扩大的限制范围使其侵犯了有犯罪记录者的合法权利。

对此，完全可以借鉴《公司法》第178条的做法，将限制范围缩小至经济犯罪记录主体。《公司法》第178条便规定，有下列情形之一的，不得担任公司的董事、监事、高级管理人员："因贪污、贿赂、侵占财产、挪用财产或者破坏社会主义市场经济秩序，被判处刑罚，或者因犯罪被剥夺政治权利，执行期满未逾五年，被宣告缓刑的，自缓刑考验期满之日起未逾二年……"[1]再如，《城市公共汽车和电车客运管理规定》第27条规定："从事城市公共汽电车客运的驾驶员还应当符合以下条件：……（三）无交通肇事犯罪、危险驾驶犯罪记录，无饮酒后驾驶记录。"[2]显然，这一禁止性前科规范的设定就非常具有针对性，因为它是从规范保护目的出发，以维护城市公共交通安全与秩序为出发点，充分考虑到了城市公共汽电车客运的驾驶员所需要的职业特性，并基于此将可能会影响城市公共汽电车客运的驾驶员正常履行其职责的潜在风险与危险性个人倾向有针对性地排除出去。曾经实施过交通肇事罪、危险驾驶罪的犯罪人，尽管已经接受过刑罚的改造和教育，但这并不能保证其对交通秩序的规范意识能够立刻、完全地被矫正，尤其是考虑到事关公共交通安全，因此限制这类犯罪记录者担任城市公共汽电车客运的驾驶员的资格具有合理性。上述事例能够说明，基于前科规范创设法定的要求，犯罪记录制度有必要对前科适用对象进行一定的限制，对于超出限定的前科规范，应实现犯罪记录的封存，避免前科规范地滥用。

（三）评价均衡原则

对于确有必要的领域，前科规范的创设是可以被允许的。但与此同时，前科规范的创设还需遵循评价均衡原则，即前科

---

[1]《公司法》第178条。
[2]《城市公共汽车和电车客运管理规定》第27条。

第五章 以权利制衡权力：权利保护理念的注入与个人信息权理论的引入

规范给有犯罪记录者造成的否定评价与不利后果，不能超过刑罚本身对犯罪主体的制裁。

如前所述，前科规范和刑罚规范在规范目的上具有一致性，都是以预防犯罪作为其制度目的。[1]前科规范所设定的不利法律地位，在位次上，居于刑罚之后，在刑罚执行完毕后开始生效；在效果上，是针对犯罪主体受到刑罚教育改造后所产生的附随效果；在功能上，则是刑罚预防功能的进一步补充。前科规范的存在并不是基于"报应"或是"惩罚"，而是纯粹的预防犯罪的需要。这也是其有别于刑罚制度的根本所在——前科规范本质上并非刑罚，并非对犯罪人的制裁。但是，前科规范的这种预防应当被定位为一种补充性的、辅助性的，旨在对接受了刑罚制裁、已经回归社会的犯罪人可能再次犯罪的进一步预防。

具体而言，一方面，从责任分配的角度来看，刑罚是最严重的法律后果，因此前科规范的负面评价不能比刑罚更为严厉；另一方面，前科规范普遍在刑罚执行完毕后依然继续适用，并很可能伴随其一生，无法被抹去。但是，既然有犯罪记录者已然经过了刑罚改造，在现有刑事司法制度的逻辑下，其人身危险性应当已经降低，也就更无必要再设定严厉的权利限制或法律评价了。因此，前科的否定性评价严厉程度不应当超过刑罚，而如果轻罪引发的前科规范，实际上比刑罚本身更严厉，不仅打破了应有法律责任分配体系，完全违背了前科规范制度的设立初衷，更会影响刑罚本身的适用，造成本末倒置的局面。

实际上，对于大量犯罪人而言，犯罪记录本身确实比刑罚更具威慑力。而司法实践中也确实存在利用违法犯罪记录，特

---

[1] 尽管我国刑罚论研究中存在"报应刑"和"预防刑"的争议，但"预防刑"理念基本上居于通说地位。参见田刚：《预防刑的实际效用——以司法解释和判例的数据对比分析为视角》，载《法学》2013年第1期，第89~103页。

别是公开违法犯罪记录，来实现比行政处罚和刑罚本身更强的威慑功能的习惯和倾向。《刑法》中的危险驾驶罪就是一例。我国之所以将危险驾驶罪纳入《刑法》，就是为了彰显国家严厉遏制醉酒驾驶的立场，通过将行政责任升格为刑事责任，加重醉酒驾驶的责任承担。[1]然而，仔细观察危险驾驶罪的法定刑就会发现，其刑罚配置只规定了"处拘役，并处罚金"。这一刑事责任与行政责任并没有质的区别。真正使得危险驾驶罪显现其刑事责任严重性的是"入刑"本身，即这将构成犯罪。因为一旦构成犯罪，就意味着行为人被贴上了"犯罪人"的标签，犯罪记录将伴随其一生。大量的前科规范限制将会给其带来巨大的生活不便。尤其是这种权利剥夺与限制是伴随其一生的，同时还会牵连其子女，这种来自前科规范的限制对于行为人而言无疑较拘役更为严厉。再以嫖娼违法给予行政处罚后，告知单位、家庭为例。[2]通知单位的法律意义和背后的实质是比行政处罚本身更强的威慑力，其会给行政违法人员造成巨大的精神压力、生活压力，这也是针对嫖娼人员的抢劫犯罪、诈骗犯罪、敲诈勒索等犯罪频发，嫖娼人员的财产损失明显超出嫖娼的行政处罚，但大部分嫖娼人员却依然拒绝向公安机关报案的原因。

因此，相应的立法机关不能一味地追求前科规范的最大威慑力，而忽视了前科规范存在的创设法定、预防必要性目的与评价均衡原则。我国目前存在大量一般前科规范和终身前科规范，导致许多轻罪的前科实际上比刑罚更为严厉，单处的附加刑和短期的自由刑本身给犯罪人造成的痛苦和否定性评价并不

---

[1] 参见《人民日报：醉驾入刑有效果法治入心显力量》，载 http://news.163.com/14/1115/11/AB3D4LLN00014JB5.html，最后访问时间：2020年3月20日。

[2] 参见刘荣：《报还是不报，这是个问题——由一起教授嫖娼案的报道说开去》，载《新闻知识》2007年第4期，第43～45页。

严重，但是前科规范却使犯罪人终身处于不利法律地位，难以再次完全融入社会。

综上，未来我国在制定全面的国家犯罪记录制度之时，有必要通过立法的形式确立上述三个原则，以此来使得前科规范的创设能够遵循严格的法定程序，在预防犯罪的同时能够充分考虑对犯罪人权利的必要保障。

二、对规范性评价的过程控制：限缩国家对犯罪记录的滥用

国家对犯罪记录的滥用表现为基于犯罪记录的规范性评价，即权利剥夺的永久性、株连范围的连带性、手段与目的的非关联性。因此，要限缩国家对犯罪记录的滥用，需要从这三方面入手：

（一）"社会性"向"个人性"的回归：设置犯罪记录的使用期限

犯罪记录属于犯罪人的个人信息，犯罪人对其自身的犯罪记录享有个人信息权，只是基于社会管理、预防犯罪的需要将其部分让渡给了国家，国家在使用的过程中存有边界。然而，在我国目前的犯罪记录制度中，基于犯罪记录引起的权利剥夺，不仅涉及面广，而且没有限定禁止期限。这就意味着，犯罪人将永远丧失获得这些资格的可能，相应的权利将被永久性剥夺。这种永久性的权利剥夺已经超出了对犯罪人正常的预防范畴，带有强烈的惩罚意味。而这种二次惩罚本就不该存在，更不应由犯罪记录制度所承担。犯罪记录制度所具有的犯罪预防功能，主要体现为通过对犯罪人犯罪信息的客观记载，一方面辅助刑事层面相关制度之落实，另一方面通过对所有犯罪人的犯罪信息进行登记、管理与统计，为未来的刑事政策制定提供数据支撑与实践依据，实现有效的犯罪预防。犯罪记录制度只是对刑

罚惩罚的延伸与拓展，旨在补足单纯的刑罚所缺失的预防功效。其所施加的权利剥夺与限制不得超过犯罪人本应承担的刑罚责任。这样的制度定位决定了犯罪记录制度不可能充当刑罚之后实质上的"二次惩罚机制"。然而，当前针对犯罪记录所设置的一系列措施却早已超出了比例原则的界限，永久性地将犯罪记录者排除出特定的领域或职业，使得天然属于犯罪人个人信息一部分的犯罪记录信息，被永久性地固定化为国家犯罪预防的工具。

因此，有必要就对犯罪记录的使用设立一个合理的期限，在该期限内，犯罪记录更多地属于公共信息，犯罪记录制度更多地承载预防犯罪功能，有权机关基于公共利益的需要可以使用犯罪记录，但在使用的同时仍需采取必要的措施保障犯罪人的应有权利不被侵犯。[1]但在超过该期限后，犯罪记录的个人性将回归，犯罪记录制度将更多地注重对犯罪人权利的保护，犯罪记录将不再能够被查询与使用，从而切断犯罪记录被传播与利用的可能，以此避免国家对犯罪记录的无期限滥用。通过有期限地使用犯罪记录，将对犯罪人权利的限制限定在合理的范围内，变"权利剥夺"为"权利限制"，能够协调好犯罪记录制度中预防犯罪与权利保护、犯罪记录中个人性与社会性的利益平衡问题。具体而言，可以依据犯罪记录者被判处刑罚的时长，取其一半作为犯罪记录的使用期限。例如，如果一个犯罪人被判处10年有期徒刑，则在其刑罚执行完毕后，其犯罪记录信息在5年内可以被国家用于犯罪预防。在此期间，国家机

---

[1] 实践中，刑事裁判文书网络化公开的做法本是将犯罪记录信息作为一种公共资源加以利用，但在这一过程中，出现了实名公开犯罪人姓名与其他信息的做法。这不仅无益于犯罪预防或对司法数据的有效利用，反而会造成犯罪人的个人信息遭受侵犯。因此，在明确犯罪记录信息的社会属性和个人属性、提倡国家对于犯罪记录信息的利用之时，应同时做好对犯罪记录信息的"有效利用"与"合理保护"。对刑事裁判文书中的犯罪人，应当匿名化处理。

第五章 以权利制衡权力：权利保护理念的注入与个人信息权理论的引入

关只能依据特定事项、经过法定程序申请查询犯罪记录信息。5年期满后，犯罪记录者的犯罪记录信息原则上要被彻底封存，不得再被查询。目前这一做法并未被普遍采纳，但在一些规范性文件之中已经初露端倪。例如，《征信管理条例（征求意见稿）》第21条规定："征信机构不得披露、使用自不良信用行为或事件终止之日起已超过5年的个人不良信用记录，以及自刑罚执行完毕之日起超过7年的个人犯罪记录。"这实际上是在征信领域，将犯罪记录的使用期限限定在7年之内，即只有自刑罚完毕之日起7年内的犯罪记录信息才可以被征信机构用于评价犯罪记录者的征信状况。

此外，这种对犯罪记录的使用期限进行限定的做法也与现有《刑事诉讼法》第286条针对未成年人轻罪犯罪记录封存制度的规定并不冲突，而是在精神理念上相契合，即都强调犯罪记录个人性的一面，避免国家对犯罪记录的不加节制的利用给犯罪记录本人造成不应有的损害，只是更加突出对未成年人的保护。因此，我国在未来确立犯罪记录的使用期限时，通常应设定为原判刑罚期限的一半；对于未成年人犯轻罪，则原则上不得使用犯罪记录。

（二）封建观念的驱逐：严格禁止基于犯罪记录的株连效应

未来我国构建的国家犯罪记录制度的基本价值取向，应当是在发挥犯罪预防效果的同时，积极采取措施，以制度化的形式保障犯罪人的应有权利。基于犯罪记录产生的负面评价，应当仅限于针对有犯罪记录者本人，而不应包括其他主体。否则，这种针对有犯罪记录者所产生的连带责任就是在无端限制无辜第三人的合法权利。尽管我国古代存在着残酷的连坐制度，一人犯罪，同族治罪。但在讲求责任自负的现代社会，反对株连责任已经成为基本共识。但基于犯罪的刑罚责任的连坐虽然已经消亡，基于犯罪记录的非刑罚责任的连坐却依然延续。如前所述，我国目前依然存在基于犯罪记录的株连责任的规定。

这种基于犯罪记录的株连效应所意欲起到的犯罪预防效果，乃是它通过将犯罪人本人以外的亲属也纳入权利限制的边界之内，作为对犯罪人所施加的权利限制的扩大化适用对象，在横向上强化所施加的权利限制本身的严厉性，从而加重犯罪人的犯罪成本，以此实现犯罪预防目的。然而，这种做法将本应作为利益主体、无辜的非犯罪人纳为剥夺和限制权利资格的对象，显然违背了国家犯罪记录制度所应持有的基本价值取向，更是与我国《宪法》尊重和保障人权的要求以及现代国家必须遵循的法治国精神背道而驰。这种做法纯粹是将基于犯罪记录的株连效应同任职回避或领导子女、配偶禁止经商制度等两个领域、层面、针对不同问题的做法相混淆；前者是强行在限制、剥夺的基础上进一步扩大限制、剥夺的范围，而后者则是在基于自由选择赋权的限制；前者的株连效应所导致的权利限制不能实现其本欲达成的制度目的，即犯罪预防，反而会造成无关第三者的合法权利受到不应有的限制，而后者则能够有效避免利益牵连，是一种必要且合理的限制措施。

犯罪记录引起的负面评价理应由犯罪人个人承担，于情于理也不应波及至犯罪人的家庭及其近亲属。犯罪记录制度所追求的预防效果本应针对的是犯罪人本人，其目的也只限于防止其再次犯罪。然而，倘若将权利剥夺株连至其家庭及近亲属，不仅对他们所起到的一般预防效果将极为有限，而且反过来可能会激起犯罪人的不满、其家庭和近亲属的无助，造成新一轮的社会不公，最终导致犯罪人甚至其家庭和近亲属被迫走上犯罪的道路。刑法的伦理性根植于人性，在亲情至上的社会，将亲属作为预防犯罪的"牺牲品"无疑是与"情理"相违背的。

第五章　以权利制衡权力：权利保护理念的注入与个人信息权理论的引入

这不仅会导致前科株连制度自身价值的折损，更会引发诸多社会负面效应，冲击整体法律体系的权威性与公信力。因此，由犯罪记录催生出的株连制度应当被彻底废除。

（三）目的与手段的关联：基于犯罪记录的权利限制应当被限定在与其犯罪有直接关系的领域

通过对我国现存法律中关于犯罪记录的权利剥夺之梳理可以发现，许多法律采取了"一刀切"式的做法，不考虑犯罪人所犯的是何种类型的犯罪，不考虑犯罪行为所涉及的领域，只要是有人触犯了刑事责任，就直接禁止其获得特定资格与权利。这种笼统而又粗暴的规定尽管有着所谓"队伍纯洁性"的心理作祟，但却未必公平合理，实际潜藏与隐含的仍是一种对犯罪人的歧视与惩罚：即便接受过刑罚的改造与教育，仍有对犯罪人深深的不信任；即便犯罪人已经重返社会，仍要采取种种限制与剥夺措施延续本应结束的惩罚。但既然坚持依法治国，坚持罪刑法定原则，坚持通过刑罚的方式改造犯罪人，那么在现行刑事司法体制的制度逻辑之下，犯罪人在所判处的刑罚执行完毕后，就理应被当作普通公民对待，而不应再被施加歧视与普遍的限制，否则前述的坚持就会因为其"不坚持"而被社会视为一种姿态，进而失去效力。因此，当犯罪记录制度的目的在于预防犯罪时，其针对有犯罪记录者采取的限制性措施就应当能够切实发挥犯罪预防的作用，同时不能超出合理的限度范围。例如，公司、企业等经济行业中的特定管理职位的人选，就可以限制曾实施过经济犯罪、财产犯罪与贪污犯罪的犯罪记录者的准入，排除其参与资格。因此，只有当犯罪人曾经所犯的罪行可能使其有高于一般人的人身危险性时才有必要对其施加一定的限制，而且这种限制必须是具体的、直接的、与所从事领域有关的，而不能是普遍的、笼统的、实际上是不合理的歧视。换言之，必须要消除对犯罪人的"概括歧视"，只能依据其特定的人身危险性设置有针对性的限制措施。

三、对非规范性评价的正向引导：减轻社会基于犯罪记录的歧视

社会基于犯罪记录的歧视主要表现为对于犯罪人的歧视与排斥，其中最核心的问题是就业歧视。我国保障公民享有平等的就业权。《宪法》第42条规定国家有义务"创造劳动就业条件"；《劳动法》第3条规定"劳动者享有平等就业和选择职业的权利"；《就业促进法》不仅在第3条明确规定劳动者享有平等就业和自主择业的权利，而且设立专章专门规定"公平就业"问题。此外，我国还加入了国际劳工组织大会通过的《就业政策公约》和《1958年消除就业和职业歧视公约》，承诺积极推动国内劳动者的公平就业，消除就业歧视问题。然而，即便有这些法律层面的保障，我国的就业歧视（尤其是针对犯罪记录者的就业歧视）问题仍然极其严峻，难以克服。一方面，我国法律层面关于公平就业的规定不可谓不多，但仍存在明显的"选择性保护"，即现有的"公平就业"只禁止基于"民族、宗族、性别、宗教信仰"这四类情形的就业歧视，[1]对基于其他事项的歧视（如犯罪记录）实际上并未加以明确禁止。另一方面，实践中针对犯罪记录者的就业歧视不仅无法避免，同时也难以消除，简单的强制性禁止社会和用人单位实施针对犯罪记录者的就业歧视的做法既行不通，对于社会而言也难言公平。因为这实际上是将国家自身的公共责任转嫁给了社会与用人单位。因此，要想改善社会对犯罪人的非规范性评价，使犯罪人能够

---

〔1〕 参见《劳动法》第12条、《就业促进法》第3条。

第五章　以权利制衡权力：权利保护理念的注入与个人信息权理论的引入

重新回归社会，我们需要从国家以身作则、对社会采取引导而非强制的方式这两方面入手。

（一）国家层面：以身作则

犯罪记录制度的完善，要求国家必须转变观念，不能将已经受过刑罚的有犯罪记录者仍然视为潜在的犯罪人。即便是刑法理论也认为，在被判处的刑罚执行完毕后，犯罪人的人身危害性和潜在的犯罪危害性便已消除。此时，其应该与一般的社会成员无异。国家和社会不应当再将其视为潜在的犯罪人，更不能继续延续对有犯罪记录者的权利限制，即便这种限制名为"前科规范"，意在"犯罪预防"，但实际上仍不过是"刑罚"的延续与后移，已经超过了预防本应有的限度而达到了"惩罚"的程度。对于一般民众的趋利避害观念和基于标签效应的一系列言行，国家尽管不应认同、不予推广，但也完全能够理解，而且确实也无法避免。国家首先需要以身作则，限缩对犯罪记录的滥用，规范对犯罪记录的法定评价，以此带动与引导社会减轻对有犯罪记录者的歧视与排斥。

一方面，通过合理的犯罪记录制度建构，非规范性评价引发的社会负面评价效应将会处于相对可控与理性的状态。只有在国家层面实现了对有犯罪记录者的"去妖魔化"，社会层面才会更加理性、清醒地认识并对待有犯罪记录者：他们虽然曾经是犯罪人员，虽然曾经犯过错，但他们同样也曾经是你我中的一员，一对孤苦无依的老人的孩子，一群嗷嗷待哺的孩子的父亲，更重要的是，他们现在依然是！国家只有通过官方形式恢复犯罪人的名誉，使他们能够抬起头，重新开启自己的人生，顺利回归那个曾经属于他但现在却在排斥歧视他的社会，才能有效引导社会舆论。另一方面，尽可能减少国家掌握的犯罪记录不当流入社会。通过对犯罪人员的犯罪信息采取严格保密与限制查询的方式，尽可能减少犯罪人员的犯罪信息被暴露于社会，进而尽可能地避免犯罪人员因犯罪记录而受到来自社会非规范性评价的歧视与排斥。因为，非规范性评价的前提是社会公众知悉他人曾经犯罪，即了解他人的犯罪记录。如果国家能够限缩对犯罪记录的滥用，规范对犯罪记录的法定评价，将犯罪记录视为犯罪人个人信息的一部分，采取严格的权利保障形式，一般社会公众既不能随意获取他人的犯罪记录信息，同时也不能随意要求国家提供犯罪记录查询服务，更不能肆意要求有犯罪记录者提供相关无犯罪记录信息证明，也就阻断了非规范性评价的源头，使得来自社会的非规范性评价能够尽可能被缩小到最低限度，国家就能以此进一步带动与引导社会减轻对犯罪人的歧视与排斥。

（二）社会层面：引导而非强制

虽然来自国家的规范性评价也会引发针对犯罪人的负面评价效应，但是规范性评价普遍是以犯罪行为为客观基础，结合犯罪时的主观恶性和再犯可能性所进行的法律性评价，并且是一种临时性、一次性的评价。这种规范性评价的特性在许多法律重要原则中得以体现，如刑事司法中的禁止重复评价原则等，[1]因此使得来自国家的规范性评价处于相对可控的限度内。其在实践中引发的负面评价效应主要是以非规范性评价为主，社会公众对犯罪人和犯罪行为的排斥和谴责态度普遍是一种基于犯罪人人格的、长期的评价机制。这种评价会蔓延到犯罪人的全部社会生活，形成负面评价效应，阻碍犯罪人回归社会，甚至引发潜在的再犯罪风险。

非规范性评价引发的负面评价效应主要表现为两种形式：其一，显性评价，即社会公众对有犯罪记录者的公开否定性评

---

[1] 参见陈兴良：《禁止重复评价研究》，载《现代法学》1994年第1期，第9~12页。

第五章 以权利制衡权力：权利保护理念的注入与个人信息权理论的引入

价。例如，用人单位、营业场自行规定，禁止有犯罪记录的个体从事特定工作和进入特定场所，甚至主张"要求应聘者出具无犯罪记录证明本身是用人单位的自主权，无法进行过多干涉"。[1]然而，有犯罪记录者同样是法律所保护的平等公民，其因为犯罪记录而需要承担的不利地位和负担只能由规范性的前科规范来设定，私人或企业无权以明文形式限制或剥夺公民的合法权利。虽然没有具体的法律规定，但此类显性评价实际上是通过私人擅自设置"前科"的方式进行的公然歧视，违背了基本的平等法律原则，也有违宪法赋予每位公民的平等权和就业权，因此应当是违法和无效的。其二，隐性评价，即社会公众对有犯罪记录者的隐性否定评价。隐性评价对有犯罪记录者的排斥，普遍是通过有犯罪记录之外的理由实现的。例如，用人单位尽管私下会对有犯罪记录者一概拒绝录用，但其公开的理由（通常是工作能力不足）往往与有犯罪记录无关，从而通过给予隐性的否定评价来规避法律上的风险。此类隐性评价实质上就是一种隐性歧视，是非规范评价的主要形式，并且体现在社会生活的各个领域，是引发负面评价效应的主要原因。而同其他的隐性歧视一样，要从法律层面加以证明是较为困难的，会更加有犯罪记录者的无力感、社会疏离感，甚至引发社会排斥的心理。[2]

从严格意义上说，所谓来自社会的非规范性评价其实是一种自然的社会现象，是一种被动的、必然的、基于人性的心理机制的客观产物。对此，需要的不是通过硬性的强制规定消除所谓的非规范性评价，而是通过理性国家的强调，法治国家的

---

[1] 罗坪：《应聘非特殊工作岗位也要无犯罪记录证明合理吗？》，载《羊城晚报》2015年7月27日。
[2] 参见曹飞、耿依娜：《我国反歧视立法的可能性探索——基于立法的经济社会基础分析视角》，载《西北大学学报（哲学社会科学版）》2007年第5期，第70~74页。

提倡,改变国家层面的不良做法,引导、带动社会民间的非规范性评价转向。一方面,强制性地禁止社会歧视的做法既行不通,也对社会不公平。其一,单纯地禁止或限制社会对有犯罪记录者的歧视,在现实中很难执行。例如,在非规范性评价最核心的就业问题上,用人单位淘汰有犯罪记录者,完全可以其他理由为借口。其二,在媒体极为发达的时代,在讲求公开审判的司法制度之下,完全阻断社会公众对犯罪信息的获取是不可能的,为了满足公开审判、新闻媒体自由等其他社会利益的需求,特定的犯罪人犯罪信息和身份信息被公众获悉在所难免。其三,很重要的一点是,国家为了化解社会矛盾、避免有犯罪记录者难以回归社会而强制要求用人单位不得因犯罪记录而拒绝雇用,这其实是将国家自身的公共责任转嫁给了社会与用人单位——因为用人单位没有义务为了国家的利益而自我承担不必要且不确定的风险。他们完全可能基于自身利益的考虑而拒绝雇用有犯罪记录者。因此,简单的强制性禁止社会和用人单位实施针对有犯罪记录者的就业歧视的做法不仅难以实现,同时也并不合理。另一方面,通过政策引导的方式鼓励社会接纳有犯罪记录者,则可以大致平衡双方的利益冲突。我国不仅在法律层面保障公民的就业权,而且还建立了就业援助制度,针对就业困难人群和零就业家庭成员,采取相应的就业帮扶措施,如税收减免、岗位补贴、政策补贴等。[1]国家完全可以对雇用有犯罪记录者的用人单位适用减税、岗位补贴等措施,以鼓励社会基于自身的利益考虑而作出决断,从客观上实现促进公共利益的效果。

---

[1] 参见《关于加强就业援助工作的指导意见》。

第五章　以权利制衡权力：权利保护理念的注入与个人信息权理论的引入

四、对非规范性评价的进一步遏制：被遗忘权的引入

任何价值都具有相对性。相较于物质性实体的价值，无形的信息的价值更加微妙。信息所具有的价值其实一直存在，其借助于网络社会深化和大数据技术而被充分、彻底地释放。"对比19世纪和20世纪的科技发展，前者更多的是以能量为驱动力，而后者则是以信息为中心。信息无论在产生、传输还是使用上，都呈现指数级暴涨态势，特别是在计算机出现之后。"[1]在信息社会，信息被生产、收集、分析、利用、储存的过程被固化，并不断循环往复。因此，信息社会中的所有信息都可以被永久储存和反复利用。"互联网大大加快了信息流转，丰富了信息的存储方式，延长了信息的存储时限，遗忘和记忆的天平翻转了，个人数据在网络空间被记忆是常态，而被遗忘成了例外。"[2]然而，在"信息永不消失"的时代，如何摆脱曾经的负面信息给自己带来的影响、破除过去的负面信息给自己施加的牢笼是当代社会需要认真应对的问题。由此，一项新兴权利被提出——被遗忘权。

（一）制度背景：被遗忘权的产生与发展

被遗忘权（right to be forgotten）是近年来理论界和实务界广泛关注的一个热点问题。被遗忘权试图回应"由数字化记忆带来的遗忘难题"。[3]它寻求在公众的公共信息知悉权、媒体的新闻报道自由和信息主体的个人信息权利之间达成一定程度的

---

[1] 吴军：《全球科技通史》，中信出版社2019年版，第389页。
[2] 张立翘：《被遗忘权制度框架及引入中国的可行性》，载《互联网金融与法律》2015年第2期，第2页。
[3] 丁晓东：《被遗忘权的基本原理与场景化界定》，载《清华法学》2018年第6期，第94页。

平衡,通过赋予信息主体以被遗忘权,使其有权请求删除被互联网公开的自身的负面或是中立性的隐私信息。被遗忘权本身并不是一个清晰的法律概念,目前依然存在关于其法律本质是"遗忘"还是"删除"的争议。[1]设置被遗忘权的目的是应对信息永续属性带来的潜在风险。信息永续属性风险理论的提出可以被追溯到互联网尚未诞生的计算机局域网时代,[2]而英国学者维克托·迈尔则被视为最早系统性地提出网络社会中被遗忘权概念的学者。[3]维克托论述了通过赋予信息相关主体以被遗忘权,使"遗忘"回归常态的主张。[4]实践中,涉及信息主体被遗忘权的案件时有发生,例如德国法院于2009年支持了被判有故意杀人罪的有犯罪记录者的请求,其要求维基百科网站删除与自己相关的20年前的犯罪记录。[5]

使被遗忘权理论真正被公众所了解,并被广泛接受的标志性事件是2014年欧盟法院的一项裁决。在该案件中,西班牙公民起诉谷歌(西班牙)公司,要求后者删除关于自己财产状况的一个网页链接,并保证这一信息不会再被搜索引擎搜索到,彻底使这一信息在互联网中"被遗忘"。[6]欧盟法院最终认为,谷歌公司作为信息搜索服务商,可以掌控通过其搜索引擎搜索

---

〔1〕 See Napoleon Xanthoulis, "The Rightto Oblivionin the Information Age: A Human-Rights Based Approach", *Us-China Law Review*, No.1, 2013, pp.85~86.

〔2〕 参见吴飞:《名词定义试拟——被遗忘权(Right to Be Forgotten)》,载《新闻与传播研究》2014年第7期,第13~16页。

〔3〕 参见郑文明:《个人信息保护与数字遗忘权》,载《新闻与传播研究》2014年第5期,第25~40页。

〔4〕 参见[英]维克托·迈尔-舍恩伯格:《删除:大数据取舍之道》,袁杰译,浙江人民出版社2013年版,第235页。

〔5〕 See John Schwartz, "Two German Killers Demanding Anonymity Sue Wikipedia's Par-ent", N.Y. TIMES, Nov.12.2009, at A13.

〔6〕 参见杨立新、韩煦:《被遗忘权的中国本土化及法律适用》,载《法律适用》2015年第2期,第24页。

第五章　以权利制衡权力：权利保护理念的注入与个人信息权理论的引入

到的信息，因此其对涉及公民的个人信息负有责任，并有义务消除不当或是对他人有负面影响的信息；而本案所涉信息会对信息主体产生"不利的、不相关的、过度的"影响，因此信息主体有权要求所涉信息的控制者删除这一信息。通过首次在司法实践中支持个人行使被遗忘权，欧盟法院裁定谷歌（西班牙）公司移除相关信息的链接。这一判决引发了理论界的广泛热议，[1]欧洲法学界开始承认被遗忘权的概念，并将其视为信息主体的一项民事权利。此后，2016年通过并已于2018年生效的《欧盟一般数据保护条例》（General Data Protection Regulation）正式规定了被遗忘权。从此，被遗忘权从一个法理概念正式成为一项法律明文规定的权利。之后，被遗忘权理论迅速跨越国界，相继被世界各国法院所接受。例如，2016年日本法院也以被遗忘权为由，要求谷歌公司删除和屏蔽原告3年前因儿童色情犯罪被处50万日元罚金的信息。[2]此外，我国法院也在一定程度上受到了被遗忘权理论的影响。尽管2015年被称为"中国被遗忘权第一案"的"任某某诉百度网讯科技公司案"最终以不支持原告起诉请求落下帷幕，但这一案件的影响并未平息，反倒激起了更加激烈对被遗忘权理论本土化的研究。[3]

（二）制度功能：对非规范性评价的进一步制衡

尽管通过限缩国家对犯罪记录的滥用以及减轻社会基于犯罪记录的歧视能够在一定程度上降低犯罪记录信息被社会公众

---

[1] 参见郑志峰：《网络社会的被遗忘权研究》，载《法商研究》2015年第6期，第50~60页。

[2] See Justin McCurry, "Japan Recognises 'Right to be Forgotten' of Man Convicted of Child Sex Offences", https://www.theguardian.com/technology/2016/mar/01/japan-recognises-right-to-be-forgotten-of-man-convicted-of-child-sex-offences, 2017-3-1.

[3] 杨立新、韩煦：《被遗忘权的中国本土化及法律适用》，载《法律适用》2015年第2期，第24~34页；丁宇翔：《被遗忘权的中国情境及司法展开——从国内首例"被遗忘权案"切入》，载《法治研究》2018年第4期，第27~39页。

知悉的概率,但是基于刑事诉讼参与主体的知情权、公开审判和新闻媒体自由等多元价值的存在,犯罪记录依然存在较大可能通过各种正式的和非正式的机制与渠道被社会公众知悉,并据此对有犯罪记录者进行不利的非规范性评价。例如,刑事诉讼的被害人显然有权利知悉判决结果,但被害人是否有权利向外传播犯罪人的身份信息和犯罪事实?

从实践层面来看,对于引发社会大量关注的案件,例如明星犯罪、高官腐败,新闻媒体能否公开报道?该问题背后实际上是个人隐私权、新闻媒体自由权和公众知情权的冲突和博弈。[1]

回应该问题的方式存在较大差异,有的国家对媒体公开报道犯罪事实施加了一定的限制,例如《奥地利刑法》规定禁止报道已经服刑完毕的犯罪事实;[2]有的国家对媒体报道犯罪事实的限制则较少,例如美国通过"考克斯广播公司诉科恩案"等一系列判例,基本确定了新闻媒体报道包括被害人姓名在内的全部犯罪事实的正当性。[3]

目前,我国对该问题没有作出明确的法律规定,但是从已然多次实施的大案要案庭审实时直播来看,国家显然是认同媒体对犯罪事实的报道权。所以,无论犯罪记录制度在建构时对犯罪记录的保障如何严格与谨慎,恐怕也难以避免犯罪记录信息流向社会并被传播。而在信息时代,这种传播将演变成终身存在的永久性传播,无法被消除,这显然将给有犯罪记录主体

---

[1] 参见张军:《新闻自由与隐私权的冲突和平衡》,载《法学评论》2007年第1期,第34~45页。

[2] 参见周子实:《犯罪记录制度与裁判文书公开制度兼容问题的比较研究》,载《西部法学评论》2016年第1期,第28~36页。

[3] See Jasmine E. McNealy, "The Emerging Conflict Betwen Newsworthines and The Right To Be Forgotten", *Northern Kentucky Law Review*, Vol. 39, no. 2, 2012, p.123.

第五章 以权利制衡权力：权利保护理念的注入与个人信息权理论的引入

回归社会制造严重阻碍。因此，有必要在规范前科规范的创设、国家限缩对犯罪记录的滥用、社会减轻基于犯罪记录的歧视这三重制度之外，引入特定的保障机制，用来进一步消解非规范性评价对有犯罪记录者的不利影响，这就需要被遗忘权发挥其功能。

国家应引入被遗忘权，并使之犯罪人对自身犯罪记录的个人信息权相衔接，作为犯罪记录封存的制度保障，使得整个犯罪记录制度能够体现权利保护理念，通过重重制度设计防止国家的规范性评价和社会的非规范性评价导致有犯罪记录者难以顺利回归社会，以应对由犯罪记录传播的不可避免性和永续性带来的非规范性评价难以被彻底消除的难题，从而通过犯罪记录制度内的、犯罪记录制度外的、针对规范性评价的和针对非规范性评价的一系列制度设计，使得有犯罪记录者尽可能少地受到负面评价效应的影响，进而重新融入社会。

五、构建违反犯罪记录制度的制裁规则体系

未来我国的国家犯罪记录制度将成为国家信息管理的重要组成部分，承载着犯罪预防与犯罪人权利保护的双重功能，而要充分实现国家犯罪制度的预设功能，就必须给予其强有力的法律保障。犯罪记录制度作为当代社会新兴设立的制度，尽管现有相关法律责任规范体系基于共通的信息保护和管理理念可以包含一部分违反犯罪记录制度的行为，涵盖对违反犯罪记录制度的相关违法犯罪活动的惩治。然而，这种权宜之计显然缺乏针对性与系统性，难以完整而全面地为犯罪记录制度提供刑事层面的法律保障，尤其是考虑到犯罪记录制度将成为我国信息管理的基础性制度，现有的临时性做法显得十分不合时宜。例如，《刑法》中与可能涉及的犯罪记录信息犯罪最为相关的罪

名是第 253 条之一"侵犯公民个人信息罪"。然而，无论是针对一般主体，还是针对特殊主体，其所制裁的行为均只是"出售""提供他人"和"非法获取"公民个人信息，无法涵盖现实中最为普遍的涉及犯罪记录信息的两种行为类型："泄漏"和"滥用"犯罪记录信息。因此，我国在建构犯罪记录制度、发挥其犯罪预防与权利保障功能的同时，还需要兼顾对"责任性规范"的完善，建立完备的制裁规则体系，保障犯罪记录制度的有效实施。

国家犯罪记录制度的建构出发点是实现对犯罪信息的统一、有序、规范化管理，从而实现犯罪预防与犯罪人权利保障的双重目的。在犯罪记录制度构建的过程中，最需要规范的是对于犯罪记录的"使用"。而对犯罪记录这种信息的"使用"行为的异化又存在两种情形："泄露"和"滥用"。因此，我们可以将违反犯罪记录制度的行为分为两类：一是"破坏犯罪信息统一管理的非法泄露行为"，二是"危害犯罪信息有序管理的非法滥用行为"。

（一）非法泄露他人犯罪记录行为的制裁体系

犯罪记录信息应当被置于国家的统一规范管理之下，基于国家预防犯罪的公共利益维护和犯罪人权利保障之间的利益平衡，我国应当将对犯罪记录的使用限定在严格的范围与限度之内，对犯罪记录的管理与保存采取严密的保障措施，避免犯罪记录被不当泄露。因此，任何单位和个人对通过国家犯罪记录数据库获取的非本人犯罪信息，在使用上都必须遵循规范化的目的，严禁随意处分、泄露他人的犯罪信息，违者应当承担相应的责任。破坏犯罪信息的统一管理、非法泄露他人犯罪记录的行为具体而言可以分为以下两种情形：

第一，犯罪记录管理机构、公务查询主体泄露犯罪记录信

第五章 以权利制衡权力：权利保护理念的注入与个人信息权理论的引入

息。犯罪记录制度建立后，一般公众将难以随意获得他人的犯罪记录信息，而犯罪记录管理机构和公务查询主体，却可以基于职权接触大量的犯罪记录。我国《刑法》第253条之一侵犯公民个人信息罪第2款规定，"违反国家有关规定，将在履行职责或者提供服务过程中获得的公民个人信息，出售或者提供给他人"的，依照侵犯公民个人信息罪定罪处罚。如前所述，犯罪记录在本质上属于公民的个人信息。在内容构成上，虽然犯罪记录的产生离不开国家，但其仍属于犯罪人的个人信息；在本质要素上，犯罪记录作为一项信息集合，具备个人信息所必需的"可识别性"要素。因此，犯罪记录管理机构、公务查询主体的情节严重的故意泄露行为，严重侵犯了相关犯罪记录信息主体的个人信息权，构成侵犯公民个人信息罪。

第二，一般主体泄露他人犯罪记录信息。除了依职权取得他人犯罪记录信息之外，一般社会公众主体也可能通过各种非法途径或合法途径获得他人的犯罪记录信息，随后基于各种目的而进行披露。基于犯罪记录的个人信息属性，情节严重的此类行为，完全可以构成侵犯公民个人信息罪。但对于情节较轻的情形，我国目前存在行政责任法律制裁规定不足的问题。尽管部分行政法进行了规定（例如《消费者权益保护法》第29条、[1]《居民身份证法》第19条等[2]）但此类规定仅能制裁

---

[1]《消费者权益保护法》第29条规定："经营者及其工作人员对收集的消费者个人信息必须严格保密，不得泄露、出售或者非法向他人提供。经营者应当采取技术措施和其他必要措施，确保信息安全，防止消费者个人信息泄露、丢失。在发生或者可能发生信息泄露、丢失的情况时，应当立即采取补救措施。"

[2]《居民身份证法》第19条规定："国家机关或者金融、电信、交通、教育、医疗等单位的工作人员泄露在履行职责或者提供服务过程中获得的居民身份证记载的公民个人信息，构成犯罪的，依法追究刑事责任；尚不构成犯罪的，由公安机关处十日以上十五日以下拘留，并处五千元罚款，有违法所得的，没收违法所得。"

特定领域或特定种类的信息披露行为,而实践中,泄露犯罪记录的信息的形式具有多样化。因此,我国应当尽快修正《治安管理处罚法》,就泄露公民个人信息的一般行为设定行政处罚条款,从而实现对包括犯罪记录信息在内的全部个人信息的行政责任保障。[1]

不过,值得注意的是,泄露他人犯罪记录信息的责任条款,可能会同新闻媒体报道犯罪案件时的公众知情权发生冲突。国外立法普遍会在公众知情权、犯罪人的隐私权和个人信息权之间求取利益平衡。例如,德国原则上禁止犯罪记录的实名披露,但在涉及名人或大公司时亦有可能披露。[2]本书认为,引发新闻媒体报道的一般都属于社会热点案件或公众人物犯罪,理应进行相应的扩大,允许新闻媒体进行报道。同时,新闻媒体披露他人犯罪记录时也必须遵循两点原则:其一,媒体报道的信息应当源自公开渠道,不能非法获取他人的犯罪记录信息;其二,媒体报道的犯罪信息,仅限于未实现第一阶段封存的犯罪记录。一旦实现封存,基于被遗忘权,新闻媒体不应再进行新的报道,过往的报道基于有犯罪记录者的要求也应当予以删除或屏蔽。

(二)非法滥用犯罪记录制度行为的制裁体系

国家犯罪记录制度犯罪记录信息的合理利用规范体系的一部分,官方出具的犯罪记录报告或无犯罪记录证明将成为社会信息管理的重要工具。与此同时,借助国家犯罪记录制度,非法滥用犯罪记录报告或无犯罪证明的行为也必将大量出现。因

---

[1] 参见陈丽平:《侵犯公民个人信息应当追究责任》,载《法制日报》2013年1月14日。

[2] See Gerhard Knerr, "Die Verffentlichungvon Namen in gerichtlichen Entscheidungen", N. G. ELWERTVERLAGMARBURG, 2004, pp. 73~74.

第五章　以权利制衡权力：权利保护理念的注入与个人信息权理论的引入

此，我国应进一步完善相应的法律规则，做好国家犯罪记录制度建立后的法律准备。从整体来看，滥用犯罪记录制度的行为可以涉及以下两个领域：

第一，针对无犯罪记录证明或犯罪记录报告的伪造、变造、买卖行为。国家犯罪记录制度建立后，无犯罪记录证明或犯罪记录报告将是以国家司法权威为保障的官方证明文件，国家必须严禁任何非法伪造、变造、买卖的行为。实际上，由于目前无犯罪记录证明开具的形式不统一且无核查验证程序，实践中已然存在大量的伪造无犯罪记录证明的行为。基于此，我国应当尽快建立国家犯罪记录制度，以满足犯罪记录规范化管理的需求。[1]对于上述伪造、变造、买卖等非法行为，根据其情节的轻重，可以依据《治安管理处罚法》第52条予以行政处罚，或根据《刑法》规定的伪造、变造、买卖国家机关公文、证件、印章罪予以刑事处罚。值得注意的是，目前此类违法犯罪行为的对象主要是无犯罪记录证明，而在未来国家犯罪记录制度建立后，由于犯罪记录报告本身也承载着信息管理的功能，将是国家基于促进有犯罪记录者回归社会目的而给予一定政策扶持的依据，因此犯罪记录报告也将会成为新的对象。

第二，针对无犯罪记录证明或犯罪记录报告的骗取行为。我国犯罪记录制度建立后，借助规范性的官方证明文本和官方数据库的对比验证，未来伪造、变造无犯罪记录证明或犯罪记录报告的行为将得到有效的抑制。但是，利用各种手段从官方数据库骗取证明或报告的行为必然会随之出现。其具体将主要表现为两种行为方式：其一，冒用他人身份骗取犯罪记录证明。

---

[1] 参见徐荔：《帮同事伪造无犯罪记录证明换来有期徒刑10个月》，载《上海法治报》2012年11月16日；张房耿、李世寅、吴艺明：《伪造无犯罪记录证明被识破》，载《中山日报》2013年11月21日。

行为人通过冒用他人身份骗取他人犯罪记录信息后，一方面可以针对真实的有犯罪记录者实施敲诈勒索等违法犯罪行为，另一方面亦可以继续冒充他人身份，将记录或证明用于自身。这实质上是基于犯罪记录制度的产生而演化出的一种新型"身份盗窃"行为。"身份盗窃"行为是对他人社会身份和法律地位的非法替代，其并不是一种全新的社会形态，但伴随着信息社会的发展和身份的多元化发展，其危害性日益明显。国外对于"身份盗窃"的立法关注较早。例如，美国国会于1998年就颁布了《防止身份盗窃及假冒法》，将"身份盗窃"的行为规定为刑事犯罪。[1]然而，我国对于"身份盗窃"行为则主要是制裁对特定身份的非法替代或"身份盗窃"实施的特定后续行为。前者如招摇撞骗行为，后者如伪造身份诈骗。而对于冒用他人身份骗取无犯罪记录证明或犯罪记录报告的行为，则没有有效的制裁规则。其二，伪造、变更自身身份骗取犯罪记录证明。除了冒用他人身份外，通过伪造、变更自身身份亦可以骗取犯罪记录证明。对于自然人主体而言，较为常见的是伪造新身份，或者利用已有的多个户口、身份证[2]来实现骗取目的。对于此类行为，仅靠改革户籍制度显然不够，仍需由实施骗取行为后的明确责任条款进行制裁。对于单位主体而言，不同于自然人，其并没有唯一、不变的身份识别码。因此，单位极容易通过变换单位名称等方式规避已有的犯罪记录。因此，为了防止行贿犯罪档案的规避问题在犯罪记录制度中重演，[3]一方面，国家有必要实现单位主体信息的实时更新，单位申请变更名称、变

---

[1] 参见马改然：《美国身份盗窃的最新发展趋势》，载《学术论坛》2012年第5期，第50~55页。
[2] 参见刘昶：《一人为何能办多个身份证》，载《无锡日报》2014年4月26日。
[3] 参见刘丽梅、李翠萍：《行贿犯罪档案查询制度之规避查询问题》，载《中国检察官》2015年第1期，第59~61页。

第五章 以权利制衡权力：权利保护理念的注入与个人信息权理论的引入

更法定代表人时，只要是以原单位为主体变更的新单位，相关的工商行政管理部门便有必要依职权主动查询原单位的犯罪记录，犯罪记录引发的前科尚未消灭时，工商行政管理部门有义务向国家犯罪记录数据库提供变更后的新公司信息，以实现信息的更新。另一方面，对于实施此类行为的单位亦应当进行有效的制裁。因此，我国未来应当作进一步的立法规则更新，比照骗取出境证件违法犯罪的立法模式，对自然人主体和单位主体的骗取行为进行针对性制裁。而从长远角度来看，针对所有的"身份盗窃"行为，亦有必要建立一般性的制裁规则体系。

参考文献

一、著作类

[1] [以色列] 尤瓦尔·赫拉利:《人类简史:从动物到上帝》,林俊宏译,中信出版社 2017 年版。

[2] [以色列] 尤瓦尔·赫拉利:《未来简史:从智人到智神》,林俊宏译,中信出版社 2017 年版。

[3] [以色列] 尤瓦尔·赫拉利:《今日简史:人类命运大议题》,林俊宏译,中信出版社 2018 年版。

[4] 陈嘉映:《何为良好生活:行之于途而应于心》,上海文艺出版社 2015 年版。

[5] 陈嘉映:《说理》,上海文艺出版社 2020 年版。

[6] 陈嘉映:《哲学·科学·常识》,中信出版社 2018 年版。

[7] 陈嘉映:《走出唯一真理观》,上海文艺出版社 2020 年版。

[8] [法] 米歇尔·福柯:《规训与惩罚》(修订译本第 4 版),刘北成、杨远婴译,生活·读书·新知三联出版社 2012 年版。

[9] David Garland, *The Culture of Control: Crime and Social Order in Contemporary Society*, Oxford University Press, 2001.

[10] 吴猛、和新风:《文化权力的终结:与福柯对话》,四川人民出版社 2003 年版。

[11] 刘北成编著:《福柯思想肖像》,中国人民大学出版社 2012 年版。

[12] [英] 齐格蒙·鲍曼:《现代性与大屠杀》,杨渝东、史建华译,彭刚校,译林出版社 2011 年版。

[13] [英] 齐格蒙·鲍曼:《立法者与阐释者:论现代性、后现代性与知

识分子》，洪涛译，上海人民出版社 2000 年版。

[14] 高鸿钧、赵晓力主编：《新编西方法律思想史》（现代、当代部分），清华大学出版社 2015 年版。

[15] 高鸿钧、赵晓力主编：《新编西方法律思想史》（古代、中世纪、近代部分），清华大学出版社 2015 年版。

[16] ［英］安东尼·吉登斯：《现代性的后果》，田禾译，黄平校，凤凰出版传媒集团、译林出版社 2011 年版。

[17] ［英］安东尼·吉登斯：《民族-国家与暴力》，胡宗泽等译，生活·读书·新知三联出版社 1998 年版。

[18] ［英］安东尼·吉登斯、［英］菲利普·萨顿：《社会学》（第 7 版），赵旭东等译，北京大学出版社 2015 年版。

[19] ［法］让·鲍德里亚：《符号政治经济学批判》，夏莹译，南京大学出版社 2015 年版。

[20] 苏力：《法治及其本土资源》（第 3 版），北京大学出版社 2015 年版。

[21] 苏力：《送法下乡——中国基层司法制度研究》（修订版），北京大学出版社 2011 年版。

[22] 苏力：《制度是如何形成的》（增订版），北京大学出版社 2007 年版。

[23] 苏力：《道路通向城市：转型中国的法治》，法律出版社 2004 年版。

[24] 苏力：《也许正在发生：转型中国的法学》，法律出版社 2004 年版。

[25] 苏力：《法律与文学：以中国传统戏剧为材料》，生活·读书·新知三联出版社 2006 年版。

[26] 苏力：《大国宪制：历史中国的制度构成》，北京大学出版社 2018 年版。

[27] ［美］理查德·波斯纳：《超越法律》，苏力译，北京大学出版社 2016 年版。

[28] 包刚升：《政治学通识》，北京大学出版社 2015 年版。

[29] 郭瑜：《个人数据保护法研究》，北京大学出版社 2012 年版。

[30] ［英］韦恩·莫里森：《理论犯罪学：从现代到后现代》，刘仁文等译，法律出版社 2004 年版。

[31] ［美］斯蒂芬·平克：《人性中的善良天使：暴力为什么会减少》，安

雯译,中信出版社2019年版。

[32] [德] 乌尔里希·齐白:《全球风险社会与信息社会中的刑法:二十一世纪刑法模式的转换》,周遵友等译,中国法制出版社2012年版。

[33] 徐恪、李沁:《算法统治世界:智能经济的隐形秩序》,清华大学出版社2017年版。

[34] [英] 阿里尔·扎拉奇、[美] 莫里斯·E. 斯图克:《算法的陷阱:超级平台、算法垄断与场景欺骗》,余潇译,中信出版社2018年版。

[35] 王泽鉴:《人格权法:法释义学、比较法、案例研究》,北京大学出版社2013年版。

[36] [印] 阿马蒂亚·森:《身份与暴力:命运的幻象》,李风华等译,中国人民大学出版社2014年版。

[37] 周雪光:《中国国家治理的制度逻辑:一个组织学研究》,生活·读书·新知三联出版社2017年版。

[38] [美] 赫伯特·马尔库塞:《单向度的人:发达工业社会意识形态研究》,刘继译,上海译文出版社2014年版。

[39] [英] 弗里德里希·A. 哈耶克:《科学的反革命:理性滥用之研究》(修订版),冯克利译,译林出版社2012年版。

[40] [美] 欧文·戈夫曼:《污名——受损身份管理札记》,宋立宏译,商务印书馆2009年版。

[41] [英] 理查德·道金斯:《自私的基因》(40周年增订版),卢允中等译,中信出版社2019年版。

[42] [美] 彼得·L. 伯格、托马斯·卢克曼:《现实的社会建构:知识社会学论纲》,吴肃然译,北京大学出版社2019年版。

[43] [美] 迈克尔·艾伦·吉莱斯皮:《现代性的神学起源》,张卜天译,湖南科学技术出版社2019年版。

[44] [德] 克劳斯·罗克辛:《德国刑法学总论》(第1卷),王世洲译,法律出版社2005年版。

[45] 黄荣坚:《基础刑法学》,元照出版有限公司2012年版。

[46] 许玉秀:《当代刑法思潮》,中国民主法制出版社2005年版。

[47] 张明楷:《刑法学》(第5版),法律出版社2016年版。

[48] 林山田：《刑罚学》，台湾商务印书馆1983年版。
[49] （清）沈家本：《寄簃文存》，商务印书馆2015年版。
[50] 刘擎：《哈贝马斯与现代性的思想史》，译林出版社2001年版。

二、论文类

[1] 张新宝：《〈民法总则〉个人信息保护条文研究》，载《中外法学》2019年第1期。
[2] 张新宝：《从隐私到个人信息：利益再衡量的理论与制度安排》，载《中国法学》2015年第3期。
[3] 杨立新：《个人信息：法益抑或民事权利——对〈民法总则〉第111条规定的"个人信息"之解读》，载《法学论坛》2018年第1期。
[4] 何荣功：《预防刑法的扩张及其限度》，载《法学研究》2017年第4期。
[5] 刘同舫：《启蒙理性及现代性：马克思的批判性重构》，载《中国社会科学》2015年第2期。
[6] 房清侠：《前科消灭制度研究》，载《法学研究》2001年第4期。
[7] 劳东燕：《风险社会与功能主义的刑法立法观》，载《法学评论》2017年第6期。
[8] 劳东燕：《转型中的刑法教义学》，载《法商研究》2017年第6期。
[9] 姚前：《算法经济：资源配置的新机制》，载《清华金融评论》2018年第10期。
[10] 汝绪华：《算法政治：风险、发生逻辑与治理》，载《厦门大学学报（哲学社会科学版）》2018年第6期。
[11] 郑戈：《算法的法律与法律的算法》，载《中国法律评论》2018年第2期。
[12] 贾开：《人工智能与算法治理研究》，载《中国行政管理》2019年第1期。
[13] 张欣：《从算法危机到算法信任：算法治理的多元方案和本土化路径》，载《华东政法大学学报》2019年第6期。

［14］崔靖梓：《算法歧视挑战下平等权保护的危机与应对》，载《法律科学（西北政法大学学报）》2019年第3期。

［15］赵万里、李路彬：《情境知识与社会互动——符号互动论的知识社会学思想评析》，载《科学技术哲学研究》2009年第5期。

［16］周晓虹：《学术传统的延续与断裂——以社会学中的符号互动论为例》，载《社会科学》2004年第12期。

［17］刘世定：《危机传导的社会机制》，载《社会学研究》2009年第2期。

［18］郭雯：《伦理悲剧中的预言与犯罪：重读〈麦克白〉》，载《外国文学研究》2017年第2期。

［19］苏力：《福柯的刑罚史研究及对法学的贡献》，载《比较法研究》1993年第2期。

［20］劳东燕：《公共政策与风险社会的刑法》，载《中国社会科学》2007年第3期。

［21］时延安：《隐性双轨制：刑法中保安处分的教义学阐释》，载《法学研究》2013年第3期。

［22］时延安：《劳动教养制度的终止与保安处分的法治化》，载《中国法学》2013年第1期。

［23］肖建国、黄忠顺：《失信被执行人信用惩戒机制的构建》，载《新华月报》2016年第23期。

［24］田刚：《性犯罪人再次犯罪预防机制——基于性犯罪记录本土化建构的思考》，载《政法论坛》2017年第3期。

［25］张维迎、邓峰：《信息、激励与连带责任——对中国古代连坐、保甲制度的法和经济学解释》，载《中国社会科学》2003年第3期。

［26］苏力：《市场经济形成中的犯罪违法现象——法律社会学的思考》，载《中外法学》1994年第6期。

［27］傅蔚冈：《"征信"扩大化，或变身"道德档案"》，载《华夏时报》2016年4月15日。

［28］杨鸿雁：《中国古代耻辱刑考略》，载《法学研究》2005年第1期。

［29］程啸：《论大数据时代的个人数据权利》，载《中国社会科学》2018

年第 3 期。

[30] 刘权：《目的正当性与比例原则的重构》，载《中国法学》2014 年第 4 期。

[31] 张翔：《刑法体系的合宪性调控——以"李斯特鸿沟"为视角》，载《法学研究》2016 年第 4 期。

[32] 曹飞、耿依娜：《我国反歧视立法的可能性探索——基于立法的经济社会基础分析视角》，载《西北大学学报（哲学社会科学版）》2007 年第 5 期。

[33] 丁晓东：《被遗忘权的基本原理与场景化界定》，载《清华法学》2018 年第 6 期。

[34] 张立翘：《被遗忘权制度框架及引入中国的可行性》，载《互联网金融与法律》2015 年第 2 期。

[35] 杨立新、韩煦：《被遗忘权的中国本土化及法律适用》，载《法律适用》2015 年第 2 期。

[36] 吴维海：《社会信用体系建设的理论、政策、问题与对策》，载《全球化》2018 年第 6 期。

[37] 沈岿：《社会信用体系建设的法治之道》，载《中国法学》2019 年第 5 期。

[38] 戴昕：《理解社会信用体系建设的整体视角：法治分散、德治集中与规制强化》，载《中外法学》2019 年第 6 期。

[39] 戴昕：《数据隐私问题的维度扩展与议题转换：法律经济学视角》，载《交大法学》2019 年第 1 期。

[40] 戴昕、张永健：《比例原则还是成本收益分析：法学方法的批判性重构》，载《中外法学》2018 年第 6 期。

[41] 丁晓东：《算法与歧视——从美国教育平权案看算法伦理与法律解释》，载《中外法学》2017 年第 6 期。

[42] 刘艳红：《人工智能法学研究的反智化批判》，载《东方法学》2019 年第 5 期。

[43] 鲁楠：《科技革命、法哲学与后人类境况》，载《中国法律评论》2018 年第 2 期。

[44] 梁根林：《刑法修正：维度、策略、评价与反思》，载《法学研究》2017 年第 1 期。

[45] 甘阳：《启蒙与迷信》，载《文汇报》2011 年 11 月 28 日。

[46] 陈弘毅：《古今中外酷刑现象的反思》，载《清华法治论衡》2006 年第 2 期。

[47] 应培礼：《论刑满释放人员回归社会的制度排斥》，载《法学》2014 年第 5 期。

[48] 张丽丽：《从"封存"到"消灭"——未成年人轻罪犯罪记录封存制度之解读与评价》，载《法律科学（西北政法大学学报）》2013 年第 2 期。

[49] ［美］李本：《美国司法实践中的人工智能：问题与挑战》，载《中国法律评论》2018 年第 2 期。

三、网页类

[1] 劳东燕：《以爱的名义进行操控》，载 https://mp.weixin.qq.com/s/LM-w6m9TR8Qm0nrtn4P79Q。

[2] 劳东燕：《人脸识别技术运用中的法律隐忧》，载 http://www.aisixiang.com/data/118805.html。

附 录

法律（统计截至 2019 年 11 月 17 日）							
法律发布日期	条款发布日期	条款实施日期	原条款	文件名称	现条款	具体内容
1995/2/28	1995/2/28	1995/7/1	第10条	法官法	第13条	下列人员不得担任法官： （一）因犯罪受过刑事处罚的；
1995/2/28	1995/2/28	1995/7/1	第11条	检察官法	第13条	下列人员不得担任检察官： （一）因犯罪受过刑事处罚的；
2005/4/27	2005/4/27	2006/1/1	第24条	公务员法	第26条	下列人员不得录用为公务员： （一）因犯罪受过刑事处罚的；
1986/4/12	2006/6/29	2006/9/1	第24条	义务教育法	第24条第3项	学校不得聘用曾经因故意犯罪被依法剥夺政治权利或者其他不适合从事义务教育工作的人担任工作人员。
2009/2/28	2009/2/28	2009/6/1	第93条	食品安全法	第138条第二款	……因食品安全违法行为受到刑事处罚或者因出具虚假检验报告导致发生重大食品安全事故受到开除处分的食品检验机构人员，终身不得从事食品检验工作。食品检验机构聘用不得从事食品检验工作的人员的，由授予其资质的主管部门或者机构撤销该食品检验机构的检验资质。

续表

法律（统计截至 2019 年 11 月 17 日）						
法律发布日期	条款发布日期	条款实施日期	原条款	文件名称	现条款	具体内容
2018/4/27	2018/4/27	2018/4/27		人民陪审员法	第7条	有下列情形之一的，不得担任人民陪审员：（一）受过刑事处罚的；
2005/8/28	2005/8/28	2006/3/1	第20条	公证法	第20条	有下列情形之一的，不得担任公证员：（二）因故意犯罪或者职务过失犯罪受过刑事处罚的；
1993/12/29	1993/12/29	1994/7/1	第57条	公司法	第146条	有下列情形之一的，不得担任公司的董事、监事、高级管理人员：（二）因贪污、贿赂、侵占财产、挪用财产或者破坏社会主义市场经济秩序，被判处刑罚，执行期满未逾五年，或者因犯罪被剥夺政治权利，执行期满未逾五年；
1996/5/15	1996/5/15	1997/1/1	第9条	律师法	第7条	申请人有下列情形之一的，不予颁发律师执业证书：（二）受过刑事处罚的，但过失犯罪的除外；
2016/4/28	2016/4/28	2017/1/1	第12条	境外非政府组织境内活动管理法	第12条	境外非政府组织应当自业务主管单位同意之日起三十日内，向登记管理机关申请设立代表机构登记。申请设立代表机构登记，应当向登记管理机关提交下列文件、材料：（三）拟设代表机构首席代表的身份证明、简历及其无犯罪记录证明材料或者声明；
			第29条		第29条	境外非政府组织代表机构应当设一名首席代表，可以根据业务需要设一至三名代表。有下列情形之一的，不得担任首席代表、代表：（二）有犯罪记录的；

续表

法律（统计截至 2019 年 11 月 17 日）						
法律发布日期	条款发布日期	条款实施日期	原条款	文件名称	现条款	具体内容
1982/11/19	2002/10/28	2002/10/28	第76条	文物保护法	第66条	文物行政部门、文物收藏单位、文物商店、经营文物拍卖的拍卖企业的工作人员，有下列行为之一的，依法给予行政处分，情节严重的，依法开除公职或者吊销其从业资格；构成犯罪的，依法追究刑事责任：（一）文物行政部门的工作人员违反本法规定，滥用审批权限、不履行职责或者发现违法行为不予查处，造成严重后果的；（二）文物行政部门和国有文物收藏单位的工作人员借用或者非法侵占国有文物的；（三）文物行政部门的工作人员举办或者参与举办文物商店或者经营文物拍卖的拍卖企业的；（四）因不负责任造成文物保护单位、珍贵文物损毁或者流失的；（五）贪污、挪用文物保护经费的。前款被开除公职或者被吊销从业资格的人员，自被开除公职或者被吊销从业资格之日起十年内不得担任文物管理人员或者从事文物经营活动。

续表

法律（统计截至 2019 年 11 月 17 日）						
法律发布日期	条款发布日期	条款实施日期	原条款	文件名称	现条款	具体内容
1985/1/21	1999/10/31	2000/7/1	第40条	会计法	第40条	因有提供虚假财务会计报告，做假账，隐匿或者故意销毁会计凭证、会计账簿、财务会计报告，贪污，挪用公款，职务侵占等与会计职务有关的违法行为被依法追究刑事责任的人员，不得再从事会计工作。
2016/11/7	2016/11/7	2017/6/1		网络安全法	第63条第3款	违反本法第二十七条规定，受到治安管理处罚的人员，五年内不得从事网络安全管理和网络运营关键岗位的工作；受到刑事处罚的人员，终身不得从事网络安全管理和网络运营关键岗位的工作。
1994/5/12	2004/4/6	2004/7/1	第61条	对外贸易法	第61条	进出口属于禁止进出口的货物的，或者未经许可擅自进出口属于限制进出口的货物的，由海关依照有关法律、行政法规的规定处理、处罚；构成犯罪的，依法追究刑事责任。进出口属于禁止进出口的技术的，或者未经许可擅自进出口属于限制进出口的技术的，依照有关法律、行政法规的规定处理、处罚；法律、行政法规没有规定的，由国务院对外贸易主管部门责令改正，没收违法所得，并处违法所得一倍以上五倍以下罚款，没有违法所得或者违法所得不足一万元的，

续表

法律（统计截至2019年11月17日）						
法律发布日期	条款发布日期	条款实施日期	原条款	文件名称	现条款	具体内容
1994/5/12	2004/4/6	2004/7/1	第61条	对外贸易法	第611条	处一万元以上五万元以下罚款；构成犯罪的，依法追究刑事责任。自前两款规定的行政处罚决定生效之日或者刑事处罚判决生效之日起，国务院对外贸易主管部门或者国务院其他有关部门可以在三年内不受理违法行为人提出的进出口配额或者许可证的申请，或者禁止违法行为人在一年以上三年以下的期限内从事有关货物或者技术的进出口经营活动。
			第62条		第62条	从事属于禁止的国际服务贸易的，或者未经许可擅自从事属于限制的国际服务贸易的，依照有关法律、行政法规的规定处罚；法律、行政法规没有规定的，由国务院对外贸易主管部门责令改正，没收违法所得，并处违法所得一倍以上五倍以下罚款，没有违法所得或者违法所得不足一万元的，处一万元以上五万元以下罚款；构成犯罪的，依法追究刑事责任。国务院对外贸易主管部门可以禁止违法行为人自前款规定的行政处罚决定生效之日或者刑事处罚判决生效之日起一年以上三年以下的期限内从事有关的国际服务贸易经营活动。

续表

法律（统计截至 2019 年 11 月 17 日）						
法律发布日期	条款发布日期	条款实施日期	原条款	文件名称	现条款	具体内容
1994/5/12	2004/4/6	2004/7/1	第63条	对外贸易法	第63条	违反本法第三十四条规定，依照有关法律、行政法规的规定处罚；构成犯罪的，依法追究刑事责任。国务院对外贸易主管部门可以禁止违法行为人自前款规定的行政处罚决定生效之日或者刑事处罚判决生效之日起一年以上三年以下的期限内从事有关的对外贸易经营活动。
2016/3/16	2016/3/16	2016/9/1		慈善法	第16条	有下列情形之一的，不得担任慈善组织的负责人：（二）因故意犯罪被判处刑罚，自刑罚执行完毕之日起未逾五年的；
2000/7/8	2015/11/4	2016/1/1		种子法	第75条第2款	因生产经营假种子犯罪被判处有期徒刑以上刑罚的，种子企业或者其他单位的法定代表人、直接负责的主管人员自刑罚执行完毕之日起五年内不得担任种子企业的法定代表人、高级管理人员。
					第76条第2款	因生产经营劣种子犯罪被判处有期徒刑以上刑罚的，种子企业或者其他单位的法定代表人、直接负责的主管人员自刑罚执行完毕之日起五年内不得担任种子企业的法定代表人、高级管理人员。

续表

法律（统计截至2019年11月17日）						
法律发布日期	条款发布日期	条款实施日期	原条款	文件名称	现条款	具体内容
2016/7/2	2016/7/2	2016/12/1		资产评估法	第11条	因故意犯罪或者在从事评估、财务、会计、审计活动中因过失犯罪而受刑事处罚，自刑罚执行完毕之日起不满五年的人员，不得从事评估业务。
1995/5/10	1995/5/10	1995/7/1	第27条	商业银行法	第27条	有下列情形之一的，不得担任商业银行的董事、高级管理人员：（一）因犯有贪污、贿赂、侵占财产、挪用财产罪或者破坏社会经济秩序罪，被判处刑罚，或者因犯罪被剥夺政治权利的；
1996/7/5	1996/7/5	1997/1/1	第15条	拍卖法	第15条	拍卖师应当具备下列条件：……被开除公职或者吊销拍卖师资格证书未满五年的，或者因故意犯罪受过刑事处罚的，不得担任拍卖师。
1993/10/31	1993/10/31	1994/1/1	第10条	注册会计师法	第10条	有下列情形之一的，受理申请的注册会计师协会不予注册：（二）因受刑事处罚，自刑罚执行完毕之日起至申请注册之日止不满五年的；

续表

法律(统计截至2019年11月17日)						
法律发布日期	条款发布日期	条款实施日期	原条款	文件名称	现条款	具体内容
2002/6/29	2002/6/29	2002/11/1	第81条	安全生产法	第91条第三款	生产经营单位的主要负责人依照前款规定受刑事处罚或者撤职处分的,自刑罚执行完毕或者受处分之日起,五年内不得担任任何生产经营单位的主要负责人;对重大、特别重大生产安全事故负有责任的,终身不得担任本行业生产经营单位的主要负责人。
2002/6/29	2002/6/29	2003/1/1	第22条	政府采购法	第22条	供应商参加政府采购活动应当具备下列条件:(五)参加政府采购活动前三年内,在经营活动中没有重大违法记录;
2003/10/28	2003/10/28 2012年12月28日修订本条人员界定	2004/6/1 2013年6月1日实施	第15条	证券投资基金法	第15条	有下列情形之一的,不得担任公开募集基金的基金管理人的董事、监事、高级管理人员和其他从业人员:(一)因犯有贪污贿赂、渎职、侵犯财产罪或者破坏社会主义市场经济秩序罪,被判处刑罚的;
	2003/10/28	2004/6/1	第66条		第79条	封闭式基金扩募或者延长基金合同期限,应当符合下列条件,并报国务院证券监督管理机构备案:(二)基金管理人最近二年内没有因违法违规行为受到行政处罚或者刑事处罚;

续表

法律（统计截至2019年11月17日）						
法律发布日期	条款发布日期	条款实施日期	原条款	文件名称	现条款	具体内容
1995/2/28	1995/2/28	1995/2/28	第26条	人民警察法	第26条第2款	有下列情形之一的，不得担任人民警察：（一）曾因犯罪受过刑事处罚的；
1984/5/31	第一款条文发布日期：1998/12/29 第二款条文发布日期：2011/10/29	第一款条文实施日期：1998/12/29 第二款条文实施日期：2011/10/29	第62条第1款	兵役法	第67条第1款、第2款	现役军人以逃避服兵役为目的，拒绝履行职责或者逃离部队的，按照中央军事委员会的规定给予处分；构成犯罪的，依法追究刑事责任。现役军人有前款行为被军队除名、开除军籍或者依法追究刑事责任的，不得录用为公务员或者参照公务员法管理的工作人员，两年内不得出国（境）或者升学。
2009/10/31	2009/10/31	2010/1/1		驻外外交人员法	第7条	有下列情形之一的，不得任用为驻外外交人员：（一）曾因犯罪受过刑事处罚的；
1993/10/31	1993/10/31	1994/1/1	第14条	教师法	第14条	受到剥夺政治权利或者故意犯罪受到有期徒刑以上刑事处罚的，不能取得教师资格；已经取得教师资格的，丧失教师资格。

续表

法律（统计截至 2019 年 11 月 17 日）						
法律发布日期	条款发布日期	条款实施日期	原条款	文件名称	现条款	具体内容
1998/6/26	1998/6/26	1999/5/1	第15条	执业医师法	第15条	有下列情形之一的，不予注册：（二）因受刑事处罚，自刑罚执行完毕之日起至申请注册之日止不满二年的；
2008/10/28	2008/10/28	2009/5/1		企业国有资产法	第73条	国有独资企业、国有独资公司、国有资本控股公司的董事、监事、高级管理人员违反本法规定，造成国有资产重大损失，被免职的，自免职之日起五年内不得担任国有独资企业、国有独资公司、国有资本控股公司的董事、监事、高级管理人员；造成国有资产特别重大损失，或者因贪污、贿赂、侵占财产、挪用财产或者破坏社会主义市场经济秩序被判处刑罚的，终身不得担任国有独资企业、国有独资公司、国有资本控股公司的董事、监事、高级管理人员。
2006/8/27	2006/8/27	2007/6/1		企业破产法	第24条第3款	有下列情形之一的，不得担任管理人：（一）因故意犯罪受过刑事处罚；

续表

法律（统计截至 2019 年 11 月 17 日）						
法律发布日期	条款发布日期	条款实施日期	原条款	文件名称	现条款	具体内容
2006/4/29	2006/4/29	2007/1/1		护照法	第14条	申请人有下列情形之一的，护照签发机关自其刑罚执行完毕或者被遣返回国之日起六个月至三年以内不予签发护照：（一）因妨害国（边）境管理受到刑事处罚的；
2003/2/28	2003/2/28	2003/2/28		海关关衔条例	第21条	海关工作人员受到开除行政处分的，因犯罪被依法判处剥夺政治权利或者有期徒刑以上刑罚的，其关衔相应取消，并且不再履行批准手续。
1995/6/30	2009/2/28	2009/10/1	第82条	保险法	第82条	有《中华人民共和国公司法》第一百四十六条规定的情形或者下列情形之一的，不得担任保险公司的董事、监事、高级管理人员：（一）因违法行为或者违纪行为被金融监督管理机构取消任职资格的金融机构的董事、监事、高级管理人员，自被取消任职资格之日未逾五年的；（二）因违法行为或者违纪行为被吊销执业资格的律师、注册会计师或者资产评估机构、验证机构等机构的专业人员，自被吊销执业资格之日起未逾五年的。

续表

法律（统计截至 2019 年 11 月 17 日）						
法律发布日期	条款发布日期	条款实施日期	原条款	文件名称	现条款	具体内容
1994/10/27	2015/4/24	2015/9/1		广告法	第70条	因发布虚假广告，或者有其他本法规定的违法行为，被吊销营业执照的公司、企业的法定代表人，对违法行为负有个人责任的，自该公司、企业被吊销营业执照之日起三年内不得担任公司、企业的董事、监事、高级管理人员。
1998/12/29	1998/12/29	1999/7/1	第101条	证券法	第108条	有《中华人民共和国公司法》第一百四十六条规定的情形或者下列情形之一的，不得担任证券交易所的负责人：（一）因违法行为或者违纪行为被解除职务的证券交易所、证券登记结算机构的负责人或者证券公司的董事、监事、高级管理人员，自被解除职务之日起未逾五年；（二）因违法行为或者违纪行为被撤销资格的律师、注册会计师或者投资咨询机构、财务顾问机构、资信评级机构、资产评估机构、验证机构的专业人员，自被撤销资格之日起未逾五年。
			第102条		第109条	因违法行为或者违纪行为被开除的证券交易所、证券登记结算机构、证券服务机构、证券公司的从业人员和被开除的国家机关工作人员，不得招聘为证券交易所的从业人员。

续表

行政法规与部门规章（统计截至2019年12月7日）							
法律发布日期	条款发布日期	条款实施日期	原条款	文件名称	现条款	具体内容
2015/1/30	2015/1/30	2015/3/1		政府采购法实施条例	第19条	政府采购法第二十二条第一款第五项所称重大违法记录，是指供应商因违法经营受到刑事处罚或者责令停产停业、吊销许可证或者执照、较大数额罚款等行政处罚。供应商在参加政府采购活动前3年内因违法经营被禁止在一定期限内参加政府采购活动，期限届满的，可以参加政府采购活动。
2014/1/17	2014/1/17	2014/3/1		保守国家秘密法实施条例	第29条	从事涉密业务的企业事业单位应当具备下列条件：（一）在中华人民共和国境内依法成立3年以上的法人，无违法犯罪记录；
2012/4/5	2012/4/5	2012/4/5		校车安全管理条例	第23条	校车驾驶人应当依照本条例的规定取得校车驾驶资格。取得校车驾驶资格应当符合下列条件：（五）无犯罪记录；
2012/6/4	2012/6/4	2012/8/1		对外劳务合作管理条例	第6条	申请对外劳务合作经营资格，应当具备下列条件：（五）法定代表人没有故意犯罪记录。

续表

行政法规与部门规章（统计截至 2019 年 12 月 7 日）						
法律发布日期	条款发布日期	条款实施日期	原条款	文件名称	现条款	具体内容
2011/7/7	2011/7/7	2011/9/1		电力安全事故应急处置和调查处理条例	第31条	电力企业主要负责人依照本条例第二十七条、第二十八条、第三十条规定受到撤职处分或者刑事处罚的，自受处分之日或者刑罚执行完毕之日起 5 年内，不得担任任何生产经营单位主要负责人。
2010/11/19	2010/11/19	2011/3/1	第12条	外国企业常驻代表机构登记管理条例	第12条	有下列情形之一的，不得担任首席代表、代表：（一）因损害中国国家安全或者社会公共利益，被判处刑罚的；
2009/2/20	2009/2/20	2009/5/1	第64条	旅行社条例	第64条	因妨害国（边）境管理受到刑事处罚的，在刑罚执行完毕之日起五年内不得从事旅行社业务经营活动；旅行社被吊销旅行社业务经营许可的，其主要负责人在旅行社业务经营许可被吊销之日起五年内不得担任任何旅行社的主要负责人。

附 录

续表

行政法规与部门规章（统计截至2019年12月7日）							
法律发布日期	条款发布日期	条款实施日期	原条款	文件名称	现条款	具体内容
2009/10/13	2009/10/13	2010/1/1		保安服务管理条例	第八条	保安服务公司应当具备下列条件：（二）拟任的保安服务公司法定代表人和主要管理人员应当具备任职所需的专业知识和有关业务工作经验，无被刑事处罚、劳动教养、收容教育、强制隔离戒毒或者被开除公职、开除军籍等不良记录；
					第17条	有下列情形之一的，不得担任保安员：（二）曾因故意犯罪被刑事处罚的；
2008/4/23	2008/4/23	2008/6/1	第10条	证券公司监督管理条例	第10条	有下列情形之一的单位或者个人，不得成为持有证券公司5%以上股权的股东、实际控制人：（一）因故意犯罪被判处刑罚，刑罚执行完毕未逾3年；
2008/4/23	2008/4/23	2008/4/23	第58条	证券公司风险处置条例	第58条	有下列情形之一的机构或者人员，禁止参与处置证券公司风险工作：（一）曾受过刑事处罚或者涉嫌犯罪正在被立案侦查、起诉；
2007/4/9	2007/4/9	2007/6/1		生产安全事故报告和调查处理条例	第40条第1款	事故发生单位对事故发生负有责任的，由有关部门依法暂扣或者吊销其有关证照；对事故发生单位负有事故责任的有关人员，依法暂停或者撤销其与安全生产有关的执业资格、岗位证书；事故发生单位主要负责人受到刑事处罚或者撤职处

— 271 —

续表

行政法规与部门规章（统计截至 2019 年 12 月 7 日）						
法律发布日期	条款发布日期	条款实施日期	原条款	文件名称	现条款	具体内容
						分的，自刑罚执行完毕或者受处分之日起，5 年内不得担任任何生产经营单位的主要负责人。
2007/3/6	2007/3/6	2007/4/15	第 9 条	期货交易管理条例	第 9 条	有《中华人民共和国公司法》第一百四十六条规定的情形或者下列情形之一的，不得担任期货交易所的负责人、财务会计人员：（一）因违法行为或者违纪行为被解除职务的期货交易所、证券交易所、证券登记结算机构的负责人，或者期货公司、证券公司的董事、监事、高级管理人员，以及国务院期货监督管理机构规定的其他人员，自被解除职务之日起未逾 5 年；（二）因违法行为或者违纪行为被撤销资格的律师、注册会计师或者投资咨询机构、财务顾问机构、资信评级机构、资产评估机构、验证机构的专业人员，自被撤销资格之日起未逾 5 年。
2007/2/24	2007/2/24	2007/4/1		国家自然科学基金条例	第 39 条第 2 款	申请人或者项目负责人、参与者因前款规定的行为受到刑事处罚的，终身不得申请或者参与申请国家自然科学基金资助。

附 录

续表

行政法规与部门规章（统计截至2019年12月7日）							
法律发布日期	条款发布日期	条款实施日期	原条款	文件名称	现条款	具体内容
2006/5/10	2006/5/10	2006/9/1	第6条第1款	民用爆炸物品安全管理条例	第6条第1款	无民事行为能力人、限制民事行为能力人或者曾因犯罪受过刑事处罚的人，不得从事民用爆炸物品的生产、销售、购买、运输和爆破作业。
2005/8/23	2005/8/23	2005/12/1	第19条	直销管理条例	第19条	对直销员进行业务培训的授课人员应当是直销企业的正式员工，并符合下列条件：（三）无因故意犯罪受刑事处罚的记录；
2005/8/26	2005/8/26	2005/11/1	第7条第7条	易制毒化学品管理条例	第7条	申请生产第一类易制毒化学品，应当具备下列条件，并经本条例第八条规定的行政主管部门审批，取得生产许可证后，方可进行生产：（四）企业法定代表人和技术、管理人员具有安全生产和易制毒化学品的有关知识，无毒品犯罪记录；
					第9条	申请经营第一类易制毒化学品，应当具备下列条件，并经本条例第十条规定的行政主管部门审批，取得经营许可证后，方可进行经营：（四）企业法定代表人和销售、管理人员具有易制毒化学品的有关知识，无毒品犯罪记录；

续表

行政法规与部门规章（统计截至 2019 年 12 月 7 日）						
法律发布日期	条款发布日期	条款实施日期	原条款	文件名称	现条款	具体内容
2004/3/8	2004/3/8	2004/6/1		基金会管理条例	第23条第2款	因犯罪被判处管制、拘役或者有期徒刑，刑期执行完毕之日起未逾5年的，因犯罪被判处剥夺政治权利正在执行期间或者曾经被判处剥夺政治权利的，以及曾在因违法被撤销登记的基金会担任理事长、副理事长或者秘书长，且对该基金会的违法行为负有个人责任，自该基金会被撤销之日起未逾5年的，不得担任基金会的理事长、副理事长或者秘书长。
2003/5/27	2003/5/27	2003/5/27	第41条	企业国有资产监督管理暂行条例	第39条	对企业国有资产损失负有责任受到撤职以上纪律处分的国有及国有控股企业的企业负责人，5年内不得担任任何国有及国有控股企业的企业负责人；造成企业国有资产重大损失或者被判处刑罚的，终身不得担任任何国有及国有控股企业的企业负责人。
2003/3/1	2003/3/1	2003/9/1	第58条第2款	中外合作办学条例	第58条第2款	违反本条例的规定，触犯刑律被依法追究刑事责任的，自刑罚执行期满之日起10年内不得从事中外合作办学活动。
2003/8/5	2003/8/5	2004/1/1		乡村医生从业管理条例	第14条	乡村医生有下列情形之一的，不予注册：（二）受刑事处罚，自刑罚执行完毕之日起至申请执业注册之日止不满2年的；

续表

行政法规与部门规章（统计截至2019年12月7日）							
法律发布日期	条款发布日期	条款实施日期	原条款	文件名称	现条款	具体内容
2003/11/24	2003/11/24	2004/2/1		建设工程安全生产管理条例	第66条第3款	施工单位的主要负责人、项目负责人有前款违法行为，尚不够刑事处罚的，处2万元以上20万元以下的罚款或者按照管理权限给予撤职处分；自刑罚执行完毕或者受处分之日起，5年内不得担任任何施工单位的主要负责人、项目负责人。
2002/7/27	2002/7/27	2002/7/27		专职守护押运人员枪支使用管理条例	第3条	配备公务用枪的专职守护、押运人员必须符合下列条件：(三) 没有行政拘留、收容教育、强制戒毒、收容教养、劳动教养和刑事处罚记录；
2001/12/22	2001/12/22	2002/1/1		外国律师事务所驻华代表机构管理条例	第7条	外国律师事务所申请在华设立代表机构、派驻代表，应当具备下列条件：(二) 代表机构的代表应当是执业律师和执业资格取得国律师协会会员，并且已在中国境外执业不少于2年，没有受过刑事处罚或者没有因违反律师职业道德、执业纪律受过处罚；其中，首席代表已在中国境外执业不少于3年，并且是该外国律师事务所的合伙人或者是相同职位的人员；

续表

行政法规与部门规章（统计截至2019年12月7日）							
法律发布日期	条款发布日期	条款实施日期	原条款	文件名称	现条款	具体内容
					第8条	外国律师事务所申请在华设立代表机构，应当向拟设立的代表机构住所地的省、自治区、直辖市人民政府司法行政部门提交下列文件材料：（七）该外国律师事务所所在国的律师管理机构出具的该律师事务所以及各拟任代表没有受过刑事处罚和没有因违反律师职业道德、执业纪律受过处罚的证明文件。
1999/5/14	1999/5/14	1999/10/1	第5条	导游人员管理条例	第5条	有下列情形之一的，不得颁发导游证：（三）受过刑事处罚的，过失犯罪的除外；
1999/5/25	1999/5/25	1999/5/25		华侨以及居住在香港、澳门、台湾地区的中国公民办理收养登记的管辖以及所需要出具的证	第3条	居住在已与中国建立外交关系国家的华侨申请办理成立收养关系的登记时，应当提交收养申请书和下列证件、证明材料：（二）收养人居住国有权机构出具的收养人的年龄、婚姻、有无子女、职业、财产、健康、有无受过刑事处罚等状况的证明材料，该证明材料应当经其居住国外交机关或者外交机关授权的机构认证，并经中国驻该国使领馆认证。

续表

行政法规与部门规章（统计截至 2019 年 12 月 7 日）						
法律发布日期	条款发布日期	条款实施日期	原条款	文件名称	现条款	具体内容
				件和证明材料的规定	第5条	居住在未与中国建立外交关系国家的华侨申请办理成立收养关系的登记时，应当提交收养申请书和下列证件、证明材料：（二）收养人居住国有权机构出具的收养人的年龄、婚姻、有无子女、职业、财产、健康、有无受过刑事处罚等状况的证明材料，该证明材料应当经其居住外交机关或者外交机关授权的机构认证，并经已与中国建立外交关系的国家驻该国使领馆认证。
					第5条	香港居民中的中国公民申请办理成立收养关系的登记时，应当提交收养申请书和下列证件、证明材料：（二）经国家主管机关委托的香港委托公证人证明的收养人的年龄、婚姻、有无子女、职业、财产、健康、有无受过刑事处罚等状况的证明材料。
					第6条	澳门居民中的中国公民申请办理成立收养关系的登记时，应当提交收养申请书和下列证件、证明材料：（二）澳门地区有权机构出具的收养人的年龄、婚姻、有无子女、职业、财产、健康、有无受过刑事处罚等状况的证明材料。

续表

行政法规与部门规章（统计截至2019年12月7日）						
法律发布日期	条款发布日期	条款实施日期	原条款	文件名称	现条款	具体内容
					第7条	台湾居民申请办理成立收养关系的登记时，应当提交收养申请书和下列证件、证明材料：（三）经台湾地区公证机构公证的收养人的年龄、婚姻、有无子女、职业、财产、健康、有无受过刑事处罚等状况的证明材料。
1999/5/25	1999/5/25	1999/5/25		外国人在中华人民共和国收养子女登记办法	第4条	前款规定的收款人的收养申请、家庭情况报告和证明，是指由其所在国有权机构出具，经其所在国外交机关或者外交机关授权的机构认证，并经中华人民共和国驻该国使馆或者领馆认证的下列文件：（六）有无受过刑事处罚的证明；在华工作或者学习连续居住一年以上的外国人在华收养子女，应当提交前款规定的除身体健康检查证明以外的文件，并应当提交在华所在单位或者有关部门出具的婚姻状况证明，职业、经济收入或者财产状况证明，有无受过刑事处罚证明以及县级以上医疗机构出具的身体健康检查证明。

附 录

续表

| 行政法规与部门规章（统计截至2019年12月7日） |||||||
法律发布日期	条款发布日期	条款实施日期	原条款	文件名称	现条款	具体内容
1998/10/25	1998/10/25	1998/10/25	第13条	社会团体登记管理条例	第13条	有下列情形之一的，登记管理机关不予登记：（三）发起人、拟任负责人正在或者曾经受到剥夺政治权利的刑事处罚，或者不具有完全民事行为能力的；
1998/10/25	1998/10/25	1998/10/25		民办非企业单位登记管理暂行条例	第11条	登记管理机关应当自收到成立登记申请的全部有效文件之日起60日内作出准予登记或者不予登记的决定。有下列情形之一的，登记管理机关不予登记，并向申请人说明理由：（四）拟任负责人正在或者曾经受到剥夺政治权利的刑事处罚，或者不具有完全民事行为能力的；
1997/12/25	1997/12/25	1998/4/1		证券、期货投资咨询管理暂行办法	第13条	证券、期货投资咨询人员申请取得证券、期货投资咨询从业资格，必须具备下列条件：（四）未受过刑事处罚或者与证券、期货业务有关的严重行政处罚；
1995/12/12	1995/12/12	1995/12/12		教师资格条例	第15条	申请认定教师资格，应当提交教师资格认定申请表和下列证明或者材料：（四）户籍所在地的街道办事处、乡人民政府或者工作单位、所毕业的学校对其思想品德、有无犯罪记录等方面情况的鉴定及证明材料。

续表

行政法规与部门规章（统计截至2019年12月7日）						
法律发布日期	条款发布日期	条款实施日期	原条款	文件名称	现条款	具体内容
1995/9/23	1995/9/23	1995/9/23	第13条	注册建筑师条例	第13条	有下列情形之一的，不予注册：（二）因受刑事处罚，自刑罚执行完毕之日起至申请注册之日止不满5年的；